◇ 国家社会科学基金教育学一般课题"社区学习共同体生命价值与成长机理研究"（BKA140033）

社区学习共同体
核心成员成长指要

Handbook of core members
in the neighborhood-based
learning community

王明慧　徐　喆　江国新　著

ZHEJIANG UNIVERSITY PRESS
浙江大学出版社

图书在版编目(CIP)数据

社区学习共同体核心成员成长指要 / 王明慧,徐喆,
汪国新著. —杭州:浙江大学出版社,2020.6(2021.2重印)
ISBN 978-7-308-20188-9

Ⅰ.①社… Ⅱ.①王…②徐…③汪… Ⅲ.①社区—
社会教育—研究 Ⅳ.①G77

中国版本图书馆 CIP 数据核字(2020)第 071499 号

社区学习共同体核心成员成长指要

王明慧　徐　喆　汪国新　著

责任编辑	胡　畔
责任校对	张振华　杨利军
封面设计	周　灵
出版发行	浙江大学出版社
	(杭州市天目山路 148 号　邮政编码 310007)
	(网址:http://www.zjupress.com)
排　　版	浙江时代出版服务有限公司
印　　刷	杭州良诸印刷有限公司
开　　本	710mm×1000mm　1/16
印　　张	13.75
字　　数	240 千
版 印 次	2020 年 6 月第 1 版　2021 年 2 月第 2 次印刷
书　　号	ISBN 978-7-308-20188-9
定　　价	42.00 元

浙江大学出版社市场运营中心联系方式　(0571)88925591;http://zjdxcbs.tmall.com

不一样的共同体：
在共同学习中守望相助与生命成长

一

许多人在开路架桥,成效卓著,显而易见。我选择挖一口方井,一口在边缘地带上的方井,一点也不起眼,一点也不被人瞧得上。但我仍固执地、孜孜不倦地,用整个生命来挖这口井,一挖就是12年。

选择边缘,意味着选择孤独,意味着沉潜,更意味着自我超越。三次选择既是我发现"真问题"、开展"真研究"的使命初心的指引,也是我"明知不可为而为之"的性格使然。其一,成人教育与社区教育是教育的边缘地带,我选择离开基础教育的浙大附中领导岗位,而去从事成人教育和社区教育工作,这是当下似乎不太热闹的事业,但我喜欢。其二,在成人教育和社区教育领域内,我没有选择宏观政策、数字学习或学分银行等热门项目,而是静下心来,选择民间自组织学习研究这个看似边缘的项目,这是我坚定的追求。其三,在学习型组织研究的领域里,我对工具性、表层化的研究毫无兴趣,而是不断地向着学习的本原和生命的本真追寻,向着"人生无'自己'、学习无'初心'、城市无'社区'"世纪难题探索,这是我的职责所在。同时,也为永远也"长不大"的人(是指与精致利己主义者相反——单纯、天真、诚实而疏于权谋和耻于算计的人)说几句公道话,边缘地带同样星空美好。

1

事实上，边缘地带的坚守与深耕，其艰难苦楚不言而喻。然而，风景这边"独好"！当在边缘地带挖下一口深井时，我惊喜地发现，井水清冽、甘甜，它正是每个忙碌在现代都市和"空心村"的人们都渴望得到的精神滋养，因为它就是人性的本身。当我发现司空见惯的民间草根团队学习是"社区学习共同体的学习"，而"基于'社区学习共同体'的学习是成人学习最有效的方式之一"时，我犹如"老来得子"般的兴奋。

2007年首次提出社区学习共同体概念后，我的团队经过七年的研究，很荣幸地承担了国家社会科学基金项目"社区学习共同体生命价值与成长机理研究"（BKA140033），接到项目通知书后，我就有了出版社区学习共同体研究丛书的计划。这一计划源于浙江省教育厅鲍学军副厅长早在2012年对于我的研究工作的勉励："社区学习共同体可以成为一门学科，你就是这门学科的创始人。"

我希望，通过本丛书的出版，初步构建社区学习共同体学说。本丛书计划先出版六本：《社区学习共同体》《社区学习共同体的四大支柱》《社区学习共同体核心成员成长指要》《学习的生命密码》《社区学习共同体的培育》《社区共学养老的理论与实践》，其他以后陆续出版，随着研究的深入和研究队伍的扩大，社区学习共同体理论体系会更加丰富和完善。

二

读任何一本书，最重要的是把握其基本方向、基本性格和基本架构。

本丛书的基本方向是：轻装回归。倡导自然主义、人本主义，而不是物质主义、消费主义；主张做最好的自己，而不是成为"人上人"。

本丛书的基本性格是：天真与清欢。积极回应普通民众的生存焦虑和对美好生活的向往，追寻无限光明的人性本心，努力置身于宇宙原力引导的光明世界；彰显人的生命性价值，而不是人的工具性价值。追寻人类与生俱来的温柔亲切、无间亲爱、浪漫生动的自然生态与自在气韵，而与由工具理性主导的机械教条、僵化冷漠、急功近利、贪婪无度的物性文化、异化文明适当拉开距离。

本丛书的基本架构是：接"天"连"地"。从时间维度看，上接人类远古的原始共同体生活，下连时下活跃在民间的社区学习共同体这一原始共同体的活性存在。从空间维度看，社区学习共同体这一"微共同体"，像天上的星星一样，散落在城乡的各个角落，从而在"国"与"家"之间生活出一个新的人伦空间，从而解决有国有家而没有关注家园的问题。从人的发展维度看，我们更要关注三个层面：一是知识与技能的生存；二是精神世界的丰富多元；三是与天道相通的灵性生活。建基于城乡居民生动具体而丰富多彩的共同学习的实践，与平民真实生活紧密相联，紧接地气，而不是无中生有或无病呻吟；不止于就事论事的现实批判与指责，而是逼近学习的真谛、幸福的源泉、生命的真相。

本丛书的学术价值和应用价值，自由读者品之论之。但我对本丛书有如下美好的初衷，未必是最好的，却有自成一体的鲜明个性。

第一，开拓学习新境界：德化人生，诗意栖居。

第二，开启学习新方向：轻装回归，实现生命性价值。

第三，开辟终身学习新道路：走共同学习之路，共同学习让生活更美好。

第四，开掘学习新动能：人心即宇宙，成员即资源，学习即生命，过程即目的。

第五，开放学习新思维：自觉自主自给自评，由内而外地生发，自下而上地生长。

第六，开展学习新实践：社区学习共同体不仅遍布杭州城乡，也将遍布全面建成小康社会的中国大地上。

我深信，社区学习共同体在中国有广阔的发展前景，因为它在理论上更为逼近学习的本质，在实践上对突破"三无"现实困境，具有很强的实际可操作性，是接地气、全覆盖、常态化的惠民事业，是决胜全面建成小康社会背景下增强群众幸福感的有效途径，是构建终身教育体系和学习型社会的新动力。

三

我们有理由期待"社区学习共同体"这一新学科的蓬勃生长，从而增强本土化研究与实践的自信，将成为有力助推我国学习型社会建设的新的增长极。

我们认为，建设未来社区，需要在"家"与"国"之间建立起崭新的人伦空间,而社区学习共同体的普遍建立,必将促进这种人伦空间的再造与创建。

随着研究的深入,当社区学习共同体理论与实践聚焦于老年教育时,我深信,该理论也能恰到好处地回应人口老龄化的时代重大命题。实践表明,"社区共学养老"是满足老年人"老有所学、老有所乐、老有所为"的新思维和新平台。参加社区学习共同体学习的老年人的"无聊感、无用感、无意义感"少了,"存在感、价值感、尊严感"多了。比如杭州市成为全国唯一连续13年获"最具幸福感城市"荣誉的城市,其中老年人幸福指数高是重要的考量因素。

我希望,有更多的有情怀、有担当的"不一样"学者投入这一宏大(可让亿万人受益)却依然处于边缘地带的研究之中,为丰富中国特色的学习理论与实践做好我们能做的一切。基于杭州实践的社区学习共同体的基础概念、基本原理、内在机理、运作原则、价值效能等基本理论框架已经成型,下一步的研究与推进工作同样重要而艰巨,需要研究并落实在实践中的课题还很多。如,社区学习共同体提升社会资本研究、社区学习共同体与社区治理体系的重构研究、社区学习共同体与乡村振兴研究、社区学习共同体区域发展策略研究、社区学习共同体核心成员队伍培育发展研究、不同类型的学共体自主发展内在推动力研究、社区学习共同体城乡协同发展和城市间协同发展研究等等。

感谢给予社区学习共同体研究和区域发展以关注、指导、参与的各位领导、师长和同仁同道,感谢为了本丛书高质量顺利出版进行精心审读、勘误的浙江大学出版社责任编辑胡畔。

汪国新

2020 年 5 月 8 日于杭州　亲原斋

序

哲学家赫舍尔说，"人之为人的独特难题就是如何进入意义"。对于"意义"的终极追求，是人作为精神生命的独特之处，也是自我存在的重要支撑。对于个体而言，围绕我们一生的生命哲学，就是在创造意义中实现自我接受的需求，衍生出生命的繁花似锦。

想象一下这些场景：

已经退休的老年人，生活重心全部转移到生活琐事和子孙后代上，每天忙着烧饭、接送第三代、整理打扫。每到周末，当子女带着第三代去上各种兴趣班或外出游玩时，独自在家的老年人无事可做，或发呆，或看电视，似乎没有了寄托，显得有些落寞。

平日里忙得团团转的上班族，除了工作时间之外，整日被外卖、游戏所包围，每每感觉生活无趣、无所寄托时，只能对着天花板一声叹息，接着继续拿起手机，穿梭于虚拟世界之中。

再来想象这样的场景：

已经退休的老年人，参加了茶艺班的学习，除了上茶艺课、进行仪表姿态训练，还忙着参加各种展示交流，风风火火、精神焕发，有时甚至忙到连家务都无暇顾及。

平日里忙得团团转的上班族，闲暇时间参加了读书小组，和书友一起读书、交心谈心，每读到一本好书，或欣喜，或满足，或困惑，或疑虑，不断累积，自我成长。

对比这两种生命状态，无疑后一种更能凸显个体生命的意义。而你是否能够想象到，在我们的社区学习共同体中，这种状态已然是常态。这个以燎原之势迅速发展的草根组织，正以它的活力带领每一个个体找寻到生命

1

的意义。以浙江省杭州市为例，据不完全统计，全市目前有文化与艺术、生活与休闲、健康与娱乐、公民与公益、科学与技术等五种类型的社区学习共同体共计 7000 个。每月有 90000 多人在学共体中学习，人均学习时间达到每个月 17 个小时（据 2015 年统计数据）。

这种基于共同的兴趣、爱好及学习需求，在平等、互助的原则下，通过心灵契约的形式自发组成的非正式学习群体，正以其独有魅力，成为现代社会成人学习的重要载体。只要你愿意，每一个个体都可以和它发生关联，都可以在其中寻找到自己的一方天地，它所带来的平民之乐，不仅在个体生活中凸显价值，也逐渐为政府有关部门所重视。2014 年教育部等七部门《关于推进学习型城市建设的意见》、2016 年《教育部等九部门关于进一步推进社区教育发展的意见》，均提倡发展学习共同体。特别是后一个文件，更是把学习型组织建设和学习共同体建设并列，提出"推动各类学习型组织与学习共同体建设"，国家层面的认可肯定，更是对社区学习共同体的极大鼓励。可以说，社区学习共同体开辟出了一条全民终身学习、共同学习的新途径。

为了让草根组织焕发更大生机，使更多普通老百姓受益其中，由杭州市成人教育研究室主任汪国新主持的"十二五"国家社会科学基金教育学一般课题"社区学习共同体生命价值与成长机理研究"把社区学习共同体研究推进到社会科学研究的新高度。汪国新主任在从事社区教育研究之前，从事基础教育及管理工作，他一直信奉的教育理念是：教育的全部意义和终极价值追求是提升人的幸福力。他认为成人教育和基础教育同等重要，从事基础教育 24 年后，从省重点中学领导岗位上转身从事成人教育研究工作。我是 2008 年元月在教育部职成司召集的课题研讨会上认识汪国新主任的，十多年来我们保持密切联系，建立了深厚的友情。汪国新不仅首创社区学习共同体概念，更是十几年如一日聚焦学共体的研究和推广。为了在全国范围内更好地推广社区学习共同体的理念与实践经验，发起成立了全国性的社区学习共同体研究组织。因为在他看来，社区学习共同体的学习是契合人本质意志的学习，这种学习是自下而上的生长，是自内而外的成长，真正关注人内心的需求。为此，他将全部精力都奉献在学共体的研究上，这种专注和执着着实令人感动。在他的坚持和带领下，社区学共体的影响力也逐渐扩大，越来越多的学习者受益其中。

学共体的核心成员在整个学共体发展中起着至关重要的作用。学共体的成员将核心成员称为学共体的"主心骨"和"灵魂"，其影响力之大，由此可见一斑。核心成员的"核心"之意，并不意味着权力，而是一种"核心服务力"。具体体现为：其一，可以引领学习发展，把控方向；其二，可以化解矛盾，和谐关系；其三，可以感染成员，以己服人；其四，可以提升高度，拓展视野。他不是负责人，更不是领导者，却在平等交往中潜移默化地发挥巨大的"核心"作用。

《社区学习共同体核心成员成长指要》一书从亲和力、学习力和执行力三个方面入手，尽量将核心成员应有之素养囊括其中。通过对 41 个话题的讨论，帮助核心成员进一步提升亲和力、学习力和执行力，促进学共体良性发展。本书的重要价值在于能帮助核心成员更新观念、提升能力、提高生活品质，进而对社区学习共同体的发展起到良好的推动作用。

本书作为"社区学习共同体研究丛书"中的一本，是首部专门论述社区学习共同体核心成员发展的著作，既可作为社区学习共同体核心成员的自学读本，也可以作为推进学共体工作的指导用书或学共体建设的工具书。是社区学习共同体核心成员培训的优秀教材，也为深入研究社区教育和社区学习共同体提供重要参考。

终身学习，让生活更美好。社区学习共同体在全国范围内的健康发展为全民终身学习注入不竭动力。我相信本书的出版，为教育部等九部门《关于进一步推进社区教育发展的意见》的深入贯彻落实发挥重要作用。在全体社区教育人的共同努力下，中国社区教育的明天会更加美好！

是为序。

中国成人教育协会社区教育专业委员会常务副理事长
上海市老年教育工作小组办公室主任
上海老年教育研究院院长
庄 俭
2020 年 5 月 6 日

目　　录

第一章　亲和力

话题 1　爱不完美的自己 ……………………………………… 3

话题 2　生活可以如此精彩 …………………………………… 9

话题 3　公平的力量 …………………………………………… 16

话题 4　宽容的智慧 …………………………………………… 22

话题 5　自信成就自己 ………………………………………… 27

话题 6　付出是福 ……………………………………………… 32

话题 7　自律让学习更美好 …………………………………… 39

话题 8　唤醒责任心 …………………………………………… 43

话题 9　乐观带来和谐与光明 ………………………………… 50

话题 10　待人不急，处事不躁 ……………………………… 55

话题 11　向着初心追寻 ……………………………………… 62

话题 12　热爱是最好的老师 ………………………………… 68

第二章　学习力

话题 1　社区学习共同体中的共同学习 ……………………… 77

话题 2　有一种学习是温暖的 ………………………………… 81

话题 3　真正的学习在这里发生 ……………………………… 84

话题 4　在一起即学习 ………………………………………… 88

话题 5　发起组建社区学习共同体 ……………………………… 93

话题 6　社区学习共同体与社区治理 …………………………… 96

话题 7　社区学习共同体与文化传承 …………………………… 99

话题 8　核心成员是领导或负责人吗? …………………………… 104

话题 9　热爱学习等于热爱生命 ………………………………… 108

话题 10　活到老学到老 …………………………………………… 112

话题 11　为自己而学 ……………………………………………… 116

话题 12　创意的生命力 …………………………………………… 120

话题 13　成人学习特征 …………………………………………… 125

话题 14　学贵有方 ………………………………………………… 130

话题 15　学习需要灵活转化 ……………………………………… 135

话题 16　认识自身特长与优势 …………………………………… 139

话题 17　正确看待荣誉 …………………………………………… 144

第三章　执行力

话题 1　以他人能够接受的方式表达爱 …………………………… 151

话题 2　协调助力学共体成长 …………………………………… 155

话题 3　用心去沟通 ……………………………………………… 159

话题 4　在规矩和自由中找到平衡 ……………………………… 166

话题 5　不求近功,不安小就 …………………………………… 170

话题 6　开源与节流并举 ………………………………………… 175

话题 7　让学共体"后继有人" ………………………………… 178

话题 8　成员与资源 ……………………………………………… 183

话题 9　找准需求,对症下药 …………………………………… 186

话题 10　巧妙处理矛盾纠纷 ……………………………………… 191

话题 11　有尊严地学习 …………………………………………… 196

话题 12　集体的智慧 ……………………………………………… 201

参考文献 …………………………………………………………… 206

后　记 …………………………………………………………… 209

第 一 章

亲和力

话题 1　爱不完美的自己

【案例先导】

如果深入接触过几个学共体核心成员，你一定会惊讶于他们身上散发出来的那种气质，说不清楚具体是什么，或者无法用语言准确描述，但就是让人感觉舒服和自然。仿佛跟他们在一起，生活就变得有滋有味、风生水起，他们就是有这种本领，把平凡的日子过得不平凡。给人印象最深刻的，是杭州瓯雅艺术团的 Z 老师。由于接触了两次，和 Z 老师互留了微信，光从她的朋友圈，就能感觉到她生活的精彩。每个月充实的学共体生活之外，她会和自己的姐妹去想去的地方，犒劳自己。用她的话说："旅游是我对自己的奖励，每次忙碌一段时间之后，我都会通过旅游给自己放放假，也借这个机会把心态调整到最好，这是我最大的爱好。"翻看她的朋友圈，除了自己心爱的学共体演出照片，就是走过不同地方的足迹。俄罗斯、韩国、日本，每到一处，都会留下她灿烂的笑容和曼妙的身姿。她不仅自己去旅游，还会拉上学共体的姐妹们，一起去感受不同的美，一起肆意欢笑。每次看照片，灿烂的笑容、漂亮的背景，加上充满活力的文字，看过她的世界，你会惊讶，这个世界原来有这么多的美好和灿烂，是你从前并未意识到的。同时也会感叹，原来当你变成了更好的自己，也就拥有了更好的世界。

当然，每个人的身上都不可能只有美好，爱自己，不仅是爱自己的优点，也要能够认清并学会接受自己的缺点。在一次聊天过程中，Z 老师半开玩笑地说："我这个人有个毛病，就是话多，有时候话太多人家也烦。我知道自己有这个毛病，也会尽量去注意，该话多热闹的时候就说，该静的时候也要控制自己，不要给别人造成困扰。"就是这样的 Z 老师，在清楚地知道自己的长处的同时，也不避讳自己的短处；在爱自己的同时，也带给成员们爱的体验。

在《慧眼禅心》中，有这样一个故事。有一天，有个人向大师求教："我该如何学习爱我的邻人？"大师说："不再恨自己。"这个人回去反复思索大师的话，而后回来禀告大师："但是我发现我过分地爱护自己，因为我相当自私，且自我意识甚强，我该如何除去这些缺点？"大师说："对自己友善一点，当自我感到舒畅时，你就能自由自在地爱你的邻人了。"

3

每个人都需要对自己的关注和爱,需要感知到被尊重、被肯定、被爱的信号。但同时还需要知道,没有尽善尽美的人,每一个人都有优缺点,爱自己也不是爱一个理想化、完美化的自己,而是爱自己的所有方面,包括自己的优点和缺点,长处和短处。所以,真正的爱自己应该是,即使我觉得自己有各种缺点和不足,我也依然爱自己。

爱自己的能力并非与生俱来,我们的家庭和学校教育往往缺失这方面的培养和意识。对于学共体的核心成员来讲,我们或许可以从案例中的 Z 老师身上学习一二。

一、保持良好的身体状况

心理学家发现,人的身体和精神具有紧密的关联。身体处于怎样的状况,就会相应地对我们的心理产生影响。美国加州大学心理学教授罗伯特·塞伊说:"我们许多人将自己的情绪变化,仅仅归因于外部发生的事,却忽视了它们可能也与你身体内在的'生物节奏'有关。我们吃的食物、健康水平及精力状况,都能影响我们的情绪。"这种观点得到了越来越多的医学专家的认可。

医学专家还发现,一个人的勇气也与健康有关。在有病的人看来,所有的东西都是阴郁的,他本人也会很快变得垂头丧气;在各项身体指标都恶化了的人看来,一切事物都是绝望的。身体的状况会影响到人的心理状态,从而影响到我们的自我认知,进而影响我们对待事情和他人的态度。

爱自己要有资本和基础,良好的身体状况是基础。不仅仅是案例中提到的Z 老师,我所接触过的学共体核心成员,大都身体健康、体态良好,我想这也是他们爱自己的一种体现。Z 老师由于是艺术团的核心成员,大多数时间不是外出表演就是和成员们一起训练,这样的生活自然能够帮助她拥有良好的身体状况。然而并非每个人都拥有这样便利的条件来让自己的身体保持良好的状态,我们需要找到自己喜欢的锻炼方法,用积极的态度对待自己的选择,通过持续不断的锻炼来维持良好的身体状况,从而为我们积极的心态提供牢固的物质基础。

二、发自内心地赞美自己

翻看 Z 老师外出旅游时发朋友圈的照片配的文字,你会发现"美""漂亮"这类词语出现的频率极高,这些不是她用来形容景色的,而是对自己和一众姐妹的称赞。那种洋溢于脸上的自豪、自信之情,通过文字都能感受得到。她们并没有精致过人的脸庞,有的只是平凡人的容貌,可是在她们眼中,自己就是自己的明星,她们也从不会吝啬对自己和伙伴们的赞美之词。

指责摧毁内在的灵魂,而赞美可以塑造灵魂。这句话在 Z 老师的身上体现得淋漓尽致。实际上,无论对于自己还是对于别人而言,多看到优点,多进行赞美,多让自己看到美好的一面,会让我们习惯以积极的视角看待人和事,也会让我们的心态慢慢发生变化。

国际知名心灵导师露易丝·海这样描述道:"当我第一次在纽约的宗教科学教堂演讲时,我的心怦怦直跳,我记得很清楚,那是星期五下午,听演讲的人把问题写在纸上,装到篮子里交给我,我在台上逐一回答问题,并作相应治疗。一切结束后,我从台上下来,对自己说:露易丝,你第一次就做得那么好,你真棒,如果你再做 6 次,你肯定能成为专业人士。我没有轻视自己,对自己说:哦,我又忘了说这说那。因为我不想让自己在第二次演讲中紧张。如果我第一次轻视自己,第二次也会轻视自己,那样我就会惧怕演讲。之后几个小时,我开始思考,需要在哪方面作些调整,我没有让自己有犯错的感觉,我小心翼翼地赞赏和祝贺自己的出色表现。从那以后,当我第六次演讲时,就已经很熟练了。"①所以,请认识你的力量并将它发挥出来,每次给予自己肯定的赞扬,不要轻视自己,不要轻视创造你的力量。

心理学上有个词叫作"自我悦纳",是指个体能正确评价自己、接受自己,并在此基础上使自我得到良好的发展。自我悦纳不仅指接纳自己人格中的优点和长处,更要接受自己的缺点与不足。在正视自己优缺点的同时,努力改进自己、完善自己,而不应妄自菲薄,失去信心。②何为爱自己、悦纳自己?简单讲就是自己让自己快乐,自己令自己心满意足,而不是被动地等待别人的认可。费尔巴哈说过:"你的第一个责任,就是让自己幸福。"英国才子王尔德也曾经说过:"爱自己是一场终生恋情的开始。"悦纳自己就是要学会尊重自己的内心,按照自己的心意而活。倾听自己的心声,不要因为他人的目光而挑剔自己,为难自己,委屈自己。只有爱自己、悦纳自己,才能使自己获得更多的快乐;也只有爱自己、悦纳自己,才能让身边的人跟着自己一起快乐。

三、正确看待自己的缺点

我们可能总是在挑剔自己,有时候会发现自己甚至会讨厌做自己,因为厌

① 露易丝·海.启动心的力量[M].李俊仪,译.广州:广东经济出版社,2013.
② 王闯.自我管理[M].济南:山东人民出版社,2016.

倦,因为没办法改变,所以偶尔也会很想乔装打扮成另外一个自己,当然,这些时候往往是我们累了、饿了或者拿别人的优点跟自己的缺点比较的时候。看看案例中的 Z 老师,她很清楚自己"话多,有时候话太多人家也烦的"这个缺点,但这并不妨碍她爱自己,并不代表她否定了自己。相反,由于认识到自己的缺点,她会刻意去注意,"该话多热闹的时候就说,该静的时候也要控制自己"。因为没有十全十美的人,能意识到自己的缺点并尽量去改正,这样的她反而更让人尊敬和刮目相看。

有这样一个故事:一个圆,天生就有缺口,它一路从山坡上滚下,磕磕绊绊的,但沿路却有白云相伴,绿草相拥,过得挺快乐。有一天上帝经过这,圆求它将缺口补上,上帝答应了它。于是圆一溜滑到了山底,它再也无法欣赏花草了,它感到十分后悔。"光明使我们看到了许多东西,也使我们看不见许多东西。"所有的事物都有两面性,缺陷在一定程度上也有它存在的价值。不妨问自己这样几个问题:你爱自己吗?你了解自己吗?你能接纳你的全部吗?除了优点也包括你的缺点。你能像爱自己一样爱别人,不取决于你如何为别人付出,而在于你是否完全地爱自己吗?

那些所谓的缺点,那些我们身上自己都不喜欢的特质,其实是最宝贵的财富。只不过表达的程度有点过于强烈了。就像放音乐,如果音量开得太大,就会让人感觉有些不适应,但如果音量适当,就能帮助人愉悦身心。只要我们能把自己的音量调到适度,我们自己以及我们周围的所有人就会意识到,这些缺点其实正是你的优点。它们可以为你所用,而不是成为你的绊脚石。你唯一需要做的,就是在适当的时候,以适当的方式,把这些特质表现到适当的程度,不要过度。①

你选择美好,首先要让自己变得美好;你选择怀疑、欺骗,首先就玷污了自己的内心,它们就会像乌云般笼罩心灵的天空。我们要正确看待自己的缺点,才能从负面的思维中拉回离弃自己的部分。从分裂到整合,你不可能完美,但可以找到完整的自己。

【专栏 1】

"你们首先要爱的是你们自己"

外籍教师凯丽来自加拿大,上个月刚到学校担任英语教师。有一天,凯丽

---

① 黛比·福特. 接纳不完美的自己[M]. 严冬冬,译. 长春:吉林文史出版社,2009.

给孩子们布置了一道英语作文,题目是"你爱谁"。

孩子们的答案几乎全部一样:我爱爸爸妈妈,我爱祖国。凯丽觉得不可思议。凯丽在课堂上对孩子们说:"难道你们只爱爸爸妈妈和祖国吗?"孩子们说:"还有老师,还有学校,还有爷爷奶奶……"

凯丽问:"孩子们,再想想,还有什么才是你需要爱的?"孩子们想不出来。

凯丽说:"孩子们,你们要爱的不只这些,你们首先要爱的是你们自己,唯有爱自己,才能爱父母,爱祖国,爱这个世界上的一切。"

"你们才是自己最重要的,而不是其他,你们必须要有这样的意识。"凯丽说。

凯丽的言论在学校里掀起轩然大波。校长找到凯丽,希望她不要强迫孩子们接受她的观点。凯丽扑闪着大眼睛,觉得不可思议。

不久,凯丽提出了辞呈,学校极力挽留,但凯丽去意已决。校长问她:"你当初到中国来,说你热爱这个国度,怎么说走就走呢?"

凯丽说:"校长先生,是的,我热爱这里的一切。但是,我不能勉强自己,我首先得爱自己,我觉得自己的教育理念在这里无法施行,我不可能委屈自己去浪费自己的时间。"凯丽走了,她是作为一个另类老师的形象走的。

凯丽的离去,给人留下了一个无人涉及的问题:在中国教育中,为什么会缺少自我教育?

凯丽无法懂得,我们也无法参破。[①]

【专栏2】

爱自己的弱点——相由心生

王尔德有一本书——《道林·格雷的画像》,书中的主人公道林·格雷最初年轻貌美品德高洁,爱慕他的画家为他绘制了一幅完美的画像,但是道林受到坏朋友的诱惑,重视自己的外表更甚于内心,他恐惧自己老去,因此发愿说,愿他永远这么貌美,而让画像代替他衰老变丑。愿望灵验了。道林一直那么美,但他渐渐堕落,每次做了邪恶的事情,画像中的他就变得丑陋,这让道林感到生气和恐惧。最后,他忍不住拿起刀意图毁掉那幅画,毁掉他丑陋邪恶的秘密,结果,刀却插在了他自己的心脏上。他死了,衰老而丑陋。[②]

① 沈云祥.不会爱自己[J].思维与智慧,2008(2):50-51.
② 奥斯卡·王尔德.道林·格雷的画像[M].裴丹,刘天明,译.北京:北京燕山出版社,2003.

人的心蒙上污浊、变丑陋还不是最致命的,最致命的是你恨你的心,没办法爱自己。

【自我评估】

对照下列问题,您做到了什么程度?

1.我对自己满意吗?

2.我比较清楚地知道自己有哪些优点和缺点吗?

3.我是否知道我的存在是为了什么?我需要怎样丰富自己的生活?

4.为了改变我的生活,实现自己的理想,我付出了多少努力?

【延伸阅读】

1.尼娜·拉里什·海德尔.爱自己[M].朱刘华,译.长春:北方妇女儿童出版社,2010.

2.奥斯卡·王尔德.道林·格雷的画像[M].裴丹,刘天明,译.北京:北京燕山出版社,2003.

话题 2　生活可以如此精彩

【案例先导】

初见模特队的 L 老师,我就感受到了她身上散发出的气质。第二次见面,她和学共体中另外一名核心成员 C 老师一起赴约,远远望去就看到两个人很是显眼,干净舒服的气质令人心情愉悦。整整一个下午的时间,和她们两个泡在咖啡馆里畅聊,她们言谈举止之中透露着对生活的满足和感恩,两人之间也是互相感谢,从不邀功,都认为模特队能有今天的成就要归功于对方的努力。聊天中发现,她们的生活中也不是没有烦心事,住在重症加强护理病房的妈妈、黏人的外孙、演出过程中的种种意外状况……可是这些从来都没有成为阻挡她们追求生活的障碍,反而能够让她们从中收获平凡生活的真谛。而这一切,应该要归功于她们所属的学共体,用她们自己的话说:"它让我们心很安定。"从最初被老队长发掘进来,到现在自己带领学共体,"觉得它就是自己的小孩一样",她们一步步地在学共体中成长起来,带领学共体积极参加各种活动,带领成员一起感受美好,也一点点地更加热爱自己的生活。她们说:"到了我们这个年纪,就是要做自己喜欢的事情,喜欢什么就马上去做。学共体让我们找到了自己的爱好,也从中找到了一个更好的自己。"

先来说一个 L 老师的故事吧。L 老师自己有一个小外孙女,女儿平时上班太忙没时间照顾,都是由 L 老师和她爱人来带。由于自己经常在家里放演出时候用的背景音乐,还配合着音乐进行练习,时间久了,小外孙女耳濡目染,听到音乐响起就和外婆一起像模像样地走起了模特步,把外公外婆逗得开怀大笑,两人带孩子的疲惫也就一扫而光了。不仅如此,小家伙还在自己幼儿园里进行表演,受到一致好评,她自己也很有成就感。就这样,爱好和生活相得益彰,给自己的生活也带来了更多乐趣。L 老师说,学共体带给她的,不仅仅是一项爱好这么简单,而是改变了她整个生活,加入学共体之后,她突然发现生活中原来有很多值得记录的点滴,只是以前从来没有注意过。

C 老师也有一个类似的故事。据 C 老师说,加入学共体之前,自己不愿意多与人打交道,和爱人之间的交流也不是很充分。自从自己加入了学共体,认识了一堆新朋友,变得爱与人说话了,同时爱人也变成了自己的"后援团"成员之一,凡是演出需要找背景音乐的时候,爱人总是积极支持,有时候甚至找到晚上 12 点钟,直到找到满意的音乐为止。之所以会出现这样的情形,是因为她的爱人觉得,自从她加入学共体之后,整个人都不一样了,家里也由之前的各自看电视变成了充满欢声笑语,家庭氛围更加和睦,甚至有时候没去排练,爱人都会督促她按时去,学共体让这个家庭更加丰富地感受到了生活的意义。

村上春树引用过毛姆的一个说法:"每一次剃须都是一门哲学。跑步这种看似机械的运动,其实也充满哲理,就如同你也可以将每天乘坐地铁上班变成一门哲学一样。任何一种庸常的生活,如果有一双发现的眼睛,就可以点铁成金,化腐朽为神奇。"这庸常,你得学会如何去看,如何摇匀后服用,才会见效。否则,就是一场大戏摆在你面前,也不过是对牛弹琴,暴殄天物,神奇化为腐朽。要不就得把自己推向某种极端,学会如何习惯性地脱离庸常,就如同村上那样。跑步既是庸常的(不需要任何器材,场地简单,也未必有无数人喝彩,只是一个人跑啊跑,一天又一天,外人根本看不到它的变化),又是一种极端(不断地让跑步者超越极限)。[①]

加入学共体的成员,或多或少都体会过学共体带给他们生活的改变,不然也不可能出现通宵排队报名的情况,他们正是真正体会到了学共体带给他们的精彩。就像毛姆所说:"生活中的每一件事情都是一门哲学,当你真正参悟了的时候,生活就会向你展示它的美好。"学共体核心成员如何参悟这些美好,如何爱生活,以下几个方面可供参考借鉴。

一、"生活中原来有这么多值得记录的点滴"

松浦弥太郎被称为"全日本最会生活的男人"。在他创办的公司里,他对员工的要求是早上九点上班,下午五点半必须准时下班,要用下班后的时间来陪孩子、和朋友看电影,或是在家里做饭。而他对于自己的生活,也一直坚持着"100 个基本"。他坚持一周买一次花,两周剪一次头发。他坚持一年四个季节里,有四次不可错过的享受当季美食的机会。在他的生活中,每一件细微的事情都有其重要的意义,也持续思考着什么才是生活中美的事物。他珍惜、享受、体味独处的时间。平日在家里,他会用心地做食物,哪怕泡一杯燕麦片,煎一只荷包蛋,都值得被郑重其事地对待。他也会费心思地购买一些小物件摆在家

---

① 村上春树.当我谈跑步时我谈些什么[M].施小炜,译.海口:南海出版公司,2009.

中,享受着亲手创造的生活美感所带来的喜悦。他把用心生活当成自己的全部事业,用极致的生活仪式感愉悦着自己。①

看看案例中的 L 老师,她认为学共体带给她的,不仅仅是一项爱好这么简单,而是改变了她整个生活,加入学共体之后,她突然发现生活中原来有很多值得记录的点滴,只是以前从来没有注意过。其实在我们的生活中,有太多的平淡、无趣,因为缺乏对生活的敏感和尊重,我们就会错过一些趣味盎然的瞬间。在以后的生活中,我们可以试着用认真庄重的态度看待一切细琐的、看似不重要的小事,比如种植的绿萝在漂亮的花瓶中伸展出一片新鲜的叶子,你就能感受到那抹绿色带来的生机;比如夕阳西下时,光线照进房间里铺着的地毯上,形成一轮好看的光影,像一幅画一样。认真而庄重地看待事物,学会舍弃掉一些生活中不重要的东西,不管是物品还是情绪,然后一点一滴地构筑生活的乐趣,这就是爱生活的最好方式。就像案例中的 L 老师和 C 老师一样,因为爱生活,才发现了平凡生活中的小欢乐,因此也就更加爱生活。

二、"更加丰富地感受到生活的意义"

梭罗的《瓦尔登湖》中有这样两段话,其一是:"我步入丛林,因为我希望生活得有意义,我希望活得深刻,并汲取生命中所有的精华。然后从中学习,以免让我在生命终结时,却发现自己从来没有活过。"其二是:"生命并没有价值,除非你选择并赋予它价值。没有哪一个地方有幸福,除非你为自己带来幸福。"②在他看来,没有获取意义的生命,等于"从来没有活过"。很多人会觉得追求幸福、快乐才是人生的第一要义,其实不然,对意义的追求才是。寻求和建立意义,为意义而活,它可以帮助你走完人生,度过一个有意义的人生,尤其是在现在这样一个信息更新快速、充满选择和诱惑的时代。人要寻求生命的意义,这个意义是唯一的、独特的,唯有人能够且必须予以实践,也唯有当它获至实践才能够满足人寻求意义的意志。

案例中的 C 老师,因为加入学共体而"更加丰富地感受到了生活的意义"。生活本来就是如此,如何爱生活,其真谛就在于从中发掘出意义。作为学共体中的一员,我们有着更加便利的条件和载体,能够帮助我们通过学共体的学习,更加敏锐地感受到生活的意义。每次投身学共体学习,和成员共同感受其中的

① 佚名.最会生活的样子是什么样[J].钟表,2016(1):102-103.
② 亨利·戴维·梭罗.瓦尔登湖[M].王家湘,译.北京:北京十月文艺出版社,2009.

种种滋味,感受投身一件美好事情的体验,就会愈发珍惜和明了生活的意义。找到生活的意义并不是一件容易的事情,但当我们加入学共体,开始尝试用积极的态度对待生活时,就已经迈出了关键的一步。

三、"喜欢什么就马上去做"

我们总是习惯为自己的拖延和懈怠寻找理由,我们也总是有借口原谅自己不合理的行为,却不曾意识到,有些事情当然要慢,而有些事情,却容不得慢条斯理。许多事情,慢慢来就来不及了。有这样一个小故事:一对夫妻自从青藏铁路通车后就计划一起坐火车去一趟西藏。59岁那年,丈夫对妻子说,再等一年我们就去西藏,就凭我这身板,珠穆朗玛峰即便爬不到顶也能爬到半山腰。可就是这年体检,他被查出患有肺癌,且是晚期。他对妻子说,对不起,没法陪你去了,我的身体看来是等不及了。所以,想做一件事就要立马去做,不然很有可能永远也做不成。

听听案例中两位核心成员的心声:"到了我们这个年纪,就是要做自己喜欢的事情,喜欢什么就要马上去做。学共体让我们找到了自己的爱好,也从中找到了一个更好的自己。"在日常工作中,我们常常会给自己梳理很多的方法论出来,比如各项工作的优先级排序,根据重要和紧急的程度依次列出来去实施,可是很多时候,我们都忘了要把我们的人生部分做一个优先级排序。尝试梳理我们人生事项的优先级排序,这样才能给自己一个清晰的脉络方向。如果被太多无谓的杂事淹没,等到我们再想起来的时候,那件曾经唤起我们无限激情的事可能已经躲在角落里落满了灰尘,再也找不回当时的模样。

四、"带领学共体积极参加各种活动"

带领学共体积极参加各种活动,带领成员一起感受美好,也一点点地更加热爱自己的生活。生活之所以让人热爱,在于那些或喜或悲、丰富多彩的经历,而这些经历沉淀下来,反过来又能激起我们更多的生活热情,进而促使我们去体验更广阔的生活,构成良性循环。反之,缺乏内容、日复一日、年复一年的机械生活,如同一潭死水,是没有激情可言的;缺乏激情的生活,又会进一步阻碍我们拓展人生体验,从而进入一个恶性循环。所以,重点就是不要让自己陷入恶性循环中,要主动向良性循环靠拢,或者调动精神力量主动挑起生活激情,譬如以"大多数人的努力程度之低,根本轮不到去拼天赋"这类话语激励自己,又譬如挖掘想要让家人和自己过上更富足生活的原始欲望,再如寻找心底深处的人生梦想,等等。又或者主动改变自己的生活状态,拓展生活边界,去经历更广阔的人生,譬如去接触那些往日与自己的生活圈没有交集的形形色色的人,又譬如去做那些往常不曾涉足的领域,改变可以很大,也可以仅仅是把周末宅在家里变成去健身房这么简单而已。

【专栏 1】

人必须选择一种生活方式并勇敢地坚持下去

有一个美国商人坐在墨西哥海边一个小渔村的码头上,看着一个墨西哥渔夫划着一艘小船靠岸,小船上有好几尾大黄鳍金枪鱼。这个美国商人对墨西哥渔夫能抓这么高档的鱼恭维了一番,还问要多少时间才能抓这么多。墨西哥渔夫说,才一会儿工夫就抓到了。美国人再问,你为什么不待久一点,好多抓一些鱼?墨西哥渔夫觉得不以为然:这些鱼已经足够我一家人生活所需啦!

美国人又问:那么你一天剩下那么多时间都在干什么?

墨西哥渔夫解释:我呀?我每天睡到自然醒,出海抓几条鱼,回来后跟孩子们玩一玩,再跟老婆睡个午觉,黄昏时晃到村子里喝点小酒,跟哥儿们玩玩吉他。我的日子可过得充实又忙碌呢!

美国人不以为然,帮他出主意:我是美国哈佛大学企管硕士,我倒是可以帮你忙。你应该每天多花一些时间去抓鱼,到时候你就有钱去买条大一点的船。自然你就可以抓更多鱼,再买更多船。然后你就可以拥有一个渔船队。到时候你就不必把鱼卖给鱼贩子,而是直接卖给加工厂。然后你可以自己开一家加工厂。如此你就可以控制整个生产、加工处理和行销。然后你可以离开这个小渔村,搬到墨西哥城,再搬到洛杉矶,最后到纽约,在那经营你不断扩大的企业。

墨西哥渔夫问:这又花多少时间呢?

美国人回答:15 到 20 年。

墨西哥渔夫问:然后呢?

美国人大笑着说:然后你就可以在家当皇帝啦!时机一到,你就可以宣布股票上市,把你的公司股份卖给投资大众,到时候你就发啦!你可以几亿几亿地赚!

墨西哥渔夫接着问:然后呢?

美国人说:到那个时候你就可以退休啦!你可以搬到海边的小渔村去住。每天睡到自然醒,出海随便抓几条鱼,跟孩子们玩一玩,再跟老婆睡个午觉,黄昏时,晃到村子里喝点小酒,跟哥儿们玩玩吉他。

墨西哥渔夫疑惑地说:我现在不就是这样了吗?[①]

【专栏 2】

请用热情面对这个世界

有个妈妈在厨房洗碗,她听到小孩在后院蹦蹦跳跳玩耍的声音,便对他喊道:"你在干吗?"小孩回答:"我要跳到月球上!"你猜妈妈怎么说? 她没有泼冷水,骂他"小孩子不要胡说"或"赶快进来洗干净"之类的话,而是说:"好,不要忘记回来喔!"这个小孩后来成为第一位登上月球的人,他就是阿姆斯特朗。[②]

通过这个故事,我们可以明白两个道理:

第一,人的一生一定要努力避开一种人,那种时常泼你冷水的人。当然,要将这种泼冷水与真正的建议分开来。

第二,要始终像那个孩子一样保有热情,对人的热情、对事物的热情、对学习的热情,还有对生命的热情。人的热情如果被浇熄了,真是很可惜的事。拥有热情,可以让你做出很多原本可能做不到的事。与此相关的另一个故事是,有次卡耐基在美国开年会,有位讲解员提醒大家,旅馆房间的门上都挂了一个牌子,上面写着"请勿打扰",但是有多少人知道,自己天天从家里到办公室,脖子上仿佛也挂了这么一个牌子。由于你对一切事物缺乏热忱,同事不喜欢跟你合作,顾客也觉得最好离你远一点。你也把这块牌子带回家,小孩不敢跟你玩,太太也小心地避开你。你一定想把脖子上的牌子拿掉吧? 请用热情来面对这个世界!

【专栏 3】

在喧闹、混杂的生活中,

你应该与你的心灵和平相处,

尽管这世上有很多假冒和欺骗,

有很多单调乏味的工作,

和众多破灭的梦幻,

它仍然是一个美好的世界。

---

① 宁致远.墨西哥渔夫[J].人才资源开发,2016(5):92.

② 王蕊.不要忘记回来[J].才智:才情斋,2006(8):8.

记住:你应该努力去追求幸福!

(此诗于 1692 年镌刻在巴尔的摩圣保罗教堂)

注:以上为节选。

【自我评估】

对照下列问题,您做到了什么程度?

1.我是一个认真对待事物的人。

2.对于想做的事情,我会马上去做。

3.我会刻意丰富自己的经历,即使有时需要付出代价。

4.我会不断地寻找生活的意义。

【延伸阅读】

1.凯利·约翰逊,玛吉·史密斯.我怎样设计飞机[M].程不时,赵中,译.北京:航空工业出版社,1990.

2.杰克·伦敦.热爱生命[M].姬旭升,译.北京:北京燕山出版社,2000.

3.谢尔.过你热爱的生活[M].秦子冰,译.北京:中国轻工业出版社,2004.

4.维克多·弗兰克尔.活出生命的意义[M].吕娜,译.北京:华夏出版社,2010.

5.摩西奶奶.人生永远没有太晚的开始[M].老姜,张美秀,译.北京:新星出版社,2015.

6.摩西奶奶.人生只有一次,去做自己喜欢的事[M].姜雪晴,译.北京:北京联合出版公司,2015.

话题 3　公平的力量

【案例先导】

学习共同体的公平是确保学习活动有效开展的有力保障,也是满足学共体成员归属感的内在因素,因此需要引起核心成员的重视。以下 Z 老师的做法就值得借鉴。

上海市静安区共和新路街道茶艺队是街道中较有特色的社区学习共同体,其主要任务是满足社区居民对茶艺的兴趣。来茶艺队学习的大多为本街道居民,另有少数成员来自其他街道。茶艺队和其他社区班级一样,每学期只收取极少数的学费用于集体活动;除此之外,队中成员的服装、茶具等费用均由街道出资购买。如有外出表演,则每场表演收入由成员平分(一般为 40 元左右/人)。队内成员都是因对茶艺感兴趣而自发前来学习的,他们学茶艺的主要目的在于"提高自身修养和生活质量"。

茶艺表演有主泡和副泡两个角色之分,主泡主管布茶,副泡担当茶艺程序的解说工作,两个角色互相呼应,共同成就一道好茶。但是对于一次茶艺表演而言,上台展示的人数有限,主泡的人选也就更为抢手。针对这样的情况,如何做到公平公正,是对核心成员能力的考验。Z 老师认为,没有谁一定是主泡,也没有谁就一定是做后勤的,大家都是一样的。这台节目没有安排你上场的,你就应该做后勤,确保整个茶艺表演顺利进行,而不是说你是主泡就应该要老资格,一定不能开这个特例,不能让任何一个人觉得自己就是主泡师,自己就什么都不动,等大家全都给你弄好你才上去,这是绝对不行的。

Z 老师提到一个例子:"我们有的队员还蛮滑稽的,她其他位子不坐,一来就坐到正中间的位子。如果哪天她来得迟有人坐这里了,她会站在你边上等着,你说要是你的话难为情吧,所以只能让给她。她是老队员,也是中级茶艺师,就仗着自己资格老,你不得不给她坐呀。但是人家新队员起来让了,你想想假如我是新队员的话你说我心里难受吧。那我看到了,我就说大家都坐好了,随便什么位子,位子不是你包下来的,在一点钟上课之前,你坐哪个位子就哪个位子。我不能让人家让给她,也不能说你不要让她你坐你的,只能看在眼里记在心里,委婉地表达出来。你说话也要讲方法的呀。就像这次因为主泡副泡的事情就有一个老队员不开心，我主动给她打电话，我说我跟你商量件事，你看可以不可以哦，我自己还要放低姿态。我说我们这回是六个人，主泡三个人是在你们中间产生的，那我跟领导商量下来，你呢这回就不上了对吧，为什么呢，我要从整个舞台效果考虑，要挑选个子差不多的，那我总不能说是因为你手抖得厉害吧，这样人家肯定不干的。还有一个，我再问她，因为主泡和副泡就六个人，我说你这回主泡不上的话你副泡做不做啊，她说我不做，我主泡都不做我做什么副泡啊。我说其实都一样，大家轮着做对吧，她说我不做，我就是主泡。我说你不做确定吗，她说我确定我不做，我肯定不会做的。我说咱俩别产生误会，只是一个团队从全局出发去考虑对吧。后来她也回过气来，她说你这么执着，是我自己的问题。"

这个案例是在社区走访过程中一个核心成员提到的，也是在处理学共体公平问题上较为成功的一个案例。从案例中不难发现，即使是处理一件简单的小事，也需要核心成员充分调动自己的聪明才智。社区学习共同体是以享受共同学习过程为出发点而自愿结成的相对稳定的学习群体，其本身就彰显出一种安全、和谐的心理氛围和特征，以成员的快乐学习、享受学习为内在动力。因此，营造公平、安全的心理氛围，是实现学共体公平的应有之义。如何实现公平，可以参考下面三个方法。

一、"一定不能开这个特例"——无规矩不成方圆

正所谓"无规矩不成方圆"，只要有人聚集的地方，规则都是不可缺少的，缺少了规则，秩序就无从谈起。有这样一个小故事：七个人在一起分粥，推举出了一个大家公认的最公平的分粥人。前几天还不错，但是，时间一长，掌勺的人就拥有了一种权力，有了权力就会有腐败，尤其是在没有严厉的规则约束的时候。三五天之后，当一个人对掌勺的人说了几句好听的话之后，他碗里的粥就多了一点，他多了一点自然就有人少了一点，就有人饿肚子了。这时，就有人抗议了，说我们不能再用这个人了，我们一人一天轮流分吧。但轮流分的结果是只有分粥的人吃得饱，其他六个人都吃不饱。最后大家又达成共识：成立一个分粥委员会。分粥委员会成立了，在分粥时有人分粥有人监督，最后人们发现这时只有分粥的和监督的人吃饱了，其他五个人都吃不饱。最后，这七个人终于明白了：让谁来分都没用，最重要的是要制定一个规则，也就是谁分谁就最后一个拿粥。这样，不管谁来分，都能做到公平了。这个小故事告诉我们，无论一

个企业还是一个组织,或是一个部门、一个团队,都必须用制度来约束人们的行为,规则远比人的自觉性管用得多。

学共体中也一样,核心成员一定要有规则意识,坚持原则不能轻易动摇,这是实现公平的前提。案例中 Z 老师就提到,一定要打破耍老资格的坏习惯,让每个人都意识到自己应该为整个学共体的发展负责,把自己作为其中的一分子去考虑。坚持原则,首先要有原则可遵守,这个原则既包括学共体的外在活动规则,也包括核心成员个体所信奉的内在法则。因此,对于核心成员而言,一方面要制定学共体成员认同并可以共同遵守的规则,确保规则贯穿学习活动过程始终。另一方面,要坚持自己做人的原则,不能让私心蒙蔽自己的双眼,以关怀之心对待成员,以发展的眼光看待每个成员的成长,才能为他们提供均等的发展机会和空间。当然,坚持原则也会遇到各种各样的问题,甚至会得罪人,这个时候核心成员就要有不怕得罪人的思想和心理准备,要记住,对待任何人任何事都要有自己坚持的原则,这样生活就永远不会毫无意义。

二、"巧干能捕雄狮,蛮干难捉蟋蟀"

有了规则,学共体的公平有序发展就有了保障,但这并不意味着就实现了公平。任何规则的实现都离不开人去执行,尤其是在学共体这样一种奉行快乐学习、享受学习的组织形态中,如何有效地执行规则,让每个成员在享受学习的过程中拥有平等发展的可能性,这就需要核心成员讲究方法和技巧。俄罗斯有一句谚语:"巧干能捕雄狮,蛮干难捉蟋蟀。"这句话道出了一个普遍的真理,即做事要讲究方法,巧干胜于蛮干。掌握了方法和技巧,做起事情来往往事半功倍,甚至可以扭转乾坤,把不可能变为可能。因此,基于学共体特性考虑,核心成员应该针对不同个性的成员采用不同的方法,在讲究公平的过程中并不是一味死板地遵循规则,而是选择成员可以接受的方式。

法国作家拉·封丹曾写过一则众所周知的寓言,讲的是北风和南风比威力,看谁能把行人身上的大衣脱掉。北风首先来一个寒风凛凛,结果行人为了抵御北风的侵袭,便把大衣裹得更紧了。南风则徐徐吹动,顿时风和日丽,行人因之觉得春暖上身,始而解开纽扣,继而脱掉大衣,南风获得了胜利。这就是"南风效应"这一社会心理学概念的出处。"南风效应"给我们的启示是:在和成员相处时,方法不一样,结果可能就会大相径庭。

案例中,Z 老师就很好地掌握了说话技巧。巧说话并不代表说假话,经过 Z 老师的解释和沟通之后,这位老队员"后来她也回过气来,她说你这么执着,是我自己的问题",这样就巧妙地化解了潜在的矛盾,成为学共体发展的润滑剂。

三、换位思考,推己及人

据说在美国,曾经发生过这样一件真实的事情:有一位小学学童患了癌症,由于不断接受化学针剂治疗,头发全部掉光了。在治愈出院的时候,怕同学因为光头而嘲笑自己,于是他开始担心自己是否应该带着假发回学校上课。回校那天,母亲推着轮椅送他走进教室,令人吃惊的是,全班同学都理了光头,连老师也不例外,大家热烈地欢迎他回来上课。他一把扯去自己头上的假发,大笑着从轮椅上一跃而起,快乐地融入大家。

上面这个班级同学的做法就具备同理心,又叫作换位思考,是指站在对方立场设身处地思考的一种方式,即在人际交往过程中,能够体会他人的情绪和想法,理解他人的立场和感受,并站在他人的角度思考和处理问题。

两千多年前我国的孔子也说过:"己所不欲,勿施于人。"也就是说,具有同理心的人能够做到"推己及人":一方面,自己不喜欢的东西或不愿意接受的待遇,千万不要施加给别人;另一方面,应根据自己的喜好推及他人喜欢的东西或愿意接受的待遇,并尽量与他人分享这些事物或待遇。

案例中的 Z 老师不止一次提到类似"你想想如果是你的话你难为情吧"这样的话语,可见其同理心之强。"你怎样对待别人,别人就怎样对待你。"这条永恒的成功法则适用于每一个地方。任何人都希望他人能理解自己,缺乏同理心的人只会霸道、武断地将自己的意见强加给别人。反之,一个有同理心的人则会先把自己的意见或忠告放到一旁,认真倾听他人的想法。当别人表达意见时,不仅要理解他的立场和感情,还要设法使对方明白自己完全了解他的想法,这么做除了能表达尊重和诚意外,更重要的是可以获得对方充分的信任。因此,核心成员更应该凡事为他人着想,站在成员的立场上思考,设身处地地体察对方的立场、观点、感受、难处,多一分理解和宽容,多一点照顾和体贴,让成员自觉自愿遵守规则,维护规则。

【专栏 1】

"你在听吗"小游戏

每两人组为一组,背对背坐着,其中一人向另一人讲述自己的事情,过程中一定要不停地说,想说什么就说什么;另一人不能作任何反应,持续 4 分钟。然后大家角色互换。

结束后,请志愿者上去谈感受:

1. 你觉得背后的人正在干什么,想什么? 你有什么感受?

2. 还想继续说下去吗?

3. 如果要愉快地继续你的讲述,背后的人需要做些什么?

【专栏 2】

公正自有其力量

犹太人知道,唯有公正,才有可能获得回头客,才有可能在遭遇困境的时候,有人愿意帮助你,也唯有公正,才可以让你大胆地向困难挑战。

在世界商战经典案例中,美国美孚石油公司的一则案例十分有趣。有一次,犹太籍的洛克菲勒想在巴容县铺一条与竞争对手平行的油管,但对手已让县议会通过了一个"除了已经铺好的油管外,不许其他油管路经巴容县"的议案。

这项决议显然有失公平。此时,对手尚未在巴容县铺设油管。洛克菲勒决心挑战这显失公平的决议,于是调集大量人力在一夜之间铺管完毕。

第二天,他来到巴容县议会,告诉议员说:"希望大家到现场参观一下,以判定美孚石油公司的油管是否已经铺好。"

议员们一听哑口无言,他们没有想到,"除了已经铺好的油管外,不许其他油管路经巴容县"的议案反而保护了美孚石油公司。洛克菲勒钻了议案文字上的漏洞,但他认为,这是公正的力量在逼迫他这样做。

马克思曾说过,犹太人的公正观念,是一种生命剂,譬如他们做生意时只看现货,用虚构的景象来诱惑他们投资是徒劳的。犹太人在生意场上的不败纪录,很大程度上应归结于这一点。[①]

【自我评估】

对照下列问题,您做到了什么程度?

1. 我所在的学共体有成文的或不成文的规则或约定,且这些规则或约定为大部分成员所接受。

---

① 严宽. 公正的力量[J]. 领导文萃,2017(12):98.

2.遇到事情时,我会在考虑各种后果之后选择成员较为接受的方式去处理。

3.我能够切实体会成员的感受,并尽量站在他们的立场考虑问题。

4.在处理事情时,我不会因为顾及人情而选择偏向某位成员,而是以客观的态度看待事情。

【延伸阅读】

1.林染.三分苦干 七分巧干[M].北京:中国国际广播出版社,2005.

2.亚瑟·乔拉米卡利,凯瑟琳·柯茜.你的感觉,我懂![M].张迪,译.海口:南方出版社,2011.

3.王涛.规矩和爱[M].北京:北京理工大学出版社,2012.

话题 4　宽容的智慧

【案例先导】

关于学共体核心成员的"宽容"品质,上海市共和新路街道舞蹈队 L 老师有这样一个案例:"我们的学共体不是一帆风顺的,也是经历了很多的挫折才走到今天的。从我接手学共体到现在,有一件事情印象是最深的,这个故事甚至除了当事人,连我们自己的队员都不知道。大概是两年前的事情了,那个时候我才刚刚接手我们舞蹈队不久。有一天在排练的时候,我跟我们的队员商量,我们舞蹈队出去比赛得到的奖金呢,先放在我这里,等到以后我们购买服装或者集体活动的时候拿出来用,当时大家也都赞同的,说就当作集体资金好了,那么我也没有把这件事情放在心上。第二天晚上我正在吃饭,我记得特别清楚,应该是晚上 7 点钟左右,我手机收到一条微信,我一看是我们其中的一个队员发来的,发了很长很长的一段话,我点进去一听那个内容,气得连饭也不要吃了。她是怎么说呢,大概意思就是说,以前我们的老队长在的时候呢,每次比赛的奖金都是大家平分,所以大家都很开心的,现在我接手了,大家辛辛苦苦出去比赛的奖金都被我一个人私吞了,说我是想要私吞这笔钱你知道吧,还说我你算什么东西,大家选你当队长是看得起你,你就仗着自己是队长把大家的辛苦钱揣进自己的腰包里,反正骂的话很难听的。我当时听完这段话,眼泪一下子就下来了,感觉自己辛辛苦苦为这个舞蹈队操劳,最后还得不到理解,反而还被自己的队员骂。但是呢生气归生气,我既然作为队长,就要有队长的责任和风度,不可能跟她一样你说对吧,要是真的两个人吵起来不仅不能解决问题,还会闹得不愉快。那么过了一会我冷静下来了,我也想通了,这件事情我自己也做得不到位,所以成员才会误解我,那我也要站在她们的立场上考虑对吧。想通了之后我就回复她,我说首先,我从来没有过想要私吞这笔钱的想法,大家每天辛苦排练和演出,我作为队长是看在眼里的,我也很心疼大家的对吧,有时候演出要很早起来化妆和走场,有的地方远的我们甚至 5 点钟就要起来,大家真的很辛苦,我也很心疼。那么其次呢,我也提出了一个解决方案,那就是既然你不放心把钱放在我这里对吧,那我请你和我们的另外一名成员来做我们队里的财务,我们明天排练的时候专门请大家一起制定一个资金管理制度,每一笔的收入和支出,我们都做好记录,得到我们成员的一致认可之后我们再做,这样的话就真正透明了。最后呢我也给她道歉了,我说这件事情呢是我考虑得不周全,不应该把事情想得这么简单。那么我以后尽量避免再出现这样的事情,也请你继续监督我。我这么一说,她回复我了,说自己当时太冲动了,也跟我说对不起,也希望我不要计较。我说我知道你也是为了我们舞蹈队好,我不怪你的,今后我们就一起把我们这个舞蹈队搞得越来越好。那么第二天我们就制订了一个小的资金管理规定,再也没有出现过这种事情。而且这个事情我没有再和别的成员说,我觉得她本身就已经意识到自己的态度不对了,而且我自己也有做得不好的地方,过去的事情就过去了,只要我们的舞蹈队越来越好就行了。"

学共体核心成员,应做到以下几点。

一、抛弃固化标准

罗素说过,"参差不齐乃是幸福本源"。我们生活在一个丰富多彩的社会中,正是不同的观点和不同的生活方式,才让这个世界变得有趣。对于个体而言,从横向角度来看,不同个体之间存在着迥然不同的差异;从纵向角度来看,个体本身在不断发生变化,因此用固化的标准和立场去衡量他人,势必会产生问题。"过了一会我冷静下来了,我也想通了,这件事情我自己也做得不到位,所以成员才会误解我,那我也要站在她们的立场上考虑对吧。"这样不把自己作为唯一衡量标准、懂得站在成员立场上考虑问题的做法,不仅让核心成员自己变得理性和冷静,更避免了矛盾的激化,从而用自己的宽容顺利解决了矛盾。人是万物的尺度,世界是怎么样的,其实取决于我们自己。学共体中每个人有自己不同的个性,作为核心成员,学会看待成员不同的个性,避免固化思维带来的弊端,改变单一的衡量标准和自我为中心的思考立场,不仅会让学共体更加团结坚固,也会让自己的身心从中受益。

二、找到矛盾根源

从心理学角度来看,任何的想法都有其来由,任何的动机都有一定的诱因。因此,了解学共体成员想法的根源,找到他们提出意见的基础,能够帮助核心成员设身处地理解成员,在此基础上提出的方案也更能够契合对方的心理而得到接受。"我当时听完这段话,眼泪一下子就下来了。""过了一会我冷静下来了。""我知道你也是为了我们舞蹈队好。""我说这件事情呢是我考虑得不周全,不应该把事情想得这么简单。"在这一系列话语的背后,其实隐含着核心成员的思考过程。从刚刚收到消息时的委屈和不理解,到冷静下来,再到理解成员的做法,最后到反思自己,促使这一系列反应发生的因素,就在于核心成员找到了矛盾的根源,那就是"为了舞蹈队好"。任何人都有自己对人生的看法和体会,明确了他们想法背后的根源,也就能帮助核心成员冷静下来,从而宽容地看待矛盾,最终消除阻碍和对抗。

三、明确共同目标

加入学共体的学习者,不仅有自我实现的需要,还有获得归属感的需要。所谓的归属感,指的是一种人希望被接纳为一段关系或群体的一部分的情感需求,人们渴望在一段关系或一个群体中作为真实的自己受到肯定和重视。同时,归属感也是自我身份认同的重要支柱。在学共体中找到归属感的一种表现,就是在其中找到相似性。这种相似性不仅仅是兴趣爱好上的相似,还有价值观、目标理想方面的深层次相似,因此,学共体对个体发展的意义可见一斑。作为核心成员,明确这一前提,是"修炼"好宽容品质的一大要素。正如案例中核心成员提到的:"我说我知道你也是为了我们舞蹈队好,我不怪你的,今后我们就一起把我们这个舞蹈队搞得越来越好。"在遇到任何问题时,心中首先要明确一个信念,那就是我们学共体成员是有着共同的目标理想的,在这个思想前提下再去看待矛盾和问题,会发现大家的共同目标都是学共体的良性发展,只是表达方式有所不同,因此也就更能理解和包容。

四、过去得失不计较

诗人纪伯伦曾说:"一个伟大的人有两颗心:一颗心流血,一颗心宽容。"所以每个人都会遇到问题,当你遇到问题时还能保有宽容之心,才是真正难得的事情。学共体核心成员在管理"人"的过程中,会遇到各种各样的问题,这是不可避免的。核心成员需要知道的是,人是立体的,每个人都会有好的一面和坏的一面,当你斤斤计较于一个人的不好时,很容易一叶障目,忽视他好的一面,造成矛盾的激化。看看案例中核心成员说的:"过去的事情就过去了,只要我们的舞蹈队越来越好就行了",这种不计较的心态,会带给成员信任和感动,最终有利于学共体的发展。如果执着于过去的矛盾,就会形成思想包袱,不信任、耿耿于怀、放不开,限制自己思维的同时也限制了对方的发展,最终影响学共体的成长。所以,宽容的第四个要义,就是不计较,以责人之心责己,以恕己之心恕人,不锱铢必较,用宽容带给成员信心和动力,带给学共体持久发展的动力。

【专栏 1】

等待宽恕的"帕科"们

海明威在他的短篇故事《世界之都》里,描写一对住在西班牙的父子。经过一连串的事情后,他们的关系变得异常紧张。男孩离家而去。父亲心急如焚地寻找他。遍寻不着之际,父亲在马德里的报纸上刊登寻人启事。

儿子名叫帕科,在西班牙是个很普通的名字。寻人启事上写着:"亲爱的帕科,爸爸明天在马德里日报社前等你。一切既往不咎。我爱你。"

海明威接着给读者展示了一幅惊人的景象——隔天中午,报社门口来了800 多个等待宽恕的"帕科"。[①]

世界上有无数的人等待着别人的宽恕,宽恕的受益人不只是被宽恕者,还有那些宽恕他们的人。宽恕是一座让我们远离痛苦、心碎、绝望、伤害和愤怒的桥。在桥的那一端,平静、喜悦、祥和正等着迎接我们。

【专栏 2】

曾国藩的"不计较"

曾国藩刚在翰林院任职时,上司赵楫因父亲进京,下帖子请同事赴宴。曾国藩对这种借机捞财的事看不惯,便没有前往,赵楫对此非常不满。只是,曾国藩紧接着连升几级,官职大过赵楫,赵楫纵使有千万个不满,也只能压在心里。

后来,曾国藩被人弹劾,连降数级,又回到原来的位置,再次成了赵楫的手下。按例制,出门不能再乘轿,而改为步行,惹得很多人看笑话。他偏偏皮癣发作,严重到不能久坐,便去向上司赵楫请假,想在家里躺两天。赵楫好不容易等到报仇的机会,当然不会轻易放过。当即,他板起脸来就是一通训斥:"你才被降职几天就要请假,是看不起本官吗?你的假,我不准!"曾国藩无奈,只得继续带病工作。

自曾国藩降职以来,只要逮着机会,赵楫就要训斥他一番,还到处说他坏话,处处压制他,连同事们都看不过去,要找赵楫理论,曾国藩却和没事人一般,

---

① 田大海.宽恕的两头[J].人民文摘,2006(6):9.

该干什么干什么,兢兢业业,好像所有的不快都不曾发生。

后来,曾国藩升为二品官员后,可以乘八人抬的绿呢轿,但他一向节俭,又不愿太高调,就决定依然乘坐四人抬的蓝呢轿。按照例制,蓝呢轿见到绿呢轿必须让路,否则,抬绿呢轿的人就可以揪住坐蓝呢轿的人一通暴打。

有一次,曾国藩乘着蓝呢轿出门,轿子走到一条窄路上,后面来了个绿呢轿。这种情况下,蓝呢轿可以不让路。但曾国藩还是命人靠边走,即使如此,绿呢轿依然不能通过。

抬绿呢轿的人见状,立马奔过来,不由分说,掀起蓝呢轿帘,一把揪出曾国藩,啪啪就是两耳光。可笑的是,乘绿呢轿的只是个三品官员,论品级曾国藩还比他大呢。此官员吓得不轻,心想,这下自己完了,肯定吃不了兜着走。赶紧跪下来赔礼道歉。所有人都等着曾国藩打对方两耳光解气,没想到,曾国藩扶起对方,诚恳地说:"确实是我的轿子挡了大人的路,大人赶紧上轿,赶路要紧。"莫名其妙挨了打,居然和没事儿人一样,而且,还再三叮嘱轿夫,凡是见了绿呢轿,不管对方是否官比自己大,都必须让路。①

曾国藩说:"士有三不斗:勿与君子斗名,勿与小人斗利,勿与天地斗巧。"不计较,就不会将自己拉入争斗的旋涡,不被尔虞我诈所累;不计较,就不会树立太多的敌人,不会时时遭人陷害;不计较,就能节省大量的时间,精力充沛地做自己想做的事。因为事事不计较,只一门心思做实事,曾国藩创下了九年内连升十级的官场奇迹,终于成为一代名臣。

【自我评估】

对照下列问题,您做到了什么程度?

1. 对于成员对我提出的意见,我是否能够虚心接纳?

2. 当学共体中出现矛盾时,我是否总是认为错的是别人?

3. 当矛盾和冲突解决后,我是否还耿耿于怀?

4. 我生活在快乐中还是生活在抱怨中?

【延伸阅读】

亨德里克·威廉·房龙.宽容[M].陈小颖,译.北京:民主与建设出版社,2017.

---

① 汤园林.曾国藩的"不计较"[J].幸福(悦读),2015(5):61.

话题 5　自信成就自己

【案例先导】

　　对于自信,上海市静安区共和新路街道两位学共体核心成员都有着深刻的体会和感悟。木兰拳队的队长 K 老师这样说:"现在这个木兰拳发展可能没有人家好了,像广场舞跳得倒蛮多的,他们有的人说 K 老师你去学广场舞来教我们呀,但是我还是坚持木兰拳,我就是喜欢木兰拳,我就是觉得我们木兰拳就是最好的,比他们现在的广场舞真的很好。它对身体非常有好处,我这个气管炎、哮喘啊,已经莫名其妙好了,打拳打好的。我老早像个七老八十一样的,一咳嗽一口痰浓得不得了,现在没了。以前睡觉喉咙里会发出来一种声音,气管里面发出一种声音,现在这种基本上没有了,大概打拳一年的时候就开始有好转了。老早贫血老严重了,现在也没了。这次街道里面不是免费体检嘛,我基本上每个指标都通过的。就是通过这些年的健身,我从一个不健康的人成为一个健康的人。所以我一直跟他们讲,你不坚持打,吃亏的是你自己。"

　　茶艺队 Z 老师这样说:"这回我们出去表演,表演完了下面的掌声一直在响,下台之后还有人专门找到我们,说你们这个气质真是好,看着赏心悦目,让人心里很舒服。那我们也是这次上去的他们三个人,真是功夫不负有心人哦,那个旗袍一穿,茶具一摆,三个人真整齐,一个壶一拿起来,全都整齐的,你在下面看觉得真的是好看。我不是说大话哦,茶艺真是非常能够锻炼人的气质的,你学过茶的人立马给人的感觉就不一样了,这是我们很多学员的真实经历。"

　　在开始分析之前,先分享一个心理学小故事——疤痕。这是一个著名的心理学实验,在西方,心理学家做过这样一个试验:一个人刚经历了一场车祸,所幸并无大碍,不过心理学家在这个人的脸上画了一个很大并且十分丑陋的"疤痕",并让他照了镜子,对他说:"很遗憾车祸导致你脸上留下了这样一个疤。"然后把镜子拿开了。这个人非常沮丧。心理学家对他说:"现在我给你的疤痕搽点药水。"(实际上心理学家把画上去的假疤痕擦掉了,这个人的脸是完好的并且样貌英俊)心理学家告诉他,一会有一些人会来看他。心理学家离开后,果然陆陆续续来了一些人看他,后来心理学家走进来问这个人对看望他的人有什么看法,他显得沮丧极了,甚至有些暴躁地告诉心理学家:"他们所有人对我都很不友好,很不耐烦,他们都讨厌我,厌恶我脸上的疤。"所以,最终决定人生成败的不是外在的因素,而是人的内心。

拿破仑·希尔说:"自信,是人类运用和驾驭宇宙无穷大智的唯一管道,是所有'奇迹'的根基,是所有科学法则无法分析的玄妙神迹的发源地。"可见自信的力量之大。从上面两个案例中也不难发现,对于自己所从事专业的自信,使两位学共体的核心成员能够以更加积极的心态应对团队发展。那么在学共体中,究竟如何帮助核心成员建立起自信呢?至少可以从以下三个方面着手进行强化。

一、做自己真正喜欢的事

毫无疑问,自信常常会让人充满前进的力量,但是盲目的自信并不可取,它只能带给人虚无的力量,而无法让人真正实现自我。只有建立在自身能力基础上的自信才是有根基和有生命力的。无论任何时候,空有自信都是不够的,一定要将这种自信落实到具体的事情上,才能真正发挥出它强大的力量。对于社区学共体的核心成员而言,具体是指他们通过专业自信进而建立起个体自信,通过做自己真正喜欢的事情强化自信心,这是非常值得借鉴的方法。

案例中木兰拳队的K老师说了这样一句话:"我还是坚持木兰拳,我就是喜欢木兰拳",这句话体现了她对自己专业的喜欢,也能够从侧面反映出她的专业自信心。对自己喜欢做的事,因为比较投入,就会比较容易取得成功,这非常有利于自信心的提高,从而形成良性循环,不断强化个体自信心。

二、强化积极自我体验

现代脑科学认为,大脑的生物化学变化,是产生行为、情绪和认知方面变化的物质基础;反过来,精神的变化也可以导致大脑的物质基础的变化。情绪是复杂的心理生理学现象,反映了心智状态与个体内在的生物化学系统和外部环境影响的相互作用。[1] 外界心理刺激可以改变大脑的物质基础,这一结论意味着,我们如果总是给予好的心理刺激,大脑的物质组织就会朝好的方向发展。所以,人的积极情绪体验能力的获得与其他心理能力的获得一样,是在遗传素质的基础上,通过后天的环境和教育的影响形成的。因此提升积极情绪的一个

---

① 罗跃嘉,吴婷婷,古若雷.情绪与认知的脑机制研究进展[J].中国科学院院刊,2012(s1):31.

关键途径就是,要在日常生活情境中更加频繁地找到并强化积极的情感体验。

案例中两位核心成员其实都有着积极的自我体验。K 老师是真切体会到了木兰拳带给自身身体状况的改善,Z 老师是从别人的认可和称赞中获得积极体验,无论是哪种情况,都会对核心成员自信心的强化起到推动作用。这对我们的启示就在于,在日常活动中,核心成员要提高敏锐度,注重强化积极的自我体验,无论这种体验是大是小,甚至无论其是否和学共体相关,在积极的自我体验出现时,要学会让它成为滋养自己的养分,打造出更加自信的自我。

三、用群体自信支撑个体自信

调查发现,每个欣欣向荣的人都与其他人有温暖和可信赖的关系,无论是爱人、亲密的朋友、家人还是同事。并且,与枯萎凋零的人相比,欣欣向荣的人每天花更多的时间与他们亲近的人待在一起,而很少独自待着。[1] 这告诉我们,经常和别人打交道、参加人际关系也是增强自信的一种方式。因此,无论怎样,每天都与他人建立联系能够帮助我们树立自信。即使你不是一个天生就非常外向的人,也可以这样去做。当你和别人在一起的时候,即使只是假装外向,表现得大胆、健谈、充满活力、积极主动和自信,无论你的自然天性如何,你都可以从那些社会交流中汲取更多的自信心。

与别人建立更加温暖和可信赖的关系,这正是学共体的精神所在。在学共体中,我们和不同的人打交道,通过人与人之间的相处获得力量。因此,对于核心成员来说,善于从学共体的群体自信中获得个体的自信力量,也是一种重要的方法。案例中的 Z 老师说过这样一句话:"茶艺真是非常能够锻炼人的气质的,你学过茶的人立马给人的感觉就不一样了,这是我们很多学员的真实经历。"由此可以看出,她对茶艺和自己的自信心,不仅源于自身的学习和修养,来自学员的反馈和肯定也是其中的重要原因。这种由学员共同建立起来的群体自信,能够在无意识中保障个体自信的积极、自由成长,有时甚至能够左右个体自信的发展。

【专栏 1】

获得自信的小窍门

下面几点有助于你获得自信,希望对你有所帮助。

---

[1] 芭芭拉·弗雷德里克森.积极情绪的力量[M].王珺,译.北京:中国人民大学出版社,2010.

●自我准备：事先做简要的描述，以便知道自己的观点是否正确。不必长篇大论地去说明自己观点的合理性，简明扼要的解释就足以产生作用。事先草拟你的意见，勾画出你的解释、感受、需要或后果。这样做十分有用。根据你的草稿进行演练，必要的话，还可以请朋友帮忙一起演练。

●肯定他人：与人交谈时，开场白非常重要，安全的表达方式是用一种肯定性的语言。例如，"这是一篇非常好的文章，但希望你能写得通俗明白些，以便我容易读懂"。

●客观公正：除了解释你所见的实际情况以外，不要涉及对个人的批评。评价或批评，只能针对一个人的行为、行动和表现，而不能针对其个人，也就是平常所说的对事不对人。

●简明扼要：说话时为了避免其他人的阻止、插嘴和打岔，表达时尽量简明扼要，不要理论化，只要讲述具体事实就足够了。

●应对操纵性的批评：不要期望他人总会与你合作，会接受你的观点。尽管你希望得到赞同的意见，但这种情况不是必然的。有些人会使用操纵性的批评来分散你的注意力，损害你的努力。要积极应对操纵性的批评，不要被它所左右。

【专栏 2】

神奇的发夹

有这样一个故事：有一个总觉得自己不讨男孩子喜欢而且有点自卑的女孩子，偶然在商店里看到一只漂亮的发夹，当她戴起来的时候，店里好几个顾客都说漂亮，于是她非常兴奋地买下那个发夹，并赶往学校了。接着奇妙的事就发生了——许多平日不太跟她打招呼的同学，纷纷来跟她接近；男孩子们也来约她出去玩；更有不少人表示，原本死板的她，似乎一下子变得活泼、开朗多了。这个女孩心想："都是因为我戴了那神奇的发夹吧。"随即她想到店里还有许多其他样式的发夹，应当也都买来试试，于是放学之后立刻跑回那个商店。岂知她才进店门，老板就笑嘻嘻地对她说："我就知道你会回来拿你遗失的发夹。早上当我发现它掉在地上时，你已经一溜烟地跑去上学了，所以我只好暂时为你保管。"这时她才发现自己的头发上根本就没有发夹。[1]

---

① 佚名.自信与自尊[J].半月选读,2010(12):93.

这个故事告诉我们：自信是一种气质，是一种发自内心的助动力。

【专栏3】

来自积极心理学的启示

积极心理学的研究告诉我们，积极情绪的产生，不在于你的口号，而在于你的思维。你的思维反映了你是如何解释目前的情况的，你从它们当中找到怎样的意义。当你将不愉快甚至是悲惨的情况以积极的方式重新定义时，你就提高了积极情绪。就像在寒风中等待过河的老人，是怨天尤人还是充满希望地寻找爱的力量，结局是完全不同的。正如面对贫困的朱光潜，没有沉沦，而是去发现美、研究美、传播美，并从中找到生活的意义。也就是说，生活的意义是我们赋予的。27年的铁窗生涯囚禁了纳尔逊·曼德拉，也成就了纳尔逊·曼德拉，这一切源于曼德拉把囚禁当成了磨炼意志的机会而不是压垮自己的牢笼。幸福与苦难、挑战与机遇总是相伴相生。积极情绪源自从坏事情中找到好的方面，源自将消极的事物转变为积极的事物。当然，提高积极情绪的另一种策略是从好事情中寻找好的方面，将积极的事物变得更加积极。

【自我评估】

对照下列问题，您做到了什么程度？

1. 我现在做的事情是我真正喜欢的吗？
2. 我是否很容易体验到成功的快乐，哪怕是一件微不足道的小事？
3. 我所在的学共体是否是一个自信的学共体？

【延伸阅读】

苏·斯通. 相信——幸福源于最简单的信仰[M]. 薛夏，译. 南京：江苏文艺出版社，2012.

话题6　付出是福

【案例先导】

在社区学习共同体中,核心成员需要得到大部分成员的认可,才能更好地凝聚他们。如何让成员满意,是核心成员必须要面对的问题。在调研中,有幸接触到三位"零差评"核心成员,希望他们的自述以及成员对他们的评价对您有所启发。

(1)太极拳队的 H

临安清凉峰镇的偏远村庄里活跃着一只"高大上"的队伍——太极拳学习共同体,它的掌门人 H 深受成员们的爱戴。笔者对 H 本人及共同体的其他成员进行了访谈,在整理资料的过程中,H 质朴而真诚的表述再一次打动了笔者,而成员们对他的评价,让 H 的形象在朴素的表述之外立刻丰满起来。

成员 T 说:H 本人热爱太极拳活动,他练了太极拳后感觉自己身体健康多了,就着手组建一个组织,带动更多的人从中受益。从组织成立到现在,不管工作有多累有多烦,他都无怨无悔! 他的不怕烦恼、不计个人得失、以身作则的态度博得了我们每一个成员的爱戴。我们都很崇拜他,仰慕他! 他是一个很有责任心、有决心的人,只要他想去做的事情,他都会努力去做,而且也都会做成功。

成员 Z:H 平易近人,助人为乐,有些年纪大的退休老师,不会用电脑,他会主动教他们,还帮他们买播放器、太极光盘,等等,不厌其烦地教他们如何使用。他为我们付出那么多,给我们带来方便,他真的很伟大! 从他身上我也学到了很多精神:办事有始有终,与人相处注重生活中的细节,比如亲切的问候、节日的祝福、及时的安慰,等等。

成员 L:H 没有私心,不计个人得失。在这么偏僻的农村,不是 H 这个不怕麻烦不怕劳碌的带头人,太极拳协会这个组织坚持到今天,且富有成效,是不可能的。我们都已经离不开这个组织了,更离不开他了!

成员 W:H 乐于助人,在我最困难的时候是他不戴有色眼镜帮我渡过难关的。如今退休多年的我已古稀之年了,还能再享他之福——学太极拳呢! 我还经常搭他的车去练太极拳。我不会电脑,他又教我学电脑,如今我能用了,看视频学太极,方便多了。这样,我也能跟上时代的步伐,生活不再是那么枯燥乏味了。感谢有他!

成员 W:H 不厌其烦地教学员,请老师上课,请专家做讲座,带学员出去表演和比赛,还请大师来指导。这些无一不是为学员着想,给学员们搭建平台、创造条件,有利于学员进步。

(2)古运河之声的 L

古运河之声的 L 在杭州业余圈子里名气很大,在团队成员心目中威信很高。"有困难找 L,有问题找 L,有 L 在我们什么都不用愁",L 成了成员们心中的定心丸。对于学员们的夸奖 L 很谦虚,他说:"我比较喜欢音乐,也愿意投入时间和精力,所以大家觉得我不错。我觉得我们共同体的发展是靠大家的努力,离不开老艺术家们对我们的支持。"

在谈及"为什么大家如此信任你"时,L 认为做人很重要。他说不管是打理共同体还是经营事业,关键在于做人,人做得好了,其他自然好了。关于做人,L 举例说,在与人交往的时候要大方,该花钱的地方要花,注意情感的投资。要注意细节,关注每个人的细节,他爱好什么、讨厌什么,按每个人的喜好去和他们打交道。在采访的过程中,L 反复强调:"我不想接受采访的,不要写得太拔高了。"有一个有意思的采访细节是,当问到 L 有没有想过培养接班人时,L 回答:"如果我不弄了,估计就没有人搞了。"进一步追问原因,L 意味深长地说:"没有人可以做得和我一样。"

在整个访谈过程中,L 始终都没有提到古运河之声共同体最初是由他个人出资 10 万元建立起来的,在共同体发展中他也在不断投入经费。他一直讲某老师怎么支持我们,某个副团长怎么为共同体出钱出力,唯独没有提到他自己。在访谈的过程中,他联系安排了大家的晚餐,协调了第二天彩排的事情,还在采访的间隙做了工作安排。

(3)瓯雅艺术团的 Z

在杭州,有这样的一个社区学习共同体,叫作瓯雅艺术团,他们是由一群喜欢跳舞的温州人组成的。这群温州人由于种种原因,从自己熟悉的家乡温州来到杭州定居,加之本身热爱跳舞,有一定的基础,所以自发组织成立了瓯雅艺术团,活跃在大大小小的活动中。在和艺术团核心成员 Z 的两次会面中,她口中的关键词始终是"付出",从她的叙述中也能体会到这两个字在她心中的分量。在生活中,她是不计较得失,自己出钱帮小区楼道贴瓷砖的居民;在学共体中,她是"每个人的付出都是为了团队,不用金钱衡量而是将心比心"的核心成员。有时候学共体中服装经费不足,她毫不犹豫地拿出 1000 元补贴;有时候演出费用有结余,她就邀请成员们一起旅游放松,享受生活,她认为在付出的时候就专心付出,在享受的时候就专心享受。用 Z 的话说:"我是自己主动要做的,也不需要什么金钱的奖励,我收获的快乐是金钱无法衡量的。"有时候学共体得了奖,Z 不是自己上去领奖,而是让成员轮流上台领奖,"我每次都尽可能让她们露脸,她们站在上面的时候就有一种荣誉感,就能体会到自己平时的付出多么值得,积极性会更高"。演出得了奖金她就交给社区,让社区干部用这些钱去帮助那些更需要帮助的人,因为她觉得,一旦分钱,就意味着队员开始衡量自己在这个演出中付出了多少,开始计较自己的利益,把个人利益凌驾于学共体这个集体利益之上,在这样的前提下,付出也就无从谈起。就这样,一路琢磨一路付出,瓯雅艺术团在 Z 的付出和带领之下,在成员们齐心协力的努力之下,已经成为杭州电视台的座上客,甚至名扬上海,收到东方电视台的演出邀请。

高尔基有这样一段话:"如果你在任何时候,任何地方,你一生中留给人们的都是些美好的东西——鲜花,思想,以及对你的非常美好的回忆,那你的生活将会轻松而愉快。那时你就会感到所有的人都需要你,这种感觉使你成为一个心灵丰富的人。你要知道,给永远比拿愉快。"是的,给永远比拿快乐,正是信奉这条生活哲理,这些核心成员一直静静地付出着,他们的付出感染着大家,也帮助学共体越来越好,越来越强大,越来越有温度。作为共同体的核心成员,怎样理解付出,又怎样实践付出,有以下建议可供参考。

一、关注与人交往的细节

成人不同于儿童,情感更加细腻和深刻。共同体核心往往是成员心目中可以倾诉的知心朋友。成员参加到共同体中来,希望自己的困难有人关心,自己的心事有人可以分享。比如,成员们觉得 H"助人为乐","不厌其烦地教学员","不戴有色眼镜帮我渡过难关",核心成员 L 说"我非常注意与成员交往中的细节,关注每个人的细节,他爱好什么、讨厌什么,按每个人的喜好去和他们打交道"。社区学习共同体核心成员的助人为乐可以是在成员渴的时候递上一杯水,饿的时候递上一块面包。把握与每个成员交往的尺度和距离,能够更好地获得成员的信任。

二、"每次都尽可能让她们露脸"

周国平写过:"当你快乐的时候,如果这快乐没有人共享,你就会感到一种

34

欠缺。譬如说,你独自享用一顿美餐,无论这美餐多么丰盛,你也会觉得有点凄凉而乏味。如果餐桌旁还坐着你的亲朋好友,情形就大不一样了。同样,你看到了一种极美丽的景色,如果唯有你一人看到,而且不准你告诉任何人,这不寻常的经历不但不能使你满足,甚至会成为你的内心痛苦。"[1]事实的确如此,分享你获得的快乐,快乐就会越来越多。在瓯雅艺术团里,Z有着自己独特的做法。由于艺术团经常获得各种各样的奖励和表彰,她就充分利用这些上台领奖和露面的机会,每次领奖都安排不同的成员上台,她的考虑是:"她们站在台上,接过那些荣誉证书或者奖杯,那个跟在台下看着的感觉是完全不一样的。再加上会听到人家夸奖,说你们这个艺术团真的是不错,特别让人喜欢,这样就更增加了她们的那种集体荣誉感,她们以后就会更努力,付出更多,把我们这个学共体弄得更好。"

其实,这也是Z付出的一种方式:有时候学共体得了奖,Z不是自己上去领奖,而是让成员轮流上台领奖。当学共体获奖的时候,她不是想着独揽这份荣誉,独霸这个机会,而是主动放弃自己上台的机会,让学共体中的成员去体验这份荣耀,感受付出带来的认可。付出说起来容易做起来并不简单,而分享的第一步,就是要放低自己的姿态,不要把自己置于整个学共体之上,要明白成员对于学共体的作用之大,意识到学共体的发展是大家共同努力的结果,这种付出得到的喜悦和成果,是需要大家一起分享的,这样才能以轻松、健康的心态为学共体付出,也才能帮助学共体达到良性发展的状态。

三、引导成员共同为学共体付出

社区学习共同体不是一个人的舞台,而是所有人的家园,所谓"一枝独秀不是春,百花齐放春满园"表达的正是这样的含义。在社区学习共同体中我们更强调"共"而非"个",更强调成员在核心成员的引导下"共同"为学习共同体付出。自然界有这样一种现象:当一株植物单独生长时,显得矮小、单调,而与众多同类植物一起生长时,则根深叶茂,生机盎然。人们把植物界中这种相互影响、相互促进的现象,称之为"共生效应"。[2] 人类群体中也存在"共生效应"。英国卡文迪许实验室1901年至1982年先后出了25位诺贝尔奖获得者,便是"共生效应"一个典型。如果在一个社区学习共同体中,大部分成员都自觉地为共

---

[1] 佚名.自信与自尊[J].半月选读,2010(12):93.
[2] 徐国跃.懂得"共生"[J].视听纵横,2006 (4):28.

同体付出了,那么可以说这个共同体的内在生命力就被激活了。

四、"我收获的快乐是金钱无法衡量的"——莫将付出当交易

这里要谈到的是付出的动机问题,也是付出时一个非常重要的问题。付出从来都不是也不应该是被迫的事情,而是一种心甘情愿,一种快乐的体验,所以说,莫将付出当交易。一旦付出有了交易和不情愿的成分,这样的付出对别人和对自己都会成为一种无形的压力,付出也就需要停止了。从和 Z 的接触来看,她沉浸在这种付出带来的满足感中,享受着付出的乐趣,不管是对小区的付出,还是对学共体的付出,从来都是发自内心的,而且这种付出从来都不是为了得到外部的认可,而是为了达到自己内心的安宁。当她付出时,她唯一的想法就是:"我是自己主动要做的,也不需要什么金钱的奖励,我收获的快乐是金钱无法衡量的。"由此可见,付出从来都不是也不应该是为了满足和迎合别人,为了获得别人的赞扬,当这种付出真正为自己带来内心的满足时,才算是真正理解了付出的真谛,这样的付出也绝对不可能是带着某种交易的目的而发生的。

五、适度的付出才最好

特蕾莎修女说,并不是每个人都能做到甘愿拿出自己的家产,甚至倾其所有去帮助他人,实际上,也没有谁会要求大家这样做。但是,一个真诚的微笑,一次友好的握手,一声关心的问候,一口干净的水,一件温暖的衣服,却是每个人都可以拿得出来的。为此,她和她的仁爱修会的每一位志愿者,都有一个默契:"不为大而爱,只为琐细而爱。"他们不断地给那些孤独无助、生活在社会最底层的人,送去最细微的帮助。给他们干净的水、食物和衣服,给他们微笑、温暖和安慰,为他们重新点亮生命的灯,帮助他们寻找和恢复作为一个人的尊严。"为最微小的那一个而做",哪怕只是一支小小的不显眼的铅笔,只是一件小小的工具,那也是爱与价值的体现。

不管是特蕾莎修女还是案例中的 Z,她们倡导和坚持的付出,绝不是牺牲自我,而是在健康自我的发展下的适度付出。案例中 Z 强调的并不是一味付出,而是在付出之后还要懂得享受生活带来的美好:有时候演出费用有结余,她就邀请成员们一起旅游放松,享受生活,她认为在付出的时候就专心付出,在享受的时候就专心享受。这样的付出不会带给人压力,不会增加其他成员的心理负担,也不会给她自己带来心理压力。良性付出下,不仅个体的发展状态会趋于平和和宽容,整个学共体的发展也会不断趋于健康,这才是付出对学共体和成

员发展的最终助益。

【专栏 1】

在收获前，先要学会付出

一个年轻人向父亲征求意见："我想在咱们这条街上开店赚钱，得先准备些什么呢？"

父亲说："你如果不想多赚钱，现在就可租两间门面，摆上货柜，进一些货物开张营业。如果你想多赚钱的话，就先得准备为这条街上的街坊邻居们做些什么。"

年轻人问："我先做些什么呢？"

父亲想了想，说："要做的事很多，比如，每天清晨可以扫一扫街上的落叶，还有许多家庭需要得到一些帮助……"

年轻人听了觉得很奇怪，这些跟我开商店有什么关系呢？虽然心存疑惑，但他还是去做了，他不声不响地每天打扫街道，帮邮差送信，给老人挑水劈柴，渐渐的，这条街上的人们都知道了这个年轻人。

半年后，年轻人的商店挂牌营业了，让他惊奇的是，来的客户非常多，很多人舍近求远，拄着拐杖，赶到他的店里买东西。他们说："我们都知道你是个好人，来你的店里买东西，我们特别放心。"

仅仅几年时间，年轻人就成了拥有千万资产的企业家。有一天记者采访他，问他短短几年为什么能有如此大的收获时，他想了想说："在收获前，先要学会付出！"①

【专栏 2】

共生效应

在犹太经典《塔木德》中，有一句名言："和狼生活在一起，你只能学会嗥叫；和那些优秀的人接触，你就会受到良好的影响。"保罗·艾伦和比尔·盖茨走到一起并创立了微软就是最好的例证。

1968 年，保罗·艾伦与比尔·盖茨相遇于湖滨中学，艾伦比盖茨年长两岁，

---

① 张宁.先付出后收获[J].思维与智慧,2015(16):41.

他丰富的学识令盖茨敬佩不已,而盖茨在计算机方面的天分也使艾伦倾慕不已。就这样,他们成了好朋友,随后一同迈入了计算机王国。艾伦喜欢钻研技术,他专注于微软新技术和新理念的创新,盖茨则以商业为主,他一人包揽了销售员、技术负责人、律师、商务谈判员及总裁等职。在两人默契的配合下,微软掀起了一场至今未息的软件革命。有人说,没有比尔·盖茨,也许就不会有微软,但如果没有保罗·艾伦,比尔·盖茨也不会有今天的成就。他们能走到一起并非偶然,比尔·盖茨说过:"有时决定你一生命运的在于你结交什么样的朋友。"

【自我评估】

对照下列问题,您做到了什么程度?

1. 当我为学共体付出时,是否是发自内心地开心?

2. 我是否会和成员一起分享付出带来的快乐?

3. 我每次付出时是否抱着希望获取回报的心理?

4. 学共体中其他成员是否觉得我的付出会为他们带来心理负担?

【延伸阅读】

1. 盖瑞·查普曼. 遇见懂得付出的自己[M]. 董献利,王海舟,译. 北京:中华工商联合出版社,2009.

2. 凯米·沃克. 付出的力量[M]. 邢爽,译. 南京:江苏文艺出版社,2011.

3. 李翠玲. 故事里的哲学智慧:爱的付出与收获[M]. 东营:中国石油大学出版社,2016.

话题 7　自律让学习更美好

【案例先导】

　　杭州市余杭区五常有个特别的学习共同体叫十八般武艺武术队。五常十八般武艺源于明朝,据说是1513年由曾任尚书的五常人洪钟创设的,木制兵器定名为:龙刀、凤刀、尚阳刀、方天戟、兄弟刀(一对)、三尖两刃刀、玉手笔艺抓、五常棍、大劈锁、金刚伞、金瓜锤、文耙、武耙、阴镗、阳镗、李公拐、枣逆锤、龙鱼斧。十八般武艺的核心成员Z,是队里的总教头,也是队里的灵魂人物。在见到Z之前,我先见到了队里的其他成员,从他们的口中我对Z有了初步印象。"他总是到得最早的,在那里等我们。""他每次活动都是雷打不动到场,很认真的。""他很喜欢武术,可以说痴迷。"通过成员的讲述,我的脑海中勾勒出一个敬业的、自觉的、发自内心热爱武术的核心成员。

　　在与Z交流的过程中,我又在他的身上贴上了新标签。他是谦逊的、热情的、善于与人交流的。对于我提到:"你为什么每次都是最早到,最晚走?"他淡淡地笑着说:"我不迟到,大家才能不迟到。我是队长,总要多为大家做点事。"Z不喜欢谈论自己,他喜欢说他的队员:"我的队伍里的人都很好,大家很团结,十八般武艺是我们的文化瑰宝,我们一定要传承下去。每个来我们队伍的人,都是喜欢我们老祖宗传下来的技艺。因为对这门古老技艺的热爱,大家都非常努力,非常支持我的工作,有问题、有困难我们都是一起想办法解决。"Z是内敛的、谦逊的,虽然他自己不提,但我从很多侧面了解到他对成员的关心;而他对自己是苛刻的、严格的,也许正如他自己所说:"没有具体的规矩,但一切都已经习惯。"

一、管好自己才能影响他人

　　亚里士多德曾说:"美好的人生建立在自我控制的基础上。"《礼记·大学》有云:"古之欲明明德于天下者,先治其国;欲治其国者,先齐其家;欲齐其家者,先修其身;欲修其身者,先正其心;欲正其心者,先诚其意;欲诚其意者,先致其知。致知在格物。物格而后知至,知至而后意诚,意诚而后心正,心正而后身修,身修而后家齐,家齐而后国治,国治而后天下平。"经后人提炼为格物、致知、诚意、正心、修身、齐家、治国、平天下。由此可见,古今中外,修身都是人生的一项重要内容。在社区学习共同体中,核心成员有别于一般成员的一项重要内容,就是首先要管理好自己。

有人说,人最难了解的是自己,最难管理的也是自己。难管理是因为了解,了解就有了懈怠的借口。在共同体中,核心成员是成员的榜样,需要有良好的品德修养、道德涵养、学习素养等。访谈中往往可以听到成员口中对核心成员的评价:"他是个好人,非常关心我们。""他真得对我们很好,经常用自己的钱为大家添置一些设备。""他是我们见过的最有爱心的人,特别的热情,非常乐于帮助别人。""她就像我们的大姐,和她在一起,我们都很开心。"可见,核心成员首先要成为大家口中的"好人",而成为"好人"需要不断地自我修炼。在技能学习上,哪怕成员懈怠了,核心成员也不能懈怠,该练习就要严格练习,要成为榜样;在个人修养上,要时刻提醒自己严于律己宽以待人,多为他人考虑,多为别人做点事;在能力建设上,要与时俱进,保持旺盛的学习热情,积极投入新知识、新技能的学习中。要积极参与对自己各方面能力的培养。

二、将规矩变成一种习惯

管好自己需要的是一种自制力,而自制力是一种易耗品,容易消耗殆尽。如何合理地运用我们的自制力,让它发挥事半功倍的作用,我们找到了一个好抓手,那就是习惯。研究表明,当一个人经过一段时间慢慢养成一些好的行为习惯后,只需要少量的自制力就可以保持状态。就像有些人每天写日记,一开始需要有意识地敦促自己去写,但时间长了,养成了习惯后,写日记就变成每天自然而然的事。"我们的队长每次都是最早到场地上。""我们的团长每次活动都早到,为大家整理好场地,把老师接过来,给我们订好午饭。"……在访谈中许多成员用这样的话语描述共同体的核心成员。在学习共同体中,许多核心成员每次活动都到得很早,早早地为大家准备好一切,协调学习过程中的各个环节。"我们的队长很关心我的,我有什么事情也会和她说说,她很会开导人。""我们的团队就像一个大家庭,我们的队长就像家长一样,会帮助我们排解生活中的困难,她很关心我们,对我们真的很好。"核心成员不仅关注成员的学习,也关注成员的身心状况和其他情况。通过对核心成员的访谈,我们发现,大多数核心成员都提到,自己对成员比较了解,不仅了解他们的学习也了解他们的家庭情况。我们发现,核心成员的许多行为已经成为习惯,他们会下意识地觉得要早点去活动场地,会下意识地考虑很多活动过程中的细节,会不自觉地关心每一个成员,听听他们的心里话,聊聊他们的所思所想。

三、学会自我调节

"一张一弛,文武之道。"核心成员要学会自制,而将这种自制转变为习惯之后也要学会自我调节。人好比一张弓,一直处于绷紧的状态,总会有绷不住的时候。核心成员的自制也是有限度的,不可能无限自制,那样会太压抑、太无我,不符合人性。核心成员在对自己进行严格要求的同时,也要学会给自己松绑。蛇打七寸,就是告诉我们要学会抓主要问题或者说抓重要的事。核心成员要学会在某些重要的方面对自己提出较高的自律要求,而在一些次要方面,要学会给自己松绑,不要对自己实行道德绑架,宽恕别人的同时要先学会宽恕自己。此外,建议核心成员有意识地养成反省的习惯。一日三省,反思有助于更好地完善自己。经常反省,思想、行为就会慢慢地改善,最终就会成为一个自律的人。

【专栏 1】

自律,使人学会战胜自己

《元史·许衡传》里有这样一段记载:许衡做官之前,一年夏天和别人一起外出,天热感觉口渴难耐,刚好道旁有棵梨树,众人争相摘梨解渴,唯独许衡不为所动。有人问他为何不摘,他回答说:"不是自己的梨,岂能乱摘?"那人劝解道:"乱世之时,这梨是没有主人的。"许衡正色道:"梨无主人,难道我心中也无主吗?"终不摘梨。[①]

面对饥渴之诱惑,许衡因心中有"主"而无动于衷。许衡心目中的"主"无疑就是自律、自重、自爱,有了这种"主",便会洁身自好,才能牢牢把握住自己。对于我们每个人来说,有时候,最大的敌人就是自己。在生活中我们时时、处处、事事几乎都有战胜自己的任务。

个人要战胜自己是很难的,而要战胜自己,就需要了解自己,知道自己的长处和不足,同时严格要求自己,尽量发挥自己的优点,克服和纠正自己的不足。战胜自己要有恒心和毅力,要不断巩固胜利的成果,防止旧病重犯。

---

① 孟森秋.从"许衡不摘梨"谈起[J].新湘评论,2003(5):48.

【专栏 2】

柳传志的自律

时间观念反映着一个人的工作态度和生活态度。柳传志以自律在业界享有盛名。他就是以"管理自己"的方式"感召他人"。这首先表现在他的守时上，柳传志本人在守时方面的表现让人惊叹。在 20 多年无数次的大小会议中，他迟到的次数大概不超过 5 次。

有一次他到中国人民大学去演讲，为了不迟到，他特意早到半个小时，在会场外坐在车里等待，演讲前 10 分钟从车里出来，到会场时一分不差。

2007 年上半年，温州商界邀请柳传志前往交流。当时，暴雨侵袭温州，柳传志搭乘的飞机迫降在上海，工作人员建议第二天早晨再乘机飞往温州，柳传志不同意，担心第二天飞机再延误无法准时参会，叫人找来车辆连夜赶路，终于在第二天早上六点左右赶到了温州。当柳传志红着眼睛出现在会场时，大家激动得热泪盈眶。

【自我评估】

对照下列问题，您做到了什么程度？

1.我是否是队员的榜样？

2.我是否每次活动都参加？

3.我们的队伍是否有内在的规矩？

【延伸阅读】

松下幸之助.经营心得帖:在不确定的世界坚实发展[M].孙曼,胡晓丁,译.长沙:湖南人民出版社,2015.

话题 8　唤醒责任心

【案例先导】

在杭州桐庐,有一个白鹤书院,这是头发花白、气质儒雅的 Z 老先生亲手创立的"宝贝",也是他传承传统文化的责任心之体现。书院主要教授传统文化,授课对象有附近的普通村民、学龄儿童,还有来来往往的外地游客。书院本着"不收费、不增负、不误人"的三不原则,始终致力于传统文化的教授。Z 老先生说,对于附近的村民,不管是孩子还是大人,只要是愿意学习的,他一律欢迎,并且坚持不收费,不在经济上给别人增加一点负担;而对于前来参观的游客,只要是对传统文化感兴趣的,哪怕只是驻足两分钟听一听,他也乐意讲解,他觉得至少在这两分钟里有那么一个或者几个人加深了对传统文化的一点了解,这就是他最欣慰的地方。在 Z 老先生看来,我们的传统文化具有无与伦比的魅力和源远流长的生命力,无论在古代还是现代,其中蕴含的智慧始终是我们最宝贵的财富。他认为,这些传统文化不仅仅是知识,更是智慧,知识容易获得,而其中蕴藏的智慧则不易得,但这恰恰是传统文化最宝贵的地方,而他尽自己所能在做的事情,就是努力散播这些知识和智慧,让更多的人从中受益成为有智慧的人,让我们的传统文化在今天散发出更加迷人的光彩,为当今社会注入不一样的生机和活力,这是他义不容辞的责任。

不难看出,Z 老先生提到的责任,是他坚持办好白鹤书院的动因,同样也是激励我们成功的必要因素。一个拥有了学识、才智的人,如果缺少责任感,仍旧无法成功,而这里的成功,不是指取得多大的成就,它所指的,是在多大程度上获得内心的安宁和满足,这也是学共体的应有之义,对于核心成员而言更是具有重要意义。一个具备了责任心的核心成员,即使聪明才智差一点,他也必定比只有聪明才智而无责任感的人更有成就。

在学共体中,体现一个人的责任心的不一定是多大的事情,而恰恰是日常的小事,比如每次学习结束后是否把活动场地整理清爽,是否肯把掉在地上的纸张随手捡起来,参加活动是否守时,犯错误时是否勇于承认、立刻弥补,这些不仅反映一个人的品德,也可预见一个人的未来。因此,要强化核心成员的责任感,需要从日常的小事着手。

一、眼中有"人",心中有爱

苏霍姆林斯基《给教师的建议》里有一个小故事。

在某个学校里,米哈伊尔是令全体老师感到担忧和头痛的人物。他常常把老师们惹得大发雷霆,"大名在外"的他被大家认为是个无可救药的、狡猾的、善于随机应变的懒汉和游手好闲者。他被连拖带拉地跟班上来,但仍不免留过一级。米哈伊尔最大的障碍是作文,他跟女老师妮娜之间发生了一场旷日持久的冲突,在他看来,作文是一座高不可攀的山峰。妮娜老师一次接一次地给他打上两分(满分五分),于是米哈伊尔再也不交作文了。在妮娜的课上,他开始搞出各种各样的花样来。女老师气得面孔发白,双手颤抖,同事们愤慨地说:"这究竟要容忍到什么时候才算完结?"当知道了米哈伊尔要离开学校参加工作的消息后,同事们都向妮娜表示了祝贺。

由于工作繁忙和要操心的事很多,也就没有时间再想到米哈伊尔了。有一天,妮娜的电视机出了毛病,她打电话给维修部,请他们派一位手艺高的师傅来修理。她还再三叮咛说:"不要随便派一个马马虎虎能应付的维修匠,而要派真正顶用的老师傅,电视已修过三次了,还是不好用。"修理部经理回答说:"一定派一位真正顶用的师傅去,他是我们这儿有名的手艺高超的师傅。"

妮娜刚从学校回到家里,就听到敲门声,站在她面前的,大家一定猜到了,正是米哈伊尔。妮娜有点奇怪地问:"你找我吗?"米哈伊尔发窘地说:"是的,是为电视机的事儿,您不是给修理部打电话了吗?"她有点不自然但还是客气地请米哈伊尔进了屋。在这里,我不再详细描述米哈伊尔修理电视时,妮娜所经历的那非常难受的两个小时的情景了。米哈伊尔调好了电视后,演示了极好的清晰度,并承诺保用三年。当他开好发票,说出应付的数目后,妮娜惭愧得脸上发红,另外多给了三个卢布。米哈伊尔把钱退还给老师,低声然而带着激动的心情说:"您这是为什么呢? 我的作文写得不好,可是我毕竟学会了正确地生活。"米哈伊尔匆忙地收起工具走了。

妮娜却捏着那三卢布钞票,久久地坐着,想着……过后,妮娜对老师们说:"当他在修理电视时,我惊奇地看着他,心里想:这完全不是当时在我的课堂上的那个人啊! 他工作时专注的眼神,他对我的态度都和那时候不一样了。一个思想折磨着我:我们做教师的怎么会没有发觉,在我们认为无可救药的懒汉和毫无希望的'两分生'身上、在他们的心灵和双手里还蕴藏着天才呢! 不仅是蕴藏着一个巧匠的天才,而且是蕴藏着一个我们没有看到的大写的人。"①

　　故事有点长,但看完之后心头不免一震。每个人都有自己擅长和不擅长的领域,因此在某个特定的领域内一定会出现所谓的"强者"和"弱者"。但我们每个人都不是只生活在单一的维度中,总有一些领域是我们擅长或者不擅长的,因此绝对不能以偏概全。核心成员应该意识到的是,加入学共体的学习者,至少是有学习意愿和自我提高的诉求的,单从这一点而言,他们的学习行为都是值得而且应该被鼓励的。学共体的核心内涵就是能够让每个人生活得更像一个人,在这个前提下,我们只要怀着一颗爱人的心来对待他们,就是责任的体现。正如案例中 Z 老先生认为:努力散播这些知识和智慧,让更多的人从中受益成为有智慧的人,让我们的传统文化在今天散发出更加迷人的光彩,为当今社会注入不一样的生机和活力,这是他义不容辞的责任。

二、有原则,有标准

　　责任是爱的体现,因为爱,所以想让自己坚持的东西变得更好,因此在处事过程中一定要有原则。每个人所处的环境不同,对原则的理解也不同,因此"有原则"这一标准的衡量者只能是自己,自己心里有一杆秤,并且能够不违初心地坚持下去,这样的原则才是真正有效的。很多人做事没有原则,而只讲感觉,但是感觉是什么? 心理学的解释是对事物个别属性的把握。讲感觉,往往是凭一己之私,容易以偏概全。特别是当我们被某种情绪如抑郁、焦虑、愤怒所主宰的时候,常常会"一叶障目,不见泰山"。由于人类自身的局限性,我们个人的感觉绝大多数时候都受情绪、经历、学识等影响,很难客观、全面,难免会出现偏差。

　　对于 Z 老先生来说,他的原则听起来非常简单——"不收费、不增负、不误人",只有短短的九个字,但这九个字说起来容易做起来难,并且是 Z 老先生心血的凝聚。"不收费",因为大部分村民的经济条件并不是太好,这样的话可以减轻他们的心理负担;"不增负",因为学习者以小朋友居多,本来学校的作业负担就很重,不能让在书院的学习再增加他们的负担;"不误人",这是 Z 老先生的自我要求,他希望能将传统文化的魅力带给大家,而底线就是不能误人。这简简单单的九个字,是 Z 老先生琢磨许久才确定下来的,而一旦确定,他就坚定地执行下去,这些年来,他始终未收过村民一分钱,也没有让书院的学习成为孩子们的额外负担,更做到了对自己提出的"不误人"的要求。于他而言,这就是原则所在。

---

① 　苏霍姆林斯基.给教师的建议[M].杜殿坤,编译.北京:教育科学出版社,1984.

三、自我强化，激发动力

所谓的责任，就是要做好自己该做的事情，所以，做自己该做的事其实就是培养责任感的过程。对于学共体而言，没有过多的外在约束，要培养和强化责任感，自我强化不失为一种有效途径。心理学上斯金纳提出了"强化理论"，即某种行为出现后，如果会带来具有强化这种行为的后果，反复持续，就能使行为与强化之间形成很强的相倚关系。斯金纳认为，即使对"反应—刺激"模式而言，也需要区分外部环境的强化和行为本身的强化。一般来说，行为发生后的强化有两种：一种是强化的内在相倚性，另一种是强化的外在相倚性。所谓强化的内在相倚性，是指行为本身的结果所产生的强化效应；所谓强化的外在相倚性，是指行为发生后来自外部的强化效应。① 比如，当我们在研究一项东西的时候，某种新发现会使自己沉浸于这种发现之中，甚至为之探根究底而废寝忘食，这里表现出的就是内在相倚性，也可以称为"自我强化"。

当我们做了自己该做的事情时，首先获得的是自我成就感，这是第一重自我强化；而完成这些事情，除了自我的心理满足之外，还能为学共体中的其他成员带来或多或少的收获和反思，这是第二重自我强化。每完成一件事情之后，核心成员需要做的就是强化自己的这种满足感，同时也可以通过和成员交流的方式来获取，将这些满足和成就作为下一步开展活动的基础动力之一，这样一来，"做自己该做的事"就会变得更加容易和有效。

【专栏 1】

这就是责任

"上帝，什么叫责任？"有一天，彼得问上帝。上帝笑了笑，说："哦，那你就去人间走一趟吧！"于是，彼得就开始了他的旅行。

彼得来到了一座漂亮的公园，一位园丁正在辛勤地给草木剪枝，彼得上前问道："为什么你要在这剪枝呢？"园丁边工作边说："唉，让它们长得更好是我的责任。"彼得明白了，原来让草木生长得更好就是责任。

接着，彼得来到了一间咖啡厅，一位服务员正在为顾客送咖啡，彼得问道："为什么他自己不来取，却要你送过去呢？"服务员轻声地说："因为那是我的责

---

① 毕蛟.斯金纳和强化理论[J].管理现代化,1988(6):48.

任。"彼得明白了,原来为顾客送咖啡就是责任。

最后彼得来到一家医院,一名护士正在照料一位传染病病人,彼得上前问道:"难道你不怕被传染吗?"护士微笑着说:"当然怕,但这是我的责任。"彼得明白了,原来照顾传染病病人就是责任。

彼得结束了他的旅程,回到了天界,上帝问他:"彼得,你知道什么叫责任了吗?"彼得果断地说:"是的,上帝,我明白了,责任就是让草木生长得更好,就是为顾客送咖啡,就是照顾传染病病人。"

上帝听后,笑着说:"孩子,这些只是责任的一部分,责任是无处不在的,是无时无刻不在的,做好你应做的事,这就是你的责任。孩子,你明白了吗?"

【专栏 2】

斯金纳的强化理论

强化理论实际上也叫行为修正理论,是美国心理学家斯金纳提出的"以学习的强化原则为基础"的"关于理解和修正人的行为"的一种基础管理理论。

斯金纳认为:人或动物为了达到某种目的,会采取一定的行为作用于环境,当这种行为的后果对他有利时,这种行为就会在以后重复出现;不利时,这种行为就会减弱或消失。所以,人们可以用这种强化的办法来影响行为的后果,从而修正其行为。所谓强化,从其最基本的形式来讲,指的是对一种行为的肯定或否定的后果(奖励或惩罚),它在一定程度上会决定人的这种行为在今后是否会重复发生。

根据强化的性质和目的,可把强化分为"正强化"和"负强化"两种。在管理上,"正强化"指的就是奖励那些组织上需要的行为,从而加强这种行为,让这种行为延续或扩大;"负强化"就是惩罚那些与组织利益不相容的行为,从而削弱或减少这种行为。"正强化"的方法包括给予奖金,对成绩的认可、表扬,改善工作条件和提升人际关系、安排有挑战性的工作,给予学习和成长的机会等;"负强化"的方法包括批评、处分、降级等,有时不给予奖励或少给奖励也是一种"负强化"。①

---

① 毕蛟.斯金纳和强化理论[J].管理现代化,1988(6):47.

"强化理论"具体应用时必须遵守如下行为原则：

1. 经过"正强化"的行为会趋向于重复发生。例如，当人的某种行为后果受人称赞时，就增加了这种行为重复发生的可能性。所以，奖励就是组织管理的必然手段。

2. 要依照强化对象的不同采用不同的强化措施。人们的年龄、性别、职业、学历、经历不同，需求就不同，强化方式也应不一样。如有的人更重视物质奖励，有的人更重视精神奖励，这时就应区分情况，采用不同的强化措施。

3. 小步前进，分阶段设立目标，并对目标予以明确规定和表述。对于人的激励，首先要设立一个明确的、鼓舞人心而又切实可行的目标，只有目标明确而具体时，才能进行衡量和采取适当的强化措施。同时，还要将目标进行分解，分成许多小目标，当下属完成每个小目标时都及时给予强化，这样不仅有利于目标的实现，而且可以通过不断的激励增强对方的信心。

4. 及时反馈，就是通过某种形式和途径，及时将工作结果告诉下属。要取得最好的激励效果，就应该在行为发生以后尽快采取适当的强化方法。一个人在实施了某种行为以后，即使是领导者表示"已注意到这种行为"这样简单的反馈，也能起到"正强化"的作用，如果领导者对这种行为不予注意或不及时注意，这种行为重复发生的可能性就会减小甚至消失。

5. "正强化"比"负强化"更有效。在强化手段的运用上，应以"正强化"为主，也就是我们常说的"奖一定要重于罚"。同时，必要时也要对坏的行为予以惩罚，做到奖惩结合。

强化理论有助于对人们行为的理解和引导，让下属们认识组织的目标和要求，从而自觉地保持与组织的一致，因而已被广泛地应用在激励和人的行为的改造上。

【自我评估】

对照下列问题，您做到了什么程度？

1. 反思我自己，是否能够做到眼中有"人"和心中有爱？

2. 在处理学共体事情的过程中，我是否能做到有原则？

3. 当出现因为负责任而带来积极效果的体验时，我是否能做到有意识地在学共体内部强化这种积极体验？

【延伸阅读】

1. 西塞罗. 论老年 论友谊 论责任 [M]. 徐奕春，译. 北京：商务印书馆,2003.

2.里奇拉克.发现自由意志与个人责任[M].许泽民,罗选民,译.贵阳:贵州人民出版社,1994.

话题9 乐观带来和谐与光明

【案例先导】

人们对于拥有乐观品质的人普遍持有好感,可能是因为这种品质太容易感染到人,太容易让人感受到人生的美好。心态乐观的人,不一定是时时刻刻都保持着笑容、散发着快乐的人,每个人都会有自己的小情绪和不开心,真正乐观的人,愤怒、伤心、悲伤,种种情绪都会有,他们的魅力就在于,当这些负面情绪爆发时,会释放得淋漓尽致,而释放过后,你看到的又是那个乐观的他。

并非每个学共体的核心成员都拥有这项品质,可是接触过乐观的核心成员之后,你会真真切切地体会到他的乐观带给身边人、带给这个学共体的力量。上海市静安区临汾路街道社区学校,就有这样的一位核心成员,他是临汾路街道社区学校摄影班的Y老师。不管是因为工作原因的接触,还是私下的访谈交流,每次遇见Y老师,他总是面带微笑,平易近人。听摄影班的学员讲,摄影班最吸引他们的地方,就是快乐的氛围,这和Y老师的为人风格有很大的关系。班级里有的学员以前是其他学共体的,由于一些原因在原来的学共体里面受到排挤,心里特别不开心。到这个学共体之后,Y老师就说,"凡是到这里来的,是看得起我们,我们这个学共体都欢迎你,什么时候你觉得在这里待得不开心想要走了,都可以,你有什么意见,也欢迎你坦诚地说出来,我们非常不提倡把情绪都放在心里,你说出来自己就舒服了,说不定其实根本不是什么问题,大家的误解也就消除了"。平常学共体出去采风,大家像兄弟姐妹一样,开心得不得了。

不过在学共体刚刚开始发展的时候,也遇到过各种各样的问题。冲击最大的一次,是遇到别的摄影班过来挖人,由于开的条件比较好,一下子被拉走了十几个人,刚刚成立不久的摄影班濒临解散。在这种情况下,Y老师没有放弃,他说我们不能被吓倒,要想办法让我们的学共体发展起来、强大起来。后来,Y老师想到可以把学共体活动和社区活动结合起来,发挥学共体的摄影特长,和电脑班进行结对,双向衔接。当时也没什么信心,但是在Y老师的坚持和努力下,最终队伍又发展壮大起来,也才有了现在的规模和名气。

乐观其实是一种心境，一种精神状态。对于一个人来说，快乐地活着就是成功的人生，在学共体中更是这样。可是如何才能让自己乐观起来呢？下面几种方法或许可以借鉴。

一、积极寻找解决问题的方法

在生活和与人相处的过程中，经常会遇到各种小事情、小麻烦，这些看似微不足道的问题如果不解决，会让心情变差，影响我们的生活。当碰到问题或挫折时，乐观的人不会花太多的时间去责备和抱怨，"都怪他"和"为什么倒霉的总是我"之类的话，很少从他们嘴里说出。他们共同的态度是"现在没时间怨天尤人，因为正忙着解决问题"。解决问题最好的方法就是采取积极的态度去应对，而不是一直抱怨。当我们接受当下的困境，并且开始行动时，一切问题都不再是问题了。乐观是积极行动和坚持行动的前提，只有相信自己的行动有成功的可能的人，才有足够的动力去积极行动。而很多时候，这种情绪往往能够感染周围的人，促使大家共同努力解决问题。

正如案例中的 Y 老师，在学共体成员大批离开、濒临解散的情况下，他也没有想过放弃，而是积极寻找解决方法，最终把学共体和社区学校电脑班进行结对，为学共体找到了新的生命力。而 Y 老师的这种积极寻找办法的态度，也感染了学共体的成员，他们说：看到我们队长这么积极，我们就想自己也不能落后，也要为我们的学共体尽一分力量，哪怕精神上的支持也好。这就是最好的例证。

所以，要培养乐观精神并不是特别难，我们可以从现在开始，把注意力的焦点从"往后看怨天尤人"，改为"向前望解决问题"。在面对逆境时，只要改变这一个重要的思考点，你就会发觉自己的挫折忍受力将大为增强，就更容易从逆境中走出来，找到积极的生活态度。

二、"有什么意见，也欢迎你坦诚地说出来"

马斯洛的《动机与人格》一书中有一段话："比较健康的人似乎都远远不是那么害怕自己的愤怒和攻击性，因此当他们表现自己的愤怒和攻击的时候，就会表现得更加淋漓尽致。"[①]淋漓尽致地释放自己的情绪，尤其是坏情绪，并不代表不乐观。只有这些不良情绪得以发泄，我们才能更加积极乐观地面对生活。

---

① 亚伯拉罕·马斯洛.动机与人格[M].3版.许金声,等译.北京:中国人民大学出版社,2012.

我们可能注意过孩子是如何处理他们的情绪的,他们完全不管自己在哪里,任意地宣泄情绪。他们难受时,会使劲跺脚,怒气随之烟消云散。的确,这才是我们作为人类的本能反应。虽然瘫坐在商场中心号啕大哭不是成熟的情绪表达,但实际上在情绪表达和宣泄这一点上孩子们确实胜过我们。他们本能地去感知自己的情绪,及时释放自己的情绪,也因为这样,他们的坏情绪不会持续很久,甚至片刻之后就烟消云散了。

"什么时候你觉得在这里待得不开心想要走了,都可以,你有什么意见,也欢迎你坦诚地说出来,我们非常不提倡把情绪都放在心里。"Y老师的这段话,充分说明了释放情绪的重要性。情绪就是能量,明白这一点至关重要。如果我们拒绝调节负面情绪,它们就会深藏于我们身体中。假装负面情绪不存在,对自己说谎,通过这些方式来遏制情绪只会让负面情绪持续更长时间。相反,注意到某种负面情绪出现时,不要焦虑,试着体会它,并以合适的途径发泄出来,让它及时得到释放。我们需要知道,尽情表达情绪并不可怕,它让我们成为最真实的自己,也能帮助我们成为更有力量的自己。同样,当我们有积极、乐观的情绪体验时,也要尽情表达出来,它会在潜移默化中让我们相信,我是一个乐观的人,也尽量让自己身边的人都能感受到这种情绪,感染他们积极起来。

三、学会变换角度

任何事情都有正负两面,如果分析问题的时候老是想着负面,就会变成一个悲观的人。如果我们能够从正面的角度去分析问题的话,我们就不会钻牛角尖,人自然也会开朗很多。正如案例中的Y老师,在学共体面临发展危机的时候,能够想到把学共体和社区学校的电脑班结合起来,这样不仅增加了生源,也提高了质量。正是"换个角度思考"的方式,让他成功解决了问题。

另外,不要执着于自己的角度。每一次思考都要想到别人的角度,不要只是看到自己的角度。例如,你的同事可能觉得你的意见不好,你很生气,那是因为你认为你的同事有心跟你作对,如果你这么想的话,你一定会很不开心,你还会讨厌你的同事,人际关系就会不和谐了。如果你从同事的角度去分析你的意见的话,也许你会发现他其实只是说出自己的意见,而非故意为难你,你做人也会开心很多。如果你站在别人的角度看问题,你的视野会变得更宽阔,你就不会为小事而不开心了,人也会开朗起来。

四、从培养小习惯做起

生活就是由一件件平凡而普通的小事构成的,我们每天也面对着烦琐的小细节。如果利用好这些小细节,从培养自己积极的小习惯做起,相信自己能够做到,在潜移默化中我们就会成为一个乐观的人。相信大部分人都有过类似的体验:走路时挺胸抬头,会觉得自己很有精神;出门的时候照照镜子整理好仪表,会对自身形象有个积极的评价;工作或学习的时候整理好桌面,摆放好物品,会让自己感到很从容很有条理;说话的时候清晰大方,会让自己感到自信沉稳。这些看似微不足道的细节,其实都会不知不觉地影响一个人的精神风貌。

心理暗示往往会使人不自觉地按照一定的方式行动,暗示越强烈,变化就越彻底越快速。我们愿意在多大程度上改变自己,让自己变得积极乐观,就可能在多大程度上实现这一目标。培养一些积极的小习惯并长期坚持下去,久而久之,我们就会更加接近理想中的自己,成为一个更加乐观的人。

【专栏 1】

丢失了两元钱的车

罗森在一家夜总会里吹萨克斯,收入不高,然而,却总是乐呵呵的,对什么事都表现出乐观的态度。他常说:"太阳落了,还会升起来;太阳升起来,也会落下去。这就是生活。"

罗森很爱车,但是凭他的收入想买车是不可能的。与朋友们在一起的时候,他总是说:"要是有一部车该多好啊!"眼中充满了无限向往。有人逗他说:"你去买彩票吧,中了奖就有车了!"

于是他买了两块钱的彩票。可能是上天优待于他,罗森凭着一张两块钱的体育彩票,果真中了个大奖。

罗森终于如愿以偿,他用奖金买了一辆车,整天开着车兜风,夜总会也去得少了,人们经常看见他吹着口哨在林荫道上行驶,车也总是擦得一尘不染。

然而有一天,罗森把车泊在楼下,半小时后下楼时,发现车被盗了。

朋友们得知消息,想到他那么爱车如命,几万块钱买的车眨眼工夫就没了,都担心他受不了这个打击,便相约来安慰他:"罗森,车丢了,你千万不要太悲伤啊!"

罗森大笑起来,说道:"嘿,我为什么要悲伤啊?"

朋友们疑惑地互相望着。

"如果你们谁不小心丢了两块钱,会悲伤吗?"罗森接着说。

"当然不会!"有人说。

"是啊,我丢的就是两块钱啊!"罗森笑道。①

换一个角度,就能得到快乐。丢掉生活中的负面情绪,要有一种认识挫折和烦恼的胸怀。

【专栏 2】

罗斯福的回信

美国第 32 任总统富兰克林·罗斯福家中曾失窃,损失惨重。朋友写信安慰他,罗斯福回信说:"亲爱的朋友,谢谢你的安慰,我现在一切都好,也依然幸福。感谢上帝,因为:第一,贼偷去的是我的东西,而没有伤害我的生命;第二,贼只偷去我部分东西,而不是全部;第三,最值得庆幸的是,做贼的是他,而不是我。"②

【自我评估】

对照下列问题,您做到了什么程度?

1.我已经养成凡事先找优点再看缺点的习惯。

2.我相信想法是一种选择,而我可以选择积极乐观地面对问题。

3.我已减少抱怨的次数及时间,并多花精力在解决问题上。

4.我每天会提醒自己抬头挺胸,并用愉快的声音说话。

【延伸阅读】

1.马丁·塞利格曼.学习乐观[M].洪兰,译.北京:新华出版社,1998.

2.马丁·塞利格曼.活出最乐观的自己[M].洪兰,译.沈阳:万卷出版公司,2010.

---

① 佚名.不过两块钱[J].新故事,2010(1):42.
② 陈燕炳.让闹心的事儿不"闹心"[J].健康生活,2014(11):1.

话题 10　待人不急，处事不躁

【案例先导】

在与杭州社区学习共同体接触的过程中，有一个学共体核心成员特别令人感动，她就是拱墅区祥符街道映月社区映月景泰蓝工作室的 C 老师。景泰蓝工作室长期对口服务一个工疗站，而且是义务性质的，不收取任何报酬，甚至为了不给社区添麻烦，他们连中饭都是自己解决的，默默付出又坚定不移。无论风吹雨淋，严寒酷暑，这群人从来没有间断过，迄今为止已经坚持了整整四年。这个工疗站主要是由一些有智力缺陷或肢体残疾的人组成，景泰蓝工作室通过和他们一起做手工的方式与他们进行沟通，用 C 老师的话说："我如果有什么事情不能去又忘了告诉他们（指工疗站的人），他们肯定会打电话过来的，会说 C 老师你怎么没来啊，大家都在念叨你呢。"

在聊天过程中，C 老师给我讲了几个例子，那些我听起来感慨万千的事例，在她口中说来不过如家常便饭一般，并且带着几分骄傲和宠溺，就像他们是自己的子女和亲人一般，我想她一定早已习惯了这样的付出，也很享受这样的生活。

故事一："只有 C 老师是真的关心我，其他人都是坏人。"这句话出自工疗站一位中度智力者，他平时只肯相信 C 老师一个人的话，会黏着 C 老师，只听她的劝。前段时间，他因为旧病复发而住院，期间 C 老师基本上每周都会去看他，安慰他，并和他约定等病好了一起做手工。

故事二："看见 C 老师就像看见亲人一样。"这个故事中的主人公是一位硕士研究生，由于长期精神压力过大而导致精神失常，在工疗站期间还闹过跳楼风波。和 C 老师接触多了之后，C 老师的付出感化了她，慢慢地她就把 C 老师当作了自己最亲的人，甚至她的家人也和 C 老师关系很好，遇到什么事情经常请 C 老师帮忙劝解，这才得以维持正常生活。

这些例子不过是 C 老师日常生活中的点滴，在我看来是那么朴实无华而且触动人心，C 老师自己却说："这没有什么的。大家都说你是怎么能够坚持做到的，我倒觉得这个并不是需要太多的毅力和意志的事情，只要是你想做的事情，你自然而然就做了，也不是我说个人的魅力有多大，只是因为我的付出他们看在了眼里而已,即使再傻的人,你只要真心付出,他也会感觉到的,人心都是肉长的。"

一、"只要是你想做的事情,你自然而然就做了"

这是一个生活节奏越来越快的时代,是一个凡事追求效率与速度的年代。匆忙的脚步和急促的心灵,使得我们越来越没有耐性,只想越快越好,越多越好。耐性的缺失,使得我们没有时间沉下心来精心做好一件事,过多看重物质上的拥有、名利权位的获得,反而忽视了我们的内心,错过了我们内心真正想做的事,想说的话,想去的地方。

略萨说:"我敢肯定的是,作家从内心深处感到写作是他经历过的最美好的事情,因为对作家来说,写作是最好的生活方式。"①再听听案例中 C 老师是如何说的:"大家都说你是怎么能够坚持做到的,我倒觉得这个并不是需要太多的毅力和意志的事情,只要是你想做的事情,你自然而然就做了。"当你觉得你从事的是自己想做的事情,你就会真正全情投入,从中收获快乐。人只活一辈子,所以更值得去好好珍惜。而且,人只有做自己想做的事才能从中得到快乐,能快乐地活着恐怕是绝大多数人所追求的。当找到了自己真正喜欢的事情,自然有耐心做下去。当然,做自己想做的事情,并非那么容易,但是我们起码应该去争取,去追求。

二、从过程中寻找快乐

从根本意义上说,生活本身是一个永不止息、向前流变的过程,重要的是过程本身,而结果是次要的,人生的意义也正在其中。我们不应该只盯着目标,而忽视为目标奋斗的过程。目标的实现只不过是一刹那的时间,而过程将陪伴终生。所以,要抓住每一个瞬间,好好享受精彩的每一天。生命,开头和结尾其实很简单,无非就是人类永远都无法改变的结局——生和死。重要的是过程,而过程总是漫长的,局外人可以说大话、品头论足,而过程之中的冷暖甘苦、酸甜苦辣、欢乐忧伤、寂寞彷徨,唯有当事人自己知道,唯有当事人才有刻骨铭心的体验。旁观者可以理解,却无法体验。

跟 C 老师交谈的过程中,听她谈起工疗站不同的人和不同的事,说到每次自己没办法按时去工疗站时那些热切盼望的电话,说到一起做手工时大家一张

---

① 马里奥·巴尔加斯·略萨.中国套盒[M].赵德明,译.天津:百花文艺出版社,2000.

张欢乐的笑脸,说到去医院探望工疗站成员时她满足的眼神,说到工疗站成员家属无条件的信任,她脸上始终洋溢着幸福的笑容,可以感受到她在和工疗站成员接触过程中收获的信任和快乐。她说"人心都是肉长的",这种成就和快乐是相互的,当她付出了耐心和坚持,也就收获了信任和快乐。

三、专注自己做的事情

有这样一个故事,故事的主人公是一个著名拳击手。他出道之初的一次比赛中,被对手打得晕头转向,观看比赛的所有人都在想他会中途倒下,可是出人意料的是,他承受了暴雨般的重拳袭击,完成了全场比赛。事后记者问他:"不可思议,你是怎么从第二个回合开始,一直坚持忍耐到最后的?"拳击手说:"我没有忍耐呀!我只想着防御和攻击,当时我的脑海里根本就没有忍耐这个意识闪现。"

没有想到忍耐,才是能够忍耐下去的唯一理由。当专注于自己所做的事情,专注于如何将这件事情做得更好时,一个专注的人,往往能够把自己的时间、精力和智慧凝聚到所要干的事情上,从而最大限度地发挥积极性、主动性和创造性,努力实现自己的目标。在 C 老师身上,四年来专注于景泰蓝工作室,专注于工作室和工疗站的合作,专注于帮助工疗站的人找到自我价值,她的专注让耐心变得理所当然,让她在面对工疗站不同的人时,能够从了解他们开始,慢慢融入他们。我想她应该也从来没有觉得自己在工疗站做的一切是需要忍耐的,当她把这件事当作理所当然的专注时,她早已做好了准备,也就有了面对各类人的耐心。

四、自我心理建设

我们希望社区学习共同体的核心成员是宽容、大度、从容的,是有奉献精神和利他性的,而这一切的形成需要核心成员不断修炼。首先,每一位核心成员要准确了解自己的人生发展阶段。心理学家埃里克森认为人在不同的发展阶段需要完成不同的任务。成年期的发展任务是满足繁殖感、应对停滞感。成年期又可以分为两个阶段,25～60 岁为第一阶段。在这个阶段,大部分人要完成建立家庭,将自己的兴趣扩展到下一代。[①] 埃里克森讲的繁殖不仅指个人的生殖力,更多的是指关心建立和指导下一代成长的需要。第二阶段为 60 岁以后,

---

① 孙敏.埃里克森与心理社会发展阶段[J]. 大众心理学,2010(8):47.

如果感到自己的一生很充实，没有虚度，就会产生一种完善感，认为自己的生命周期与新一代的生命周期融合为一体。如果说达不到这种感觉就不免恐惧死亡，觉得人生苦短，对人生感到厌倦和失望。核心成员要通过阅读相关书籍，增加对自我发展阶段的了解。

在对自我发展阶段有一定了解后，要学会自省，要问自己"我的发展任务是否完成，我完成得怎样？""我觉得自己内在充实吗？"……通过这一系列的自问，才能更好地认清自己的心理状态。我们希望核心成员能达到自身内在心理的平衡和完满，带着这样的心态，才能更好地、更有爱心和耐心地与成员相处。

五、学习人际沟通技巧

成为核心成员的人，往往具有较高的人际关系能力。与人际关系相关的一个词，就是情商，简称 EQ，主要是指人在情绪、意志、耐受挫折等方面的品质。提高情商就是把不能控制的情绪变为可以控制的情绪。人都是有情绪的，在学习共同体中，每个成员或多或少都会表现出自己的情绪，而情绪的合理表达和引导对改善人际关系有着重要的作用。核心成员在了解自身特质的基础上，要积极学习人际沟通的技巧，提高自己的情商，让成员感受到自己是一个有耐心的人。戈尔曼和其他研究者认为情商由五种特征构成：自我意识、控制情绪、自我激励、认知他人情绪和处理相互关系。在实践中，提高情商的两大重要技巧就是倾听与共情。

倾听属于有效沟通的必要部分，以求思想达成一致和感情和谐。在成人的世界里，更多的人习惯于扮演述说者的角色，希望自己的心情有人体会，希望自己的烦恼有人关心。虽然成人不是孩子，但是也同孩子有着一样的渴望，希望成为被关注的对象。"希望大家关注我，听我说。"这是每个成人潜意识里的想法。核心成员要扮演好倾听者的角色，让成员感觉到自己是被关注的。倾听有几个小技巧。一是鼓励对方先开口。鼓励对方先开口说出他的看法，我们就有机会在表达自己的意见之前，掌握双方意见的一致之处。这样一来，就可以使对方更愿意接纳我们的意见，从而使沟通变得更和谐、更融洽。二是营造轻松、舒畅的氛围。在紧张、拘束的沟通气氛中，谁都不愿意把自己的真实心声说出来，也就自然谈不上倾听。倾听需要营造一个轻松、舒适的环境，这样，说话者才能放松心情，把内心的真实想法、困扰、烦恼等毫无顾虑地说出来。三是控制好自己的情绪。这时要切记，对方才是交谈的主角，即使你有不同观点或很强烈的情绪体验，也不要随便表达出来，更不要与对方发生争执，否则很可能会引入很多无关的细节,从而冲淡交谈的真正主题或导致交谈中断。四是懂得与对方共鸣。有效的倾听还要做到设身处地,即站在说话者的立场和角度看问题。要努力领会对方所说的题中之意和言辞所要传达的情绪与感受。有时候,说话者不一定会直接把他的真实情感告诉我们,这就需要我们从他的说话内容、语调或肢体语言中获得线索。五是善于引导对方。在交谈过程中,我们可以说一些简短的鼓励性的话语,如"哦""嗯""我明白了"等,以向对方表示我们正在专注地听他说话,并鼓励他继续说下去,等等。倾听是一门技术,需要核心成员在实际情境中不断操练,才能达到较好的效果。

共情是人际交往中的一种高级技能,可以通过训练获得。如何提升自己的共情能力?有几个具体的方法。一是学会换位思考,即最大限度地理解对方。这不是技巧问题,而是态度问题,完全取决于核心成员本人的意愿。作为核心成员可以自问一下:"我是否愿意完全理解和尊重每个成员?"二是表达尊重。现代教育表明,对学习者的尊重是有效学习发生的前提,对于成人学习者而言,这种尊重显得尤为重要。这就要求核心成员要充分理解和尊重每个成员的个性,不对他们抱有主观偏见,不做人为的预设。三是积极回应而未必事事认同。核心成员在倾听成员表达自己想法和意见的过程中,要做到对他的话语表现出积极的回应,但不需要为了取悦对方而事事认同对方。共情的主要目的是感受和了解成员的想法,让他们感到你是理解他们的,是愿意去倾听他的想法的。在共情的基础上,讨论如何解决问题。

【专栏1】

没有什么东西是永恒的,只需要耐心

佛陀旅行经过一片森林,那一天非常热,刚好在中午,他觉得口渴,所以他告诉他的弟子阿难:"我们刚走过一条小溪,你去取一些水来。"阿难往回走,但是他发现那条小溪非常小,因为车子经过,溪水被弄得很污浊,本来沉淀在底下的泥土都跑上来了,现在溪水不能喝了。他回到佛陀身边,告诉佛陀:"小溪里的水已经很脏,不能喝了,不如我们继续走,我知道有一条河就在离这里不远的地方,我去那里取水。"

佛陀说:"不,你到刚才那条小溪去取水。"

阿难知道那条小溪里的水取来也无法饮用,时间会被浪费,而他又感到口渴,但是既然佛陀说了,他就必须去,然后他再度回来。

当他第二次回来的时候,阿难问佛陀:"你坚持叫我去,我是不是能做些什么来使那些水变纯净?"

佛陀说:"请你什么事都不要做,否则你将会使它变得更不纯净。不要进入那条溪流,只要在外面、在岸边等待,假如你进入溪流,你将会把水弄得更乱,溪流自己会流动,你要让它流。"

接着,佛陀说:"你再去。"

当阿难第三次回到那条溪流时,水是那么清亮,泥沙已经流走了,枯叶也消失了。阿难笑了,他取了水快活地回来,拜在佛陀的脚下说:"你教导的方法真是奇迹,你给我上了伟大的一课:没有什么东西是永恒的,只需要耐心。"

无常,是佛陀的基本教导,即没有什么东西是永恒的,每一样东西都是转瞬即逝的。所以,我们没有理由有那么多的烦恼。即使是同一条河流,也没有一样东西可以保持永恒,只要有耐心,只要等上片刻,那些叶子将会流走,那些泥沙将会再度沉淀,那些水就会再度变得纯净。[①]

一条小溪是这样,生活也是这样。有时,生活里会有很多的烦恼,但是我们也应该有些耐心。

【专栏 2】

不管你在哪里,你都要享受那个片刻

这是一则禅宗的趣闻。一个和尚经过一片树林,突然间他觉知到有一头老虎在跟随着他,所以他就开始跑,但是他的跑法也是禅宗的跑法,他并不匆忙,也不疯狂,他的跑步很平顺、很和谐,他在享受那个跑步,那个和尚在想:"如果那头老虎在享受,我为什么不呢?"

那头老虎还在跟随着他,然后他来到了一个悬崖,为了躲避那头老虎,所以他就吊在一棵树的树枝上,然后他往下看,有一头狮子在悬崖底下等着他,这时那头老虎已经来到,在崖顶上,它就站在那棵树的旁边,那个和尚就吊在中间,只是抓着树枝,而狮子就在悬崖底下等着他。

那个和尚笑了,然后他往上看,有两只老鼠,一只白的,一只黑的,正在咬那根树枝,要将它咬断,然后他笑得很大声,他说:"这就是人生,白天和晚上,白老鼠和黑老鼠正在咬断树枝,不管我去到哪里,死亡都正在等待着,这就是人生!"

---

① 史敏.变清澈的小溪[J].科海故事博览(百科论坛),2011(2):39.

据说那个和尚就在那个片刻达到三摩地——第一次瞥见成道。这就是人生：没有什么好烦恼的，事情就是如此，不管你去到哪里，死亡就在那里等待着，即使你哪里都不去，白天和晚上也仍在切断你的生命，所以那个和尚放声大笑。

然后他往四周一望，因为现在每一件事都确定了，不需要烦恼，当死亡已经确定，有什么好烦恼的？只有在不确定的时候才有烦恼，当每一件事都很确定，就没有烦恼。死亡已经成为命运，所以他环顾四周，看看剩下的片刻有什么东西好享受的，他看到树枝旁边有一些草莓，所以他就摘了几颗草莓来吃，那是他一生当中最好吃的草莓，他非常享受，据说他就在那个片刻得道。

他变成一个佛，因为即使死亡那么接近，他也完全不匆忙，他还能够享受草莓，草莓的滋味很甜，据说在那个片刻每一样东西都消失了——老虎、狮子、树枝，甚至连他本身也消失了，他变成了宇宙。

这就是耐心，不管你在哪里，你都要享受那个片刻，不要问未来，在你的头脑里不应该有未来，只有现在这个片刻，而你是满足的，当不需要去到任何地方，不管你在哪里，你将会跟宇宙合而为一。

【自我评估】

对照下列问题，您做到了什么程度？

1. 我对自己现在做的事情是发自内心地喜欢吗？
2. 在这个过程中我是否经常会体验到快乐的情绪？
3. 我是否能够比较容易地专注于自己学共体所做的事情？
4. 我是否会觉得学共体的事情是需要我保持耐心的？
5. 在一般情况下我的心情是平静而愉悦的吗？
6. 大家觉得我是个有耐心的人吗？

【延伸阅读】

1. 罗伊·鲍迈斯特，约翰·蒂尔尼. 意志力［M］. 丁丹，译. 北京：中信出版社，2012.

2. 马克·郭士顿. 心理学家的倾听术：开启沟通，掌控欲求的秘密［M］. 苏西，译. 广州：广东人民出版社，2015.

话题 11　向着初心追寻

【案例先导】

　　在接触的学共体核心成员中,有一位 J 老师,自 1996 年担任护绿志愿者至今,20 多年的时间里,他经历了杭州垂直绿化从无到有的过程,他们这群护绿小分队的人,戏称自己是"老绿军",坚信自己的力量能为杭州带来多一点绿色和健康,于是就这样一直坚守在爱绿护绿的岗位上,甚至被人戏称为"绿化疯子"。提起自己的故事,J 老师滔滔不绝,笔者可以感受到他对绿化的执着,也不由对这 20 多年时间里他的经历心生敬佩。J 老师说,最早做垂直绿化是在自己住的小区里,当时也遇到了不少阻碍和不理解。由于小区里部分居民以前靠种地为生,在搬进来之后仍然保留着种地的习惯,但苦于无地可种,他们就把小区里的绿化带开发成了菜园,在里面种菜,整个绿化带被弄得乱七八糟。出现这种情况后,J 老师就去找社区干部协调,表示愿意无偿为小区提供绿植,并负责种植和养护。他的想法得到了社区的支持,兴致勃勃的 J 老师干劲十足,把绿化带搞得像模像样,心里满是自豪。谁知几天之后,生机勃勃的绿植全部被种菜的居民拔掉,他们又种起了菜,见此情景的 J 老师虽然生气,但仍不气馁,又弄了一批绿植种上……就这样,双方在拔了种、种了拔的循环中不断拉锯,J 老师始终没有放弃自己的绿化梦,他说:"小区绿化带是公共环境,应该为小区居民的生活增添健康,我就是要种绿植,你们一直拔我就会一直种,直到你们不再拔。"几番较量之后,J 老师想出了新的办法,考虑到居民喜欢种蔬菜,他就买了一些丝瓜苗,种在靠近居民楼的小区绿化带里,这样一来,既起到了垂直绿化的效果,也能让居民吃上丝瓜,夏天还能起到遮阳的作用,一举三得,大家各自欢喜,再也没有人拔了。

　　就这样,怀着自己的目标,J 老师和他的学共体成员一直坚守在护绿爱绿的道路上。只要知道或者看到哪里需要垂直绿化,他们就会主动请缨,甚至无数次义务提供树苗和养护,只为杭州能够多增添一分绿色。在他们的倡导和努力下,杭州从 2007 年起将每年的 3 月 9 日定为"植藤节",反响热烈,广受好评。J 老师说:"我们就是绿化界的志愿者,虽然没有头衔,但只要认准了自己的目标,就会想方设法达到它,谁也不能动摇我们爱绿护绿、推广垂直绿化的决心。"

不管是别人口中的"绿化疯子"还是自己口中的"志愿者",这些直观而形象的词是J老师和他的学共体成员坚守绿化事业的最好表达。他们没有过多的头衔,没有复杂的要求,有的只是对绿化的坚守。为了一步步靠近和实现自己的目标,他们练就了一身"智勇双全"的本领,而不管什么方法,"让我们的生活中多一点绿色和健康"始终是他们的落脚点。在护绿养绿的过程中,他们遭受过太多的不理解和不支持,遇到过各种各样的困难和阻挠,20多年过去了,什么样的困难在他们眼里都不是无法解决的,只因他们心中有一个坚定而不可动摇的"绿化梦"。这份让人感动的"绿化梦"背后,凝聚着的智慧和心血,也是每个学共体发展中可以借鉴的经验。

一、我有自己的目标

提到坚守,对应的关键词就是——目标。目标是坚守的起点和终点,也是坚守过程中的重要动力。所以任何的坚守,都是以目标为出发点的。生活中我们会碰到各种各样的事情,阻碍我们最初目标的实现,面对这样的情况,我们何去何从,该如何选择,如何保持初心,需要的就是目标。外界的喧嚣繁杂会让我们原本空明的心变得焦灼浮躁,让我们随波逐流,让我们的情感不时陷入难拔的旋涡。坚守最初的目标,要求我们要有理智的头脑,我们是用理智处理问题而不是用情感。当遇到阻碍时,我们要看得开,看得远,时刻保持清醒的头脑,提醒自己要坚持最初的目标,切忌意气用事,忘了最初的目标。每个人心中都有一个天平,有是非之分,懂得孰轻孰重,我们要时刻叩问自己的心灵,尊重自己心灵的选择。

看看案例中的J老师,这个执着坚守的护绿人,之所以能够20多年如一日地坚持绿化事业,正是因为他和他的学共体成员"只要认准了自己的目标,就会想方设法达到它,谁也不能动摇我们爱绿护绿、推广垂直绿化的决心"。他们知道自己追求的是什么,知道自己的目标何在。如果你自始至终都知道自己想要什么,那么你就不会浪费宝贵的光阴,目标会唤起内心巨大的能量和灵感,产生不屈不挠的毅力,帮助你到达想要去的地方,这个时候,坚守也就不再那么困难。

二、讲求实际,脚踏实地

在坚守和实现自己目标的路上,总会遇到各种各样的苦难和阻碍,这个时候,我们不能忽视问题的严重性,最有效的方法就是从实际出发,脚踏实地地应对这些问题。正如"橘生淮南则为橘,生于淮北则为枳",没有任何原则和方法是能够适应所有状况的,生搬硬套并非生活的智慧。赫鲁晓夫执政时期,苏联农业落后,于是他提出大力发展农业,但是他对本国的地理环境一窍不通,看见美国玉米产量高收益大,于是就大力在本国推广种植玉米。其结果可想而知,美国的气候适合种玉米,而苏联的气候却不适合,如此盲目模仿,不从实际出发,失败是必然的。只有从实际出发,问题才能得到解决。

案例中 J 老师有一个很好的做法,也是他经过实践后探索出来的:因为居民要种菜,而他要种绿植,双方就在这种拉锯战中陷入僵持,无法解决。苦于这样的情况,J 老师从实际出发,考虑到双方的实际需求,改种了丝瓜,因为丝瓜既是蔬菜又是绿植,这样一举两得,最终皆大欢喜——居民有了菜吃,小区公共绿地的绿化也得以实现。这种情况,正是由 J 老师所生活的小区的实际情况所决定的。由于居民大多是种菜出身,不考虑到这个情况而只是一味地和其他小区一样种植一些普通绿植,根本无法实现绿化目标。所以,一切从实际出发就是要根据实际情况办事情,不轻易模仿他人,坚守也需要讲究方法。

三、自我监控

自我监控又称自我管理、自我控制、自我调整、自律性管理,是自我意识的重要成分。自我监控是指个体对自身的心理与行为的主动掌握,调整自己的动机与行动,以达到所预定的模式或目标的自我实现过程。[①] 自我监控是自己对自身行为与思想言语的控制,具体表现为两个方面:一是发动作用;二是制止作用,也就是支配某一行为,抑制与该行为无关或有碍于该行为进行的行为。进行自我认知、自我体验的训练目的是进行自我监控,调节自己的行为,使行为符合群体规范,符合社会道德要求,通过自我监控调节自己的认识活动,提高工作效率。

案例中的 J 老师就具备了较强的自我监控能力。他能够适应周围的环境,并根据外部环境的变化适时调整自己的行为,这就是高自我监控者的表现。高自我监控者在根据外部环境因素调整自己行为方面表现出相当高的适应性,他们对环境线索十分敏感,能根据不同情境采取不同行为。相反,低自我监控者则不能以这种方式伪装自己,倾向于在各种情境下都表现出自己真实的性情和态度,不利于问题的解决。

----

① 安妍.情绪启动下自我监控对人际素质、自我和谐的影响[D].西安:陕西师范大学,2008.

【专栏 1】

甩手的故事

开学第一天,古希腊大哲学家苏格拉底对学生们说:"今天咱们只学一件最简单也是最容易做的事。每个人把胳膊尽量往前甩,然后再尽量往后甩。"说着,苏格拉底示范了一遍:"从今天开始,每天做 300 下。大家能做到吗?"

学生们都笑了。这么简单的事,有什么做不到的? 过了一个月,苏格拉底问学生们:"每天甩手 300 下,哪个同学坚持了?"有 90％的同学骄傲地举起了手。又过了一个月,苏格拉底又问,这回,坚持下来的学生只有八成。

一年过去了,苏格拉底再次问大家:"请告诉我,最简单的甩手运动,还有哪几位同学坚持了?"这时,整个教室里,只有一个人举起了手。这个学生就是最后成为古希腊另一个大哲学家的柏拉图。[①]

世间最容易的事就是坚持,最难的事也是坚持。说它容易,是因为只要愿意做,人人都能做到;说它难,是因为真正能够做到的,终究只是少数人。成功在于坚持,这是个并不神秘的秘诀。

【专栏 2】

有一种风景叫坚守

小城闹市街头有一位常年摆书摊的中年人。无人的时候,他总是静静地在遮阳伞下看书,那份专注,那份执着,那份坚守,成了街头一道亮丽的风景!

我曾多次光顾他的书摊,并从他那里淘得了几册所需的书,如二十四卷本的《聊斋志异》,1973 年版的鲁迅文集,20 世纪 80 年代的旧杂志,等等。时间久了,才知道,原来他曾在某厂的宣传科任职,喜爱读书,酷爱写作,一直坚持了好多年,可是 40 多岁了,却一事无成。"屋漏偏逢连夜雨",三年前厂子破产,为了维持生计,他就买了一辆三轮摩托车,到处搜集廉价的旧书旧报,摆地摊,他说之所以干这行就为了自己读书方便。

有次,我问他:"你以前干宣传,发表过多少文章?"他不好意思地说:"以前经常给领导写发言稿整理材料什么的,实际上也没什么正经文章发表,现在想

---

① 梁阁亭.什么叫作不简单[J].南国博览,2016(4):36.

写吧也实在勉为其难,于是就把那种难以割舍的情怀,寄托在这一车旧书上,边读书边挣点小钱花花,也是一种活法。"说这话时,他的脸上露出了几许羞涩,又有一种别样的满足。

就这样,每次从他的地摊前经过,我都会驻足浏览一下,即使行色匆匆地一闪而过,我也会不自觉地朝他的书摊瞅一眼,每次总能看到他静静读书的身影……

我常常想,在这个物欲横流的社会,多少人忙于功名利禄,多少人忙于商场打拼,多少人在干着唯利是图的勾当。而他却守着一个旧书摊,在清贫中过着自己想要的生活,追寻着属于自己的乐趣,那种"钓胜于鱼"的超然的人生态度,本身就是一种高尚,一种执着,一种境界!

有人说,书店是一个城市文明的标志,而占据闹市一隅,静静读书的人,就是这个城市的一道亮丽风景!

【专栏3】

"你从这里出去之后,第一件想做的事情是什么?"

曾经有个年轻人去采访朱利斯·法兰克博士。他虽然已经有七十高龄了,却保持着相当年轻的状态。当年轻人问到博士的经历时,博士娓娓道来:"我在好多好多年前遇到过一位中国老人,那是第二次世界大战期间,我在远东地区的俘虏营里,那里的情况很糟糕,简直无法忍受,食物短缺,没有干净的水,放眼所及全是患痢疾、疟疾等疾病的人。有些战俘在烈日下无法忍受身体和心理的折磨,对他们来说,死已经变成最好的解脱。我自己也想过一死了之,但是有一天,一个人的出现改变了我的想法——一个中国老人。"

年轻人非常专注地听着法兰克博士诉说自己的遭遇。

"那天我坐在囚犯放风的广场上,身心俱疲。我心里正想着,要爬上通了电的围篱自杀是多么容易的事。过了一会,我发现身旁坐了个中国老人,我因为太虚弱了,还恍惚以为是自己的幻觉。他转过头来问了我一个问题,一个非常简单的问题,却救了我的命。"

年轻人马上提出自己的困惑:"是什么样的问题可以救人一命呢?"

"他问的问题是,"法兰克博士继续说,"你从这里出去之后,第一件想做的事情是什么? 这是我从来没想过的问题,我从来不敢想,但心里却有个答案:我要再看看我的太太和孩子们。突然间我认为自己必须活下去,那件事情值得我活着回去做。那个问题救了我一命,因为它给了我一个已经失去的东西——活下去的理由!从那时起,活下去变得不再那么困难了,因为我知道,我每多活一天,就离战争结束近一点,也离我的梦想近一点。中国老人的问题不止救了我的命,它还教给我从来没学过,却是最重要的一课。"

"是什么?"年轻人问。

"目标的力量。"

"目标?"

博士说的对,目标、企图,才是值得奋斗的事。目标给了我们生活的目的和意义。当然我们也可以没有目标地活着,但是要真正地活着,快乐地活着,我们就必须有生存的目标。伟大的艾德米勒·拜尔德说:"没有目标,日子便会结束,像碎片般地消失。"

目标创造出目的和意义。有了目标,我们才知道要往哪里去,去追求些什么。没有目标,生活就会失去方向,而人也就成了行尸走肉。人们生活的动机往往来自于两样东西,不是远离痛苦,就是追求欢愉。有目标可以让我们把心思紧系在追求欢愉上,而缺乏目标则会让我们仅仅专注于远离痛苦。

【自我评估】

对照下列问题,您做到了什么程度?

1.我是否确切地知道自己现在做的事情是什么?是否明确自己的目标?

2.当目标实现过程中遭遇困难时,我是否能够积极主动地寻求解决办法?这些解决问题的办法是否能够因地制宜、根据实际进行调整?是否能够取得一定的成效?

3.我能够及时监控并调整自己的行为,使其始终向着自己的目标靠近吗?

【延伸阅读】

1.稻盛和夫.坚守底线[M].曹岫云,译.北京:中信出版社,2012.

2.钱理群.智慧与韧性的坚守:我的退思录[M].北京:新华出版社,2011.

话题 12 热爱是最好的老师

【案例先导】

在上海市徐汇区凌云街道,有一个致力于环保的学共体——绿主妇,它的核心成员 J 这样说:

"我们 55 岁就要退休了,2008 年时单位还想让我留下,我说不行,我退休以后要从事我喜欢的一项工作,就是环境保护和垃圾分类,因为我的工作就是跟这个有关的,我最熟悉这个领域,接触了几十年也真是有感情在里面的,所以退下来以后我在社区里面就做生态文明建设。最开始做的时候,比如关心水质好不好,去看一看,研究水,其实对于水,我只知道它里面不要有蓝藻,不要被家庭的一些化学物品污染。说实话最开始也是影响很有限,也没有什么好的平台和活动,但是我们一帮人就是出于喜欢,我们就是要坚持做。现在看来当初的坚持是对的,后来慢慢关注的人多了,做得多了,资源也就多起来了。我们开始引入了家庭一平方米的小菜园,还有旧衣物的回收、绿芽菜进家庭,等等,所以一系列活动就跟着开展起来了,居民也很开心,所以把低碳环保这个活动在居民中就不断地推广开来,垃圾分类怎么分也会分了。

我们讲人与自然的和谐,环境好了对人类就好了,所以我们出去都自己带杯子,用的筷子也都是自己带的,我们不使用一次性物品,一定要自己养成一个好的习惯。我们昨天在政府开会也讲了,希望政府不要发矿泉水,我们自己带杯子。我每次去培训他们说 J 阿姨今天有礼品吗?我说有啊,他们说是什么?我说那你们坐好我告诉你们,杯子。他们说什么杯子啊,我讲就是一个小杯子,其实我啥也没买。他们说你这个礼品谁要啊,我们家好多好多。我说好多好多啊,那这样子吧,下一次开会你们所有人都自己带杯子,烧点开水,我们要杜绝一次性的杯子,不会给你们发一次性的杯子喝水,你们不带杯子那就没水喝。所以我就是要改变他们的一些生活习惯,要绿色消费,我就是从点点滴滴开始做起,不断地翻花样,把居民,退休的那些阿姨们、奶奶们都带进来,让他们觉得我每一次的活动都让他们快乐,让他们愿意跟着我,我用不着再去叫这个叫那个,他们都是说阿姨你有什么活动叫我们,阿姨你需要帮忙的话不要客气,我说好啊,所以我再进社区开展活动是很容易的。"

现代社会中拖延症越来越严重,甚至成为众多年轻一族的"流行病"。为什么会拖延?从根本上说就是因为没有发自内心地喜欢。如果真的喜欢,就会迫不及待地想去做,哪里会出现什么拖延症呢?所以,从这个意义上来说,喜爱大抵上可以等同于行动力,当你真正喜欢一件事情时,绝对不会拖延,而是花费再多的时间都乐在其中。人们如果不能追求真正发自内心的热爱,其行为表现自然会招来对人、事、物不同程度的消极情绪。人毕竟是有思想的高级动物,人们过的每一天其实内心都在积极地寻找梦想,并且时刻期待梦想照进现实的那一天,只是我们的第一步首先就是要找到自己发自内心的喜欢。

案例中核心成员的经历非常让人感动,J 的"我退休以后要从事我喜欢的一项工作,就是环境保护和垃圾分类",就是在用她最普通的经历向我们展示着热爱的力量。那么在学共体中,核心成员如何才能拥有这种力量呢?可以从三个方面去做。

一、做自己擅长的事

当你在与别人比较时,不必羡慕别人,你自己的专长对你才是最有利的,这就是经济学强调的"比较利益"。人人都该有自己的归属,要有所成,总该先知道自己擅长什么,然后才能做得到。发挥自己的特长,做自己最擅长的事,只有这样,才容易成功,而我们所谓的"成功",其实就是成就自己。境遇是自己开创的,成功是自己造就的。你不必看轻自己,你要相信你的能力是独一无二的,你也许正在完成一件了不起的事,有朝一日,你或许真的可以变得"很不平凡",成为大家羡慕的成功者。

在案例中,J 这样说过:"我退休以后要从事我喜欢的一项工作,就是环境保护和垃圾分类,因为我的工作就是跟这个有关的,我最熟悉这个领域,接触了几十年也真的是有感情在里面的,所以退下来以后我在社区里面就做生态文明建设。"正是因为从事的是自己最熟悉、最擅长的领域,她才更容易上手,才能带出绿主妇这样优秀的组织。

二、坚持一件事

要想真正做成一件事,该花的心血一定要投入,该有的过程一定要经历。人生充满变数,一个人能否成功,不单看他的资历,更重要的是看他的毅力。人应该有梦想,否则就失去了奋斗的目标与方向,凡成大事者必须日积月累地做好准备。如果只有喜爱没有坚持,那么这种喜爱也只是停留在空想上,会随着时间的流逝慢慢失去生命力,更不可能长久。

案例中J就是坚持的最佳例证:"说实话最开始也是影响很有限,也没有什么好的平台和活动,但是我们一帮人就是出于喜欢,我们就是要坚持做。现在看来当初的坚持是对的,后来慢慢关注的人多了,做得多了,资源也就多起来了。"从坚持做环保,到坚持环保的生活习惯感染身边的每一个人,她在用自己的行动诠释着坚持的力量。正是这份坚持和毅力,让她最终做出了绿主妇,扩大了影响力,为环保聚集了更多的力量和支持,也用自己的力量让我们的环境多了一分整洁。这对学共体核心成员的启示就在于:这个世界上根本不可能存在不劳而获,如果真正喜欢一件事,不能只停留在口头上,要投入十二分的精力去做去实现,坚持自己的信念才能成就自我,才能给予自己不断前进的力量。

三、带动一群人

在任何集体中,个人的力量再强大,也终究无法和团体的力量相媲美。同样的,如果只停留在个人爱好阶段而无法通过集体影响和带动更多的人,那么学共体的魅力也就不复存在。因此对于核心成员而言,要确保学共体的持久生命力,就需要带动和影响一群人,让他们为学共体的发展提供强大的外力保障,进而得到不断发展。

J就是从本职工作中,衍生出了自己的绿主妇学共体,带动了一群人,让自己的喜爱变成一群人的喜爱,也让学共体的发展更具生命力:"我就是从点点滴滴开始做起,不断地翻花样,把居民,退休的那些阿姨们、奶奶们都带进来,让他们觉得我每一次的活动都让他们快乐,让他们愿意跟着我,我用不着再去叫这个叫那个,他们都是说阿姨你有什么活动叫我们,阿姨你需要帮忙的话不要客气,我说好啊,所以我再进社区开展活动是很容易的。"

【专栏 1】

热爱的力量

美国是一个酷爱篮球的国度,这个国度里有一个视篮球如生命的孩子。就是他,后来让美国人一提到篮球,就感到荣耀和自豪。

可就是这个孩子,中学时居然没被篮球队选上,甚至爱球如痴的他让教练准许他跟随去看中学篮球联赛这样并不苛刻的要求也被回绝了。可他并没就此认命,他生命中有一个飞扬激越的篮球啊,那取代了他对整个生命的热爱。

受不了他的软磨硬缠,教练让他当了一个不离开球场却也上不了球场的"球员"——专为球员捡球、搬运行李、整理球衣。他便这样接近了他因热爱而九死不悔的目标。

多年以后他率领的芝加哥公牛队多次高居 NBA 皇冠宝座,他个人更是享有"空中飞人"的美誉,并五次荣获"最有价值运动员"称号。

他便是饮誉世界篮坛的迈克尔·乔丹。[①]

能把篮球打成绝活的不止乔丹一个,但因为热爱篮球而去征服苦难的人并不多。纵使命运让我跌倒 100 次,我也要从第 101 次抗争中站起来——这便是热爱的力量。

【专栏 2】

做自己擅长的事

"创业时一定要有一个真正属于自己的好产品,一个能够赢得顾客口碑的产品,一个让顾客在你的小店里排队的产品。有了这样的'拳头'产品,你才有可能闯出更大的天空。"臧健和说。

20 世纪的最后 20 年,可谓是香港的黄金时期,炒楼炒股,沸沸腾腾,就是想不发财都难。而这 20 年,也是臧健和从创业到成功的 20 年,可为什么在到处都是商机的香港,臧健和却一直紧抱着几元钱一袋饺子的小生意不肯放手呢?

这正是臧健和赚钱的智慧之一——做自己擅长的事情。

这并非一种倔强的固执,而是她自己在经验中的感悟。当房市股市风起云涌,一夜暴富者层出不穷时,臧健和也不是没想过在金融地产的财富之海中打捞一笔,满载而归。

那些年里,她也买过股票,但并没有赚到什么。她买进的时候是 80 多港币,后来涨到 100 多港币,经纪人建议她抛,可她却觉得还是等一下再说,结果这一等,反而跌得惨不忍睹。

炒房她也尝试过,但似乎比炒股更不在行。臧健和第一次买楼是 1983 年,住了 11 年,30 万港币买进 300 万港币卖出,算是赚了一笔。后来她买的这个房子比较豪华,花了 1500 万港币,1994 年底的时候买进,到 1997 年的时候它已经升到 2500 万港币了,但她因为种种原因没卖,因此错过了好时机。

① 梁阁亭.什么叫作不简单[J].南国博览,2016(4):36.

经过无数次尝试，臧健和渐渐地明白了，既然她会包饺子，就要把包饺子当成自己的终身事业，把它做好，并且自己也有信心、有能力把它做好。别的呢，既然不是办不好就是不明白，而且还会因分心而影响到自己的生意，那就干脆不做，一心一意地包饺子。"渐渐地我就明白了，既然会包饺子，我就要把它当成我的终身事业……好多人都劝过我做其他生意，我说我就会包饺子。"

包饺子的确是臧健和最擅长的事。

臧健和最初的水饺是典型的北方包法，皮厚、味浓、馅咸、肥腻，后来她针对香港人的口味，不断地加以改进。

第一天卖饺子，臧健和的心情忐忑不安。当时有几个打网球的年轻人，循着香气四溢的味道走了过来。他们说，从来没有见过"北京水饺"，想尝一尝。

臧健和客客气气地把水饺端给他们，然后盯着他们的表情。没想到几个年轻人异口同声地说好吃，每个人又都吃了第二碗。臧健和激动得当场流下了热泪。

不过之后有一次，她在码头卖水饺，发现一位顾客吃完水饺后，把饺子皮留在了碗里，她忍不住上前询问。那个顾客毫不客气地告诉她说："你的饺子皮厚得像棉被一样，让人怎么下得了口！"这一句话，让她难受了几天，也忙碌了几天，终于找到了擀出薄而透亮的饺子皮的窍门。

薄皮大馅、鲜美多汁的水饺终于得到了顾客的认同，有一段时间，每天都会有数十位顾客排队等在湾仔码头她的摊档前吃水饺。

从此，臧健和使足了劲卖水饺，从早晨五六点开始一直干到晚上 12 点。当最后一班渡船停下来后，她的生意才停止。接着她就开始收拾卫生、洗刷码头，虽然没有人要求她这样做，但她觉得环境弄脏了会对不起社会和别人。

明白了自己的选择后，臧健和就不再有任何其他的想法，而这也让她在金融风暴时得到了自己意想不到的收获。

因此，后来臧健和在给香港大学生讲课的时候告诉他们："要做自己擅长的事情，不要做自己不熟悉的东西。要做比较有把握的事情，但要敢担风险，因为这样的风险是你能承担的。"

从推着一辆木制手推车，在香港湾仔码头附近摆小摊，出售自制水饺，到后来的身价上亿，她走过了太多的艰辛，也经历了太多的不幸。她像我们大多数人一样，也曾经是个普通得不能再普通的人，但凭着自己的坚强意志与不懈奋斗，她终于用自己的双手创造出了属于自己的奇迹。

她的身上有太多值得我们学习和借鉴的经验，她的智慧足以使我们受益终身。

很多看上去很"专业"的书,在教导中小投资者起步创业的时候,都会说:"抓住一切机遇做大你的事业。"但是很少有人会教导投资者,有些看上去很好的机会放在你的面前,你要学会拒绝它,因为你会有更好的机会。臧健和用自身的经历绝妙地阐释了这个商业规则。

那时,一家日资百货公司的老板看中了臧健和的水饺,提出与她合作的意愿,并承诺给她牌照开工厂。从一个无牌照的小贩一跃成为有工厂、有品牌、有销路的老板,这对臧健和来说是一种巨大的诱惑,但日本人的条件是要重新包装她的水饺,当作日资百货公司的产品来卖。臧健和断然拒绝了这个提议。她觉得自己当时只是一个没有注册品牌、没有专利技术的小贩,一旦合资生产,把配方和销售渠道都交给了别人,这无异于被人抽走了底牌。于是,她坚持要在包装上保留"湾仔码头"的商标和自己的地址、电话。

"这种要求并非是盲目自大,因为当时我看到,虽然我仍旧无牌无厂,可是'湾仔码头'水饺的名气已经很响了,全香港都知道,每天有人排队来吃。美国人说可口可乐即使遭遇大火烧了全部工厂,凭一个商标和一个配方就能重新站起来,那么我现在已经有了商标和配方,离成功还会远吗?"

最终,那个日本老板还是基于"湾仔码头"水饺的魅力和臧健和的诚意,做出了让步。

事业终于小有成就的时候,臧健和意识到:"这是我做出的最正确的选择之一。更重要的是我从中找到了信心,明白了身为小贩一样可以独立做大生意。"

皇天不负有心人,今天,"湾仔码头"水饺早已不是街头小贩的产物,而是从各大城市的超市、大卖场售出的包装精美的速冻食品。

论特色,臧健和的水饺虽然是北方食品,在南方并不多见,却也并非稀罕物;论名气,上海的小笼包在小吃中也绝对有着响当当的地位;论口味,很多小吃甚至比臧健和的水饺更让人交口称赞;论实力,更有许多店铺早在臧健和做小贩之前就已经达到一定规模。

臧健和在香港的创业之路,有三个地方被誉为奇迹:第一是从女性小摊贩变成企业家;第二是在没有花一分钱推广费的情况下,产品就被大量顾客熟知;第三是在没有销售部的情况下把产品铺遍了香港的大街小巷。

【专栏3】

心　魔

《苦儿流浪记》有一段情节：主人公与几名矿工在工作时遇到矿难了，大家被困在一个狭小的空间里，脚下是无尽的水流，他们所有的，不过就是几盏灯。在这极度恶劣的情况下，他们的结局看起来不是被淹死就是窒息而死，再不然就是被饿死，总而言之似乎是必死无疑。营救虽然在努力进行着，但是人们都没多大把握成功。而矿井下的情况确实不容乐观，因为好些人都抱着必死的心。他们中有一个人戴了表，最后有人提议熄了灯，每隔一段时间让那名矿工报一次时间，大家都休息，节省体力。时间在一分一秒地过去，人们的心也慢慢地被揪紧，但等到营救队到达时，他们竟然奇迹般地存活下来，只有一个人死了，就是那个报时间的矿工。

原来，开始他的确是准时报时间的，但是，当他发现了同伴们的异常后，他便开始了"虚报"，半小时他说15分钟，一小时他说半小时，两个小时他说一个小时……结果其他人都在信念的支撑下活了下来，而那个报时的矿工却被自己的心魔给逼死了。[①]

由此可见，信念的力量是多么的伟大！有了信念的支撑，即使再艰难的事情也有了坚持的力量。

【自我评估】

对照下列问题，您做到了什么程度？

1. 我现在所做的事是不是自己擅长的？
2. 我是否有足够的毅力坚持做自己喜欢的事？
3. 我是否能够带动一群人跟我一起完成我喜欢的事情？
4. 我是否发自内心地喜爱自己的专业？

【延伸阅读】

武峻.选择做自己最擅长的事[M].北京:中国纺织出版社,2008.

---

① 埃克多·马洛.苦儿流浪记[M].章衣萍,林雪清,译.武汉:长江文艺出版社,2017.

第 二 章

学习力

话题 1　社区学习共同体中的共同学习

【案例先导】

下面是杭州市拱墅区古运河之声艺术团一位成员在社区学习共同体中的学习感悟：

"年过半百，身体不适，退居二线，与竞争激烈的商场渐行渐远，随后与朋友合伙开了一个小公司打发时光。公司运营正常后慢慢地空闲时间多了起来。无奈琴棋书画一概外行，麻将、扑克牌不感兴趣，玩网络电脑，偏偏颈椎不适，只能是看看电视、翻翻书籍、哼哼小曲以度时日，期间常会因为无所事事而发呆，闲暇时间多了感到无聊。

一个偶然的机会来到古运河之声艺术团，这让我与古运河之声艺术团结下了不解之缘。艺术团排练厅里琴声悠扬歌声嘹亮，一首首经典老歌和名曲把我带回到遥远的青少年时代，勾起阵阵五味杂陈的回忆，那是一个动荡的年代，但也是激情燃烧的岁月。久违的经典艺术倍感亲切，不由地激发了我的强烈参与感。年轻时曾经学过一点声乐，基础还是有的，承蒙团领导的厚爱，我荣幸地加入他们的行列。艺术团里有不少高手，其中还有从专业团体退下来的，艺术水平相当不错。经常与志同道合的歌友们在一起不断地相互学习，切磋交流，收获颇丰，心情愉悦，让我有了归属感。歌唱艺术博大精深。以前只是对付吐字发声、音准节奏，而且相当勉强，毛病不少。如今基本过了这一关，进而走向情感处理、表情把握。原先只能在合唱团里滥竽充数，如今已能独立上台来上一曲，还常常能获个奖什么的，颇有成就感！古运河之声艺术团给我的业余生活增添了乐趣。

在团里唱歌不但能学习新知识、结交新朋友，还能抒发情感，强身健体。气息在体内融会贯通，无疑是一种内按摩。冬天在家唱上半小时，不开空调依旧脚底发热，周身暖和。

希望运河人唱并快乐着！希望古运河之声艺术团越来越好。"

共同学习不是通常意义上的"同学"的代名词。社区学习共同体中的共同学习，有别于普通学校班级制的形式上的共同学习。

　　班级制的形式上的共同学习,通常无法改变其工具性价值取向。学校内的同学,对于彼此间的竞争关系具有非常清醒的认识,他们将会因为一场升学考试而各奔东西。学习的根本意义在于升学入职排序中的领先优势。

　　社区学习共同体的共同学习,是学习者从相同的学习旨趣和学习需求出发,平等自由参与、互为学习资源、共享学习过程,积极转变生命状态的活动。①

　　和谁一起学,学什么,怎样学,学多久,这些重要的问题,由社区学习共同体成员自行决定,而不是由领导、专家、教师及家长决定。具体说,社区学习共同体的共同学习有四个特征。

　　1.同自觉。由人的初心驱动和引发的学习,是实现人的生命潜能的学习和实现生命成长需求的学习。共同的学习需要、学习兴趣、学习动机,让不同身份地位、不同年龄性别的人到一起学习,体现出非功利学习的价值追求的共同性与自觉性。

　　2.共做主。社区学习共同体的学习是一种平等参与的学习,也是自由选择的学习。学什么,怎么学,哪里学,学多久,不是某个人或某几个人说了算,而是大家商量着办。

　　3.互为师。社区学习共同体的学习是一种教学资源自给式的学习,自给式学习为自主学习提供保证,它还原了前学校时期学习的自然状态,学习者互为师生,教学相长。社区学习共同体中学习者与教者的角色是随时互换的,因此,社区学习共同体体现了人人为师的学习化社会的精髓。"成员即资源"的理念是社区学习共同体理论的重要组成部分,是社区教育的"新资源观",为解决社区教育资源短缺提供了破解之策。②

　　4.自评价。这是一种自我评价的学习,对于学习进步的评价,没有统一的成败标准,而是有各自的标准、各自的评价。吸引成员学习的是学习为生命成长服务的功能,而不是某种被社会制造出来的竞争性的等级符码意义,不会有失败者。③

　　现实生活中的学共体形态各异,所处的发展阶段各不相同,成熟度也都不一样,未必完全能做到"同自觉""共做主""互为师""自评价",这是非常正常的事。建成完整意义上的社区学习共同体永远走在路上。本书的目的和宗旨,就是为社区学习共同体走向成熟、其核心成员能更好地提升凝聚力提供一些帮助。

---

① 项秉健,汪国新.社区学习共同体探幽[J].教育发展研究,2017(1).
② 王中,汪国新.社区学习共同体的"新资源观"探析[J].职教论坛,2019(5).
③ 汪国新,项秉健.社区学习共同体[M].杭州:浙江大学出版社,2019.

【专栏1】

锦上添花——剪纸乐①

我是一名企退职工,刚退休时,离开了单位,开始对社区感觉人生地不熟,朋友也不多,活动范围也很小,再加之身体不好,身患多种疾病(高血压、高血脂、冠心病),因此,大多时间都待在家里,感觉很无聊。自从2004年府东社区开办老年电视大学以来,在府东社区党委的组织下,我被大家推荐担任府东社区老年电大班班长兼剪纸小组组长。时间一长,逐渐人员熟悉起来了,兄弟姐妹每周五相聚,通过电教学习,各种知识丰富多了。平时我对衣、食、居、行知识很缺乏,现在都尽力按老师的教导去做,时间一长,身体也好多了,医院也去少了,朋友也多了。

身体好了以后,有精力搞好第二课堂活动,这么多年来,我们第二课堂内容可丰富了,有唱歌、跳舞、太极拳、讲故事、讲保健知识、民间艺术剪纸等。

说起剪纸,原先一窍不通,后经艺人传授,我们掌握了剪纸基础知识,经过一段时间练习,我们一发不可收拾。之后,府东社区党委十分重视剪纸艺术,马上组建了一个剪纸小组(当初只有十几人),聘请了有名望的剪纸艺人——宋元山老师,宋老师耐心地教我们绘图、放码、入刀、剪辑等一套套程序,师者认真,学者努力,不长时间我们就掌握了剪纸方法,一幅幅栩栩如生的精美作品展现在眼前。在学习过程中,学员间互帮互学,能者为师,相互传教,进步也很快,一学期就掌握了如何制图案,如何放大,如何刻剪,大家掌握得很好。作品制出后,在重大节日和喜庆的日子里,我们把作品贴在社区橱窗里供居民欣赏。春节到来时,我们剪纸小组剪"福"字送给困难、高龄、空巢孤寡老人,送给低保、残疾人家庭。精美作品"辉煌60年""辉煌90年""喜迎十八大"等分别刊登在《建德信息报》《杭州日报》《人民日报》上,当我们见到府东社区电大班剪纸小组的作品刊登在这些报纸上时,喜悦的心情是无法形容的。这是对我们剪纸小组作品的肯定,对我们有无穷的鼓励,我们会引导更多的人加入我们剪纸行列,我们一定会把这一群众文化继续发扬光大。我们正如《浙江老年电视大学之歌》所唱的:"老年电大没有围墙,银发学友欢聚荧屏课堂,老有所学,共享欢乐,知识丰富人生年华,生命闪烁智慧光芒,夕阳更加绚丽璀璨,第二个春天在这里发芽。"

---

① 作者为浙江省建德市新安江街道府东社区老年电大班剪纸小组成员蒋桂香。

【专栏 2】

芬兰的"共同学习"

学校教育已不符合现代社会潮流,走在教育最前端的芬兰,于 2016 年正式施行教改。芬兰教育界学者认为,学校教育的重点,应该是提供学生应对未来世界的需求,而不是一味地拉高孩子们的成绩。这次教改的最大重点,是提倡跨学科领域"主题式学习",用整合教育取代以前各个独立的学科,而老师也必须互相合作,共同教学。那么在芬兰,学校教育到底应该教给学生什么呢? 其中最重要的一项就是共同学习。

老师鼓励学生多用分组与团队的"共同学习",芬兰教育官员施兰德(Pasi Silandar)指出,未来,学生的学习方式不是单靠聆听老师的演讲,而是通过讨论、思考而来。例如,让学生一起解决生活上的基本需求与问题,制造一个环境让学生创造自己的思考,这就是共同学习。

在赫尔辛基高中实验班,很多功课都是靠学生团队共同完成的,同样是以解决问题为基础。施兰德强调不给他们"教科书",或指定阅读一本书,再叫学生回答一些书本上就可以找到的笨问题;而是给学生实际的问题,或是需要解决一件事情,然后引导学生发现一些可用的资源,或是线索,让他们自己去寻找答案。经过这样的训练,学生才能找到自己的答案,这就是完整的学习过程。

【自我评估】

对照本话题的要点,您做到了什么程度?

1. 我所在的学共体是否是同自觉学习?

2. 我所在的学共体是否是共做主学习?

3. 我所在的学共体是否是互为师学习?

4. 我所在的学共体是否是自评价学习?

【延伸阅读】

1. 汪国新,余锦霞.社区学习共同体的四大支柱[M].杭州:浙江大学出版社,2016.

2. 陈静静,等.跟随佐藤学做教育:学习共同体的愿景与行动[M].上海:华东师范大学出版社,2015.

话题 2　有一种学习是温暖的

【案例先导】

　　杭州市滨江区西兴街道书法班学员 Z 是一位 78 岁的老人，下面是她在社区学习共同体中学习书法的体会：

　　"社区办了书法培训班，我书法没有基础，本来就很想如何使自己的字写得好一点，这下好了，机会来了，去试试吧，抱着这样的念头，就高兴地去报了名。来到书法课堂上，人还真多，坐了满满一教室，老年朋友们都很好，有的人已经写得很不错了，但表现很谦虚。在后来练习时，大家还互帮互学。

　　特别值得一提的是 Z 老师，一开始他就教我们怎么起笔，怎样收笔，一笔一画教得很仔细，很耐心。在我们练习的时候，朱老师发现哪一笔对了，就及时鼓励我们，哪一笔错了，又及时纠正，还示范给我们看，这样一来，使我们学得轻松，没负担，信心也十分足。

　　信心是力量，促使我们认真地练习起来。不但在课堂练，在家上午、下午都练。结果不到一个月时间，交作业的时候，老师看了说：'不错，不错，进步了，真棒！'这样的鼓励使自己更有信心，练得更加起劲了，在家里练得有时都忘了吃饭。

　　我想到自己过去没事干，经常会想东想西的，一些乱七八糟不开心的事都会涌上心头，真郁闷，日子也过得没意思。自从开始学习书法以来，没有空余的时间去想那些烦心事，特别是看到一个字写得和老师比较像时，心里就美滋滋的。人高兴了，快乐了，心情也好了，不知不觉日子也过得快一点，舒服一点，就跟以前不一样了。就这样风雨无阻地跟着社区书法班的学员们一起练习上课。国庆节社区举办了书法成果展，看到大家都把作品交过去参展，我也认真地写了两幅字拿到社区，一幅是楷体，一幅是古诗。看到大家对我的肯定，我越发对自己充满信心，也越来越感受到书法班学习带给我的温暖。"

　　人们常常把学习与"失败""痛苦"联系在一起，是因为，一方面有古训在耳："书山有路勤为径，学海无涯苦作舟""吃得苦中苦，方为人上人"；另一方面，绝大多数人都有在学校读书时失败、痛苦的体验。在一个物欲横流的社会，学习或教育异化成为博取名权利的工具,人们不可能体会到"学而时习之,不亦说乎"的学习趣味,更多的是失败与痛苦的体验。因为,许多学习并不是人的"初心"所至和"潜能"所及。

然而,基于社区学习共同体的学习,是基于人的本质意志的学习,即基于"初心"的学习,不为世俗的功利羁绊的学习。视学习过程为目的还是手段,可以有效地鉴别基于本质意志的学习和基于选择意志的学习。前者享受学习过程,而后者视学习过程为代价。前者的学习效果的评价主体是自己,后者学习效果的评价主体是社会和"考卷"。前者是一种没有失败者的学习,后者是在不断的比较中产生失败体验的学习。

社区学习共同体成员持续学习的动机,是潜能与兴趣爱好的实现,是人的积极情感上的分享体验,是社区归属感的获得。在社区学习共同体中,人互利共生的主体,不是社会化的文艺组织、文化管理的工具,更不是楚河汉界两边斗争的棋子。

为什么"不拿证书,不得金钱"的社区学习共同体会产生如此大的吸引力呢?清凉峰太极拳俱乐部成员给出了他们的答案:参加学习锻炼的初衷,都想要改变自身的生命质量状态;但他们不是为别人改变自己,他们的参照坐标不是别人拥有的东西,更不是房子、车子、位子等外在的东西,他们只与自我真实的生命状态比较,因此,他们每一个人都在太极拳俱乐部收获了某种程度的满足,满足于自身生理心理的积极变化。

社区学习共同体犹如一个温暖的家,除了给成员带来快乐之外,更重要的是使成员能够呈现真"我",因为"家"是一个可以让"我"脱去外套的地方。社区居民参加社区学习共同体的深层动机并非名利(名利与竞争有关),而是找到一个使自己生活状态发生变化的环境。在宽松自由的环境中坚持真我,才能获得归属感。

【专栏】

舞狮带我融入新生活①

我是一名来自湖南龙山的外来务工人员,目前是一名预备党员,刚来到运河街道五杭社区打工时,人生地不熟,以在建筑工地打点零工赚点生活费为主,

---

① 作者为杭州市余杭区运河街道五杭社区外来务工者舞狮队成员侯安堂。

收入有限,现在干起了包工头,承包附近一些工程,收入提高了,生活也越来越滋润,这主要还得益于加入了外来务工者舞狮队。舞狮队成立后,我与社区的距离更近了,跟本地居民的联系也更紧密了,除了日常训练,节假日开展表演,还经常参加区、街道组织的各类文艺表演及比赛活动。慢慢地,我被越来越多的本地人所熟识和认可,因为我是搞建筑工程的,附近小厂房要建设,别人因工程小没利润不要,我接手了,某个工地承包,他们觉得没钱赚,我赚人气和人情,在当地建立了良好的信誉。社区有人要建房,都会先找我,因为我的价格便宜,质量还很好,而且信誉不错,有良好的口碑。口袋有钱了,我不忘带动一起从老家出来打工的老乡,让他们组成施工队,专门做我承包的工程,千方百计增加他们的收入,同时为了给外来人员找乐子,自己与其他几个舞狮队成员共同出资举办文艺会演,丰富社区居民的精神生活,还经常在学雷锋日、重阳节等上门走访慰问孤寡困难老人,给本地老人带去温暖。

【自我评估】

对照本话题的内容,您做到了什么程度?

1. 我认为学习过程是手段还是目的?

2. 我所在的学共体是否能为我带来归属感?

【延伸阅读】

渡边和子. 愿人心温暖,万物复苏[M]. 周志燕,译. 北京:北京时代华文书局,2016.

话题3 真正的学习在这里发生

【案例先导】

杭州市上城区彩霞岭社区丝网花学习共同体核心成员 F 有这样的一段感受,或许能够在一定程度上让不了解学共体的人感受到学共体中的学习是如何发生的:

"我平日里爱看书,大多数文人墨客、闲居雅士都对种花养花有独特的领悟,但我们社区的丝网花制作学习,却让我有了一番不算奇特、高雅,却实际、踏实的感悟。

刚开始接触丝网花制作时,虽然觉得这个东西很新潮,很好玩,但也抱着打发时间的心态。在好奇、期待的感受中,心里也有一些忧虑——这个东西能吸引我多久呢? 幸运的是老师对我们耐心教导,不仅教授丰富的理论知识,还教授娴熟的制作技术。学员们也相互鼓励相互帮助,在欢声笑语中共同用'魔术'把寻常的彩色丝网变成各式各样的作品。这些不起眼的丝网、铁丝、线、胶带,经过老师的巧手,就变成了一朵朵鲜美的花朵。在一次又一次的制作过程中,我与我的同伴们才真正认识到丝网花,体会到一点一点制作的喜悦。第一次动手时,从丝网到花瓣到花枝到作品,这一点一点拼接的过程记忆犹新。当时心里有期待,有看到成品那一刻的喜悦,也有与大家一起学习制作的归属感。

在丝网花课上,我们的思维都很活跃,在制作过程中每个人似乎都有自己的想法。老师也是先给我们讲一些制作程序,然后教我们自己做,与我们一起做。在我们遇到问题时就请教老师,或者老师给我们亲手制作演示。同样的主题,我们制作出来的作品往往富有个人色彩,这也方便了学员在共同制作中相互提高。

做花要用心,每一朵用心制作出来的花,都有一种独特的魅力,这是制作者赋予它们的各自独有的气韵,也是制作者思想精神的寄托,它需要使用者用心去聆听,看到花中包含的高雅、智慧。每个人在生活中都应该学会用欣赏的态度看自我、同学、同事、陌生人……这样心境打开了,生活也美好了。我们这些年一起制作丝网花作品,参加过助老义卖、地震义卖、爱心捐售、端午节和重阳节活动,以及各类民间艺术文化展览活动……丝网花不仅成为我们闲暇之余交流感情、创造作品的窗口,也是我们走出社区、再次迈向这个社会的平台。我们成员都很热爱这个群体,喜爱在集体生活中的乐趣,喜爱与大家一起分享制作丝网花作品的喜悦。我们也希望能有更多的兄弟姐妹们加入我们的行列,感受在构思创作与制作中,这些小物品给我们带来的内心的平静与祥和。"

知识分学术型知识和智慧型知识两类:学术类知识是自然科学和社会科学知识;智慧型知识是生命科学知识、生命智慧,即智慧之知。自然科学知识和社会科学知识是处理人与自然、人与人关系过程中形成的知识,满足人外在的发展需求,依赖于外部资源,有利于实现人的工具性价值。智慧之知是处理人与自己的关系的知识,满足人内在的发展需求,澄明心性,回归初心,实现良知良能,实现人的生命性价值,不依赖外部资源,资源的耗费少。共学养老模式能够激发人心中的爱与热情,人性的温暖极大地强化了资源使用正效应,在消耗极少资源的情况下极大地增加社会总效用。

学习即轻装回归。[①] 工具理性成为时下的主流价值取向,学习的本意被误解,教育、学习与人力资源的关系被歪曲误读。老子曰:"大曰逝,逝曰远,远曰反。"今天,时代的主题之一是回归。这一回归是人性的回归,抛弃功利主义强加的心理负重。这是一种轻装回归,即由复杂向简单的回归,由工具性价值向生命性价值的回归,由异化的人向真正的人的回归。这种回归是对现代性思维颠覆传统价值观念造成人类精神生活无根状态的决绝否定,这一回归伴随的是生活方式的自然化回归。尽管深陷迷途,但人性的回归是必然的历史规律和价值演进趋势。肩负社区共学养老使命的社区学习共同体就是这一回归的现实载体。

学习的过程就是目的。行为的动机是满足需求,老年人不需要通过学习来改变命运,不需要以学习为手段和工具达到功利性的目的,对老年人来说,最大的需求是身体健康,生活快乐幸福。通过参与社区共同学习来颐养身心、与邻里建立守望相助的同伴友谊恰好是满足老年群体这一阶段性发展需求的最佳方式。这种行为动机基于人的本质意志,学习与生活同一,个体需求满足的过程就是共同学习的过程,学习过程本身就是学习目的。

真正的学习,可以发生在社区。社区与学校、企业的明显区别在于,社区是人的生活的重要载体,与人的日常生活以及休闲天然地联系着;基于本质意志

---

① 汪国新,郭晓珍.社区共学养老的实践创新[J].高等继续教育学报,2018(5).

体现关爱伦理的学习实践难以在传统学校与企业发生，唯有在社会人际竞争最间接的地方和人原始意义生活最接近的地方——社区才得以迸射活力。在社区这一生活情境中，老年群体因本真的愿望和深切的爱意凝聚在一起，以共学互助过程中彼此间共生共荣的情感交互为乐，以被友谊、认同、赏识、尊重包围为乐，少了社会性功利的利弊量度，少了你争我抢的资源争夺，回归生命本原，获得生命成长。这里有生命价值的提升和生命状态的积极改变，这正是契合学习本原的真正的学习。

【专栏】

学习书法之感受①

书法乃汉字的基础，是一门独特的艺术，是中华民族传统文化的瑰宝，它博大精深，积蕴浓厚，凝聚炎黄子孙无穷智慧的结晶，在世界上独具魅力，不仅传承中华五千年历史，遍及华夏各地，涌现出众多的书法大家，流传下很多优秀作品，同时也影响了其他国家，如日本、韩国等。这门艺术仍在不断地发展，有着持久的生命力。

本人对书法十分喜爱，非常欣赏历史上的书法写得好的人，旅游每到一处都要看一些书法作品，如碑刻、对联及诗词，并摘抄或拍照。自己也想把字写好，怎奈当年家境贫寒，只上了6年小学就辍学了，有些字总也写不好，因为无师指导，不得窍门。以前当兵时，在军队中事务繁杂，无暇练习。转业到司法机关，工作更忙，亦无空练字。原想等退休之后，可报名老年大学，练习书法。可公安机关聘我去协助他们的工作，学习书法的愿望又不能实现了。正巧，社区举办了书法培训班，每周三晚上上课，于是我就报了名。Z老师在百忙之中定时前来授课。他不顾酷暑炎热，放弃休息，不怕辛劳，不计报酬，热情地为我们讲解书法技艺及各种书体，课堂示范，耐心指导，并写好书帖让大家临摹，布置作业练习。对于学员的作业，认真指出哪一笔写得不妥，间架结构、笔画应如何书写，提出中肯的意见。通过学习，大家都有不同程度的进步。

通过书法班的培训，我有较大的收获：

1.进一步认识到中华传统文化的宝贵。传扬书法艺术具有重大意义，随着时代前进，科技的发展，尤其是电脑广泛应用，手工书写渐为电脑所取代，书法

---

① 作者为杭州市滨江区西兴街道书法班成员唐升云。

艺术受到冲击,有的人虽然学历很高,但字却写不好。因此,传统的书法技艺,要大力弘扬。书写的字幅有存留数百年甚至上千年的,但电脑中的资料不一定能保存到数十年或者数百年。有必要从学生开始紧抓书法,使之打好基础,将中华文化发扬光大。

2.结识学友,拓宽视野,增长知识。学员当中有80岁高龄的长者,有来自各地的远方的朋友,我从他们身上也学到了一些长处,拓宽了知识面。

3.陶冶情操,益于健康。练字时需要凝神静气,不思得失,不思荣辱,必无烦恼,有益于意志锤炼,修身养性,宁静致远,有利于健康。

4.肯定自我,提升自己。以前一些字,怎么写也不好看,通过培训,掌握要领,字写得好多了。而且我还参加了社区国庆的书画展出,颇有成就感。

5.书法存哲理,指导人生路。书法每个字的阴阳上下、前后斜正、笔画布置,亦存哲学理念。人生如书法,要"工工整整写字,堂堂正正做人",在漫长的人生道路上也要写字一笔一画不能马虎,才能使之圆满绚丽。

最后,要感谢新州社区,重视文化氛围,举办书法培训班,并提供场所,使我们有机会学习。同时感谢朱玉中老师辛勤授课,认真指导,数月培训,收获颇丰。

【自我评估】

对照本话题内容,您做到了什么程度?

1.我认为学共体的学习具有功利性吗?

2.我在学共体学习中是否得到了生命状态的满足和提升?

【延伸阅读】

许海峰.真正的学习是快乐的[M].圣才教育.

话题 4　在一起即学习

【案例先导】

说到社区学习共同体中的学习,杭州市朗琴合唱队的队长 Z 感触颇深:

常言道:"夕阳无限好,只是近黄昏。"说的是人到老年,一切美事美景都是浮云,离你渐行渐远!然而对于我这个年逾花甲的人来说,却非如此。

2009 年夏,为了儿孙,我依依不舍地离开了工作大半辈子的老家安徽泾县,来到了西子湖畔的美丽城市——杭州,当起了全职奶奶。刚开始,忙于家务,照顾宝宝,也无太多空闲。2011 年春,宝宝入托以后,白天家中空空如也,除了看电视就是和老家的老朋友、老同学煲电话粥,备感寂寞和无聊。闲来无事,来到小区公园的亭子里,见到两位拉琴的大伯正愁着无人跟着唱上两句,自然而然,原本就喜欢唱歌的我成了他们的"搭档"。每天早上送孩子入托,买过菜,就来到亭子里"配合"一下。随着琴声歌声,引来了六七个小区的大伯大妈,他们有的在聆听,有的也跟着哼唱几句。就这样时间转眼过去半年,聚在一起的人越来越多,小亭子再也满足不了大家的需求,社区分管文体的工作人员向领导反映了情况,立马为我们安排了场所,添置了音响设备。以后我们便有了一个属于自己的活动空间。也就是在那时,朗琴社区合唱队正式成立了,在大家一致推举下,我成了合唱队的领头人,直到现在。

2012 年春,白杨街道为了丰富老年人的文化生活,举办了各种类型的培训班,其中就有声乐班,地点设在学正小学,并由该校声乐老师执教。合唱队全体人员均报名参加了培训,这也是我们队组建以来第一次接受正规的学习。培训班结束以后,我们合唱队仍然坚持继续学习,并吸引了沿江包括海天、多蓝水岸、云水、伊萨卡等六七个社区的居民加入了我们的团队。没有专业老师,我们就能者为师,由队员 S 为大家教授简单的乐理知识,由 Y 大伯和我为大家教授歌曲,并将每周一、周四上午 9 点至 11 点定为团队的基本活动日。在这期间,大家学会了音名、唱名、拍子、拍号……大家为了共同的爱好、共同的志趣,一直坚持下来。记得那是在 2012 年 8 月 14 日,开发区组织"送文化进社区"文艺演出,来到我们朗琴社区,在围垦广场我们合唱队首次登台亮相,一曲《革命人永远是年轻》得到了沿江各社区居民朋友的一致好评。从那时至今,合唱队陆续参加的每年一度的草根艺术节和邻里节文艺会演有 20 余场次。2015 年 10 月，合唱队作为开发区艺术团声乐队的主力军参加艺术团汇报演出，一曲《祝福祖国》博得了全场观众的热烈掌声，并得到了评委的一致认可，荣获了本场演出唯一的一等奖。同年 12 月，以朗琴合唱队为主的白杨街道合唱团参加了白杨街道第四届文化节闭幕式，一曲《在灿烂的阳光下》给观众留下了深刻印象。大家都赞叹道："唱得真不错，具有专业水准的合唱！"

　　人们只知朝阳蓬勃，岂不知夕阳辉映！回想起团队建立以来走过的每一步，不由让我心潮起伏，思绪万千！

　　近六年，我充分感受到了从没有过的愉悦、开心、满足。想到离开工作岗位之初来到陌生的地方，没有了亲朋好友，没有了倾诉的对象，更没有了适合自己做的事情，从内心来说，失落、孤独、寂寞时时困扰着我，让我这个多年来被同事、朋友称为女强人的人感到了无所适从！自打有了这个自己喜欢的团队，有了一拨和自己志趣相投的姐妹，有了自己热衷于奉献的集体，我觉得虽然离开了故土，远离了亲友，告别了施展才华的岗位，我却找到了另一片天地！在这里，大家有着共同的爱好，共同的愿望，共同的追求！在这里，大家找到了自我，找到了自信，找到了幸福！原以为退休后步入老年行列，从此只能围着儿孙干干家务，当好全职保姆就是自己的全部生活了。但这一切都消失在我走进团队的那一刻！我深深地体会到，是团队给了我生活的激情，是团队给了我青春的活力，是团队给了我追求梦想的动力！同时我也深切地感受到是团队里队员之间的亲情、友情给了我团结友爱、助人为乐的情感动力，是团队的每位队员好学上进的精神给了我积极向上的动力，是团队里每位队员心往一处想、劲往一处使给了我集体荣誉感！

　　当然，几年来，作为团队的领头人，自己也确实有所付出，毕竟已年逾六十，且家中还有儿孙要照应。平时为了教授队员学习歌曲，下载伴奏带，演出前的排练及准备工作等等都要亲力亲为。有时身体不适，孩子们也劝我不要太劳心了。记得 2015 年 3 月底的一天，天气乍暖还寒，早上起床腿疼得直不起来，但一想到活动室门口还有几十个队员在等着我去上课，咬咬牙，还是硬撑着出了门。后来在姐妹们的催促下去看了医生，才知道是左膝盖半月板破损导致的。虽然腿伤尚未痊愈，但团队每周一、周四的活动时间，我还是一直坚持下来的。当我看到队员们的学习热情，看到大家的团结奋进，看到广大居民朋友的认可，我觉得自己的一点付出就不值得一提了。

　　然而，也正是因为这次身体的变故，更使我感受到了团队的挚爱亲情。因为膝关节痛不能行走,原本家中买菜烧饭接送孙儿等一切事务都无法完成,在我焦虑不安、一筹莫展的时候,来自江苏的赵大姐、来自东北的齐大姐走进我家,一个帮着买菜做饭,一个帮着打扫卫生,比我自己做得还仔细周到;来自河南的黄姐怕我一人在家弄吃的不方便,每周都给我送来一包经过她亲手调制的特色焖面;东北的李姐隔三岔五送来热腾腾的北方水饺……更值得一提的是,接送孙儿是一个麻烦的事,因为当时一时无法找到合适的保姆,来自浙江新登的张姐主动提出帮我接送孩子,把我的孙儿当作她自己的孙子一样,照应得妥妥当当。半年下来,孙儿见到张奶奶比见到我这个亲奶奶还要亲!这一点点、一滴滴、一幕幕使我终生难忘!还有今年4月份我们团队组织去钱江新城活动,当时我膝盖伤痛再次复发,团队里来自内蒙古的王姐、来自安徽黄山的舒姐把家中的轮椅和拐杖送到我家,游园活动当天,40多位兄弟姐妹轮番推着我,无论到哪个景点,都没有把我落下,整场活动,我一直坐在轮椅上参与,我的心始终和大家一起放飞!让我感动涕零!同时我从中体会到,共同学习使我们来自四面八方互不相识的人走到了一起;共同学习使我们寻找到了快乐;共同学习使我们提升了艺术造诣;共同学习使我们老年朋友焕发出青春活力!更使我没有想到的是离开了工作岗位,离开了原来的学习环境,在暮年时期的我竟然还走在继续学习的道路上,且一发不可收拾!个中的喜悦、个中的开心、个中的慰藉令我心旷神怡!我想,这既是我个人的体会,同时也是我们学习共同体中每一位队员的共同感受!在我们团队中,大家感受到爱的阳光、春的温暖、花的芳香!永远沉浸在幸福、快乐之中!正可谓"夕阳是晚开的花,夕阳是陈年的酒"。①

　　根据学习的本原属性,能促进人身体健康、生活幸福等一切能使人生命状态发生积极改变的活动都是学习。老年人的发展需求得以满足,是老年人生命状态积极改变的原因和必然要求,老年人自身的特点和独特的学习需求决定了老年人更需要面对面的情感建立而非单纯的知识技能的掌握。因而,老年人聚集到一个共同体中交往切磋,潜移默化中促成老年人的积极的人生态度和生活状态,这本身就达到了学习的目的,就是一场快乐有效的学习。

　　老年学习的资源不足,是老龄化社会到来后制约老年教育发展的最大困境。许多人深知不可能像办中小学或大学一样兴办老年学校或老年大学,于是

---

　　① 在杭州市经济技术开发区承办的2016年全国城乡社区学习共同体发展专题研讨会上的交流发言。

把扩大和丰富数字化学习资源作为解决老年学习资源短缺的根本办法，深信只要基于数字化的学习资源丰富了，老年教育的问题就解决了。

数字化学习无疑有其长处，不出家门就能学习到海量的知识。然而，数字化学习的弊端也是显而易见的，不仅是老年人"数字鸿沟"难以跨越，更重要的是数字化学习与真正的人的生命成长的学习并不是一回事。作为一种学习的手段与方式，我们需要进一步发展数字化学习，推进数字化学习的普及。然而，只强调数字化学习，而忽视了面对面的基于共同爱好、需要的团队学习，是不科学的，也是不人道的。

为什么社区学习共同体的学习，显现出如此强劲的发展势头？是因为这种学习，是契合人性和符合老年人（成人）学习规律的。离开职场的人们，常常有不适应感、无聊感、无用感、无意义感和无归属感，当他们离开家进入社区学习共同体时，许多问题就迎刃而解了。因为，老年人在一起，就是一种学习，一种温暖的学习。其实，在一起并不是一件简单的事，因为，如果不是一种真正的学习，人们是不愿意走到一起的。

【专栏】

"白头相对，心心相印"[①]

西溪·兰里书画社是我们三墩镇的一个民间书画组织，这几年，在三墩文化站领导的关心下，在西溪社区学院三墩分院的大力支持和协助下，队伍不断壮大，活动红红火火。我忝为其中一名社员，深感在这个业余艺术爱好者的大家庭里，心情愉快，收获多多。

我们书画社经常举行书画等方面的讲座，主讲人主要是社员中在书、画或其他艺术门类上有较高造诣者，有时也专门邀请省市的有关专家、书画家来作专题讲座。通过这些讲座，我感觉开阔了艺术视野，增加了知识，提高了艺术修养。平时，我们社员也经常在一起挥毫泼墨，互相交流作品，大家开诚布公，相互切磋，互帮互学。这也给了我很多的帮助，使我看到了自己作品的不足、他人作品值得学习的地方，对我书画技艺的提升大有裨益。老有所学，令人兴奋。

愉悦身心，健健康康地度过晚年，不至于成为社会和他人的负担，这也是我们老年朋友所追求的生活目标。书画社犹如一个大家庭，社员们志同道合，意

---

① 作者为杭州市西溪·兰里书画社成员王铮。

趣相投,学习书画艺术,陶冶性情,其乐融融。书画社还不时组织春游、秋游等活动,如到青芝坞赏春,去超山探梅。我们一起感受祖国山河的如画美景,一起接受大自然的灵感熏陶,心旷神怡。中午,社员们聚在一起,推杯换盏,笑声阵阵,似乎都回到了青年时代。老有所乐,在兰里书画社,我们乐在其中,更何况通过学习交流,提高了水平,还交了不少新朋友。尽管白头相对,却是心心相印。

【自我评估】

对照本话题内容,您做到了什么程度?

1.我认为线上学习能代替学共体的学习吗?

2.我在学共体学习中是否满足了人际交往的需求?

【延伸阅读】

陈年年.孩子,妈妈陪你一起学[M].北京:新世界出版社,2013.

话题 5 发起组建社区学习共同体

【案例先导】

杭州市余杭区运河街道旱船队队长这样谈起组建学共体的经历：

"我是一名外来务工女青年，到社区打工已7年有余。本人18岁随亲戚离开家乡湖南龙山来到运河街道五杭社区谋生。由于年纪轻，没有任何工作经验，只能从学徒工开始做起，出门在外，虽然有亲戚照顾，但毕竟不是在老家，偶尔会感到寂寞和无聊。社区想在外来务工青年中组建旱船队，社区沈书记从外来务工支部杨书记那里了解到我有舞蹈特长和经验，希望我能加入。沈书记语重心长地劝说我，晓之以理，动之以情，从内心上把我说服了。旱船队由8名外来女青年组成，沈书记说，我们旱船队不光是平时日常训练，在节假日还要开展文艺表演，把好的才艺展示给居住在五杭集镇范围的广大外来务工人员看，丰富辖区群众精神文化生活，不但如此，还要争取机会参加区、街道等各级会演和比赛，把各族精神风貌在更大的范围做宣传。旱船队成立后，我与像我一样从外地来打工的女青年、联系、接触更紧密了；通过日常训练、开展表演、参加汇演，我提升了自身素质和文艺才能；此外，我还积极参加社区组织的妇女类文化娱乐活动，与辖区妇女一起参与社区妇女事业，由于表现出色，我先后被选为团支部副书记、新居民妇代会主任等。"

组建社区学习共同体，于己有益，于人有益，利己助人。

为什么许多核心成员有志于组建社区学习共同体？那是因为他们更加怀旧，觉得共同体的生活才是人们所向往的。今天的城市越来越大，社会生活丰富多彩，但共同体生活却成为奢求。摩天大厦营造了一个个井底般的世界，公寓大楼虽让你我的物理空间越来越近，但人们的心灵距离却越来越远。生活在同一幢大楼里的城市人，却成了"最熟悉的陌生人"。随意进出并随意交流的小茶馆、小餐馆、杂货店，被大型超市、连锁店和豪华酒店所代替，人们再没有怀旧的、发牢骚的自由空间，越是高档的居民区，人们就越发没有邻居。生活在这样的小区的人们，总觉得缺少一种人情味。许多核心成员意识到，组建社区学习共同体，也许是一条找回失落的共同体生活的路子。

启动新的社区学习共同体有多种方式：

1.无中生有式。核心成员发现自己周边人群里有一些人有学习潜质，与自己的兴趣爱好或者生活中所遇到的问题相似，于是，通过个别联系或发布告示，与志同道合者一拍即合，一呼百应，一个新的社区学习共同体就成立了。例如杭州清凉峰太极拳俱乐部、不老松读书会等都是如此。还有一类情况是常见的。就是在老干部大学、社区学院或社区学校参加培训班的同学，在培训班结束后，觉得学习内容很好，还没有学透，于是在一个培训班的同学中成立起不同的社区学习共同体。

2.分蘖式。作为一个成熟的社区学习共同体中的一员，觉得参加现在的社区学习共同体很好，但是离家太远，不方便，或学习内容最好有新的变化，但所在的社区学习共同体一时半会还不会改变学习的主导方向，于是，这位（可能是几位）重新发起一个新的社区学习共同体，其学习内容和运作方式与之前的社区学习共同体没有大的区别，但成员是新的。例如，宽居读书会里的汤先生，本属于这个以心理学方面的内容为主的读书会的积极分子和受益者，后来，自己又发起了另一个以艺术、生活类内容为主的读书会。

3.变形式。原本就是一个社交网络，偶尔有一些聚会或开展一些活动，但不规律，无主题，后来因有人提议成立一个社区学习共同体，其中的部分人员就变成了社区学习共同体的核心成员。就这样，一个社交群体完成了向社区学习共同体的转变。

【专栏】

组建学习共同体心得

建立学习共同体是满足学习者的自尊和归属需要的重要途径，在学习共同体中，有共同的活动、共同的规则、一致的价值取向和爱好、共同体成员形成的共同信念、共同的行为方式或习惯。学习共同体是通过学习创造自我，通过互相学习，互相帮助，促进共同体成长。

学习共同体是互相包容又共生发展的关系，学习是每一个组织成长发展的重要动力基础，学习共同体扩大了团体学习的机会，提升了团队精神。

学习共同体对每一个团队成员来说是一个大熔炉、大舞台、大学校。说它是大熔炉，是因为在共同体中，通过合作共事，互相学习，每一个成员都具有了组织性格。说它是大舞台，是因为在共同体中尽管每个人的兴趣爱好、能力水平、气质类型各不相同,但都能和而不同,和合共生,有利于个人能力和才华的展示。说它是大学校,是因为在共同体中学习无所不在,只要你善于学习,你随时随地都可以有收获。总之,学习共同体是全体成员全身心投入并不断学习、持续前进的组织,是让全体成员体会到工作和学习中生命意义的组织,是个人成长的摇篮和人生驿站。

在学习共同体中,学习者之间的互相活动对其认知能力具有促进作用,在互相争辩中澄清认识,在互相评价中扩大视野,在互相合作中优化方法,在互相竞争中提高能力。

【自我评估】

对照下列问题,您做到了什么程度?

1.我所在的学共体建立的动机是什么?

2.我认为组建学共体后是否真正有所收获?

【延伸阅读】

梁莹.基层政治信任与社区自治组织的成长——遥远的草根民主[M].北京:中国社会科学出版社,2010.

话题6 社区学习共同体与社区治理

【案例先导】

杭州市余杭区运河街道五杭社区土家族舞狮队成员 M 有这样的一段体验:

"我是一名外来务工支部下的外来党员,目前是五杭社区土家族舞狮队的一员。刚来社区打工那会儿,毕竟是背井离乡、身处外地,平时除了工作,也就和老乡之间打打牌,一起玩耍,也没有什么其他的业余活动,生活比较枯燥,与本地人也没机会相识,认识的人不多,经常往来的本地人就更少了,遇到节假日难免有点落寞,思乡心切。后来,社区成立了外来务工人员党支部,其他外来自我管理组织也相继组建,直到成立了外来务工舞狮队后,我慢慢发现了身上的闪光点,原来在外乡,一个外地人也可以成为社区文艺团队的一员,可以参加社区组织开展的各项文化娱乐活动,心情非常激动,也很感动。加入舞狮队后,通过日常训练和节假日表演活动,我与社区结了缘,认识的不管是本地人还是外乡人越来越多,彼此交往更加频繁和密切,同时给自己的工作也带来了更多的机会。尝到了甜头后,我趁热打铁,只要有业余时间,都会主动找社区要事做,特别是涉及外来人员管理方面的工作,我比本地人更加具有优势,更能得到外来人员的认同。就这样,除了参加区、街道、社区各级舞狮队表演,作为一名党员,我还积极参加社区党员培训及一些志愿服务活动,自己的素质、能力慢慢地在提升。由于社区领导推荐、上级重视、党员认可,我还被选为社区党总支兼职委员,专门协助外来务工支部书记处理党务工作,一个施展才华、奉献社区的序幕在心里开启了。"

从"社会管理"到"社会治理",无疑是一种进步。但无论是管理还是治理,都是自上而下的行政思维。作为社会治理体系的微观基础,社区治理也成为一个热点,成为许多人关注的话题,其实,"社区治理"是一个悖论。

实现社区治理,应该要具备四个基本特征:一是治理主体的多元;二是治理过程的民主,各主体在平等自愿的基础上,通过协商来实现对社区事务的共同管理;三是治理过程的互动,即各个主体的持续互动,而非单一的政府自上而下的行政权力的运行;四是各个主体的主动参与。从中国社区现实情况看,四大特征都不具备,社区治理还有很长的路要走。

社区治理的本质是社区居民的自治,其前提,是有真正的社区存在。但中国的城市里,有的是居民小区,而不是社会学意义上的社区。社会学意义上的社区,是由熟悉的人组成的共同体。在我们看来,要实现社区治理,必须首先建设真正意义上的社区(共同体)。

社区,本该作为"共同体"成为每个人的心灵港湾和精神家园,但绝大多数城市里的社区,实际上只是居民的居住区,因为居民之间彼此少有联系,常常是孤立的个体,没有社区归属感。这样的"社区",仅仅是地理意义上的"小区"。在这样的小区里,人际原子化和冷漠化,已经成为制约人们追求美好生活的严重的"城市病"。摩天大厦营造了一个个井底般的世界,公寓楼群让居民的物理空间近了,但心灵距离却远了。门上的一只猫眼,保护了隐私,也深深地隔断了邻里情。生活在同一幢大楼里的城市人,却成了"熟悉的陌生人"。今天的城市,人际关系的困境成为许多人的心病。楼房越高,陌生人越多;宠物越多,人越孤独;客厅大了,真心朋友少了;手机多了,深度沟通更难了。我们可以不出家门,就能购买到几乎所有物品,然而,我们无法购买"关心",无法购买情感上的"交流",更无法购买价值上的"认同感"。社区建设的一个非常重要的任务,就是要建设"共同体",重拾共同体生活,让社区居民有认同感和归属感。

社区学习共同体让城市人通过共同学习联结起来,它是重拾共同体生活的现实载体。

与此同时,社区学习共同体关注的核心是人,关怀人们内心情感的愉悦和生命成长的质量,而不仅仅是为了提高学习者的知识与技能。当学习共同体中的成员通过共同学习和互相帮助,生命状态变得积极,生活充满阳光,内心平和友善,心情灿烂昂扬,良好品质得到调动显现,个性潜能得到充分开发,这样的人生还会缺乏创新力和创造力吗? 由这样的居民组成的社区会不"治"而"理"。

【专栏】

科学养蚕,幸福心情①

扶西村蚕桑生产已有悠久的历史,早在新中国成立初期农民就有种桑养蚕

---

① 作者为杭州市临安区扶西村蚕桑合作社成员。

的习惯,但规模不大,改革开放后蚕桑产业在我村已发展成主要的经济来源之一,种桑面积已达千亩,全村有 80% 以上的村民都养蚕,蚕茧收入 240 多万元。

2005 年,在诸亚刚的提议下成立了村蚕桑合作社,一些养蚕大户纷纷参加了合作社,在合作社的引领下组织广大蚕农改良了优质桑种,使桑叶产量翻了一番,合作社积极组织蚕农经常开展技术培训,使蚕农学会了不少养蚕技术,也提高了经济收入。

参加合作社之后,近几年来我本人也是村里的养蚕大户之一,在这过程当中,我们学习养蚕收获很大,如:2011 年,在晚、冬两季的养蚕过程中,我家养的蚕出现发病症状,用了好多相关的药都不行,后来我向合作社里有经验的师傅请教,很快找出了毛病,挽回了损失,这也是我参加合作社以来的一大收获。今年养的蚕产量都很高。前几年蚕养不好总是喜欢烧香求佛,使养蚕产量大减,养蚕技术落后。后来蚕桑合作社经常来给蚕农讲课、培训,指导蚕农们经常在一起交流,请村里养蚕技术好的给蚕农指点,使得蚕农们走上了科学养蚕的道路,比如由原来的草龙茧更新成方格子茧,大大提高了蚕茧的质量。

经济富裕了,村民生活水平提高了,在 2011 年村委会积极投入了精品村的创建,办公大楼落成、道路拓宽,建成了广场、文化礼堂、图书室、蚕桑文化展示馆、体育活动场所、老年活动室,等等,总之各种文体活动场所齐全,有了这些活动设施,我们蚕农在茶余饭后参加各项活动,有步行、打羽毛球、打乒乓球、跳长绳、拔河等,中老年妇女三五成群参加活动。我喜欢跳舞,就参加跳广场舞,我们还自发组织了村舞蹈队、腰鼓队,自编自演草龙文化艺术。图书室看书借书的人也越来越多,极大地丰富了村民的文化生活,提高了村民的文明素质和文化修养。我自己也经常一起学习、提高文化知识,还被选上了文化宣传员。

【自我评估】

对照下列问题,您做到了什么程度?

1. 我所在的学共体是否参与了社区治理?

2. 我所在的学共体参与社区治理的方式有哪些?

【延伸阅读】

张永理.社区治理[M].北京:北京大学出版社,2014.

话题 7 社区学习共同体与文化传承

【案例先导】

上海市静安区某茶艺室的 H 老师说过这样一段话：

"茶是我们中华民族的传统文化，你没有深入这个领域可能不知道，像我们学茶已经有几年的时间了，无论外面怎么说我们始终都在坚持，是因为在这个学习的过程中，你确确实实能感受到自己的改变，根本不用别人说，你只要用心投入了都会喜欢上这个东西，学了之后整个人的那种气质，举手投足都不一样了，这是外在的，内在的学茶的人他的心理会发生非常奇妙的改变，真的，你不要不相信，我们很多成员都是这样的，很多你原来纠结的事情，在泡茶品茶的过程当中，你让自己静下来以后，很多事情就想通了，也不那么纠结痛苦了，连身边的人都喜欢和你相处了……我就是劳碌命，什么事情都比别人想得多一点，我想我们这么好的传统文化，真的是非常好的，我自己觉得是从中受益的，可是现在年轻人没有几个人学的，说实在的他们生活压力确实蛮大的，另外他们没有这个氛围，没有接触过，没有感受到我们茶的魅力，所以我就在想，不能让我们老祖宗的好东西就这么没了，我想把我们的年轻人拉进来，他们毕竟有很多新鲜的想法，接触到的东西也很广，能够让我们的传统文化在现在这个社会里面散发出更鲜活的生命力，让更多的人受益。那么有这样的想法之后，我就说要针对现在的年轻人给他们进行茶文化普及。去年我们在徐汇区搞了一个针对白领的茶艺展示，结合现在年轻人的特点，就给他们讲我们茶艺对身体也很好的，你现在颈椎病什么的毛病一大堆，你学了茶之后就能有所改善。我不是瞎说的哦，这是我们队员的真实体验，真的有效果的。展示完了之后，我们还送了他们一些小礼品，是很精致的一个小茶壶和一小包茶叶，让他们自己回去体验一下。这些小礼品比送什么毛巾啊笔啊要有用多了，而且也不贵，都是我通过自己的关系从茶商那里买来的，因为跟他们打交道熟了嘛，价格也很优惠的，外面根本买不到的，让他们自己拿回家感受一下。这样几次活动之后呢，真的有年轻白领找到我们，说想来我们这里学茶，那我们当然很欢迎的，他们也很能坚持的，每周都跟着我们一起泡茶、品茶，真的很让人感动。那我也就跟他们说，你学了感觉真有效果，你真的喜欢，你也把你的感受和你周围的朋友分享分享,让他们也知道我们中国的传统文化的好处,让更多的人接触到我们的茶文化。"

文化的传承与学科知识的学习不同,它需要的是文化传承者"做出来""活出来",需要对文化项目有强烈的兴趣和较好的能力基础。社区学习共同体正是基于共同兴趣和需求的学习,是由本质意志引导的非社会性功利的学习,社区学习共同体是文化传承的重要载体和方法。

但文化传承只是社区学习共同体发展过程中自然而然形成的副产品,也是社区学习共同体的社会性价值的体现。这种体现与学共体中人的发展的目标是统一的,不矛盾的。然而,如果把文化传承当成组建社区学习共同体的唯一目的,把成员的生命成长和守望相助关系的形成丢在一边,这样的学共体就不会走远,从"自娱自乐"到"高大上",从享受学习过程到追求奖牌、荣誉等结果,社区学习共同体已经开始变质了。

传承文化类的社区学习共同体的发展需要关注的几个问题如下。

一、吸引群众参与,创设氛围

群众既是优秀文化的创造者,更是文化传承的主要力量。只有根植于人们日常工作生活之中的文化,才是有生命力的文化,也才可能被世代所传承下去。京剧作为中国的"国剧",已历经两百多年的发展历史。其因行当全面、表演成熟、气势宏美而广泛流行于大江南北。然而,随着现代社会人们生活节奏的不断加快与工作压力的逐渐加大,人们对京剧的了解与参与越来越少了。因此,京剧如何在民间更好地传承下来,成为许多对京剧有着深厚感情的人所共同关注的问题。杭州市金沙港京剧实验社吴大妈说:"现在戏曲不景气,京剧最缺的不仅是人才,更是一种氛围。京剧的观众需要培养,这是京剧的气候、土壤,有了这些,京剧才能繁荣。"为此,京剧社无论在成立的早期还是整个发展的历程中,都特别注意打好群众基础,通过各种宣传信息渠道让附近的老百姓们都领略到京剧社的风采,用丰富的学习内容、多样的学习方式、深厚的文化魅力来吸引、聚集更多的人关注、了解、参与学习共同体的一系列活动。

二、核心成员作用的充分发挥

在学习共同体形成与发展的整个过程以及开展与实施一系列的学习活动中,都需要一个或几个人来发挥其核心引领作用。在跟踪访谈调查中,我们了解到金沙港京剧社就有这样一位关键人物,对推动整个剧社发展起到了重要作用。他姓张,是一位 92 岁高龄的老伯,熟悉的人都知道他是一名企业家,退休后他将传承京剧艺术作为个人的生活追求,剧社的每位成员都非常敬佩其为人与处事的能力与品格。张老伯的作用主要有以下三方面:其一,引领发展方向,引导团队成员通过共同商定的民主方式进行决策。其二,凝聚发展人气,正如剧社几位老票友所说的:"张老是浙江省京昆联谊会的名誉会长,我们就是在他的带领下由几个人逐渐发展壮大到二三十个人的队伍规模的。"其三,协调组织关系。学习共同体与一般学习型组织不同,其组织方式既不是极权式的,也不是放任式的,而是民主式的。因此,当团队面临重大任务分解或人际纠纷时,核心成员往往会发挥重要的组织协调作用。

核心成员的出现并非是外界"任命"的,而是自然产生的。核心成员有共同的特质,如温和、谦逊,能促使其与团队其他成员进行友好而深入的沟通与联系;如无私奉献,这是学共体成员间实现知识共享的重要保证。

三、在继承中创新

京剧作为一种具有鲜明中国特色的文化形态,要真正将其传承下去,就必须处理好继承与创新的关系。在金沙港京剧社成立伊始,所有成员就已经意识到了这一问题。继承传统,必须是高水平传承,才能充分体现国之瑰宝的精粹;同时,又必须不断创新内容与形式,使其更加贴近社区广大居民的生产生活实际。在剧目上,京剧社通过近年来的探索已经达成了追求"两化""两多"的共识,即传统剧目精品化、经典化,新剧目多层次、多样式。

京剧社的价值和作用是多方面的,既要承担传承京剧文化的任务,又要承担京剧艺术发展和创新的任务。其生命力离不开京剧传播方式的创新、京剧作品内容选择的创新,更重要的是要为大众所喜闻乐见。

四、展示交流,老少同乐

独乐乐,不如众乐乐。展示与交流,是学共体发展的重要形式。"京剧是一种多好的娱乐活动啊,大家在一起切磋技艺,陶冶情操,这个必须要传承下去,让越来越多的年轻人喜欢上京剧。"这是张老伯常说的话。诚然,要让京剧这种中国优秀的传统文化发展下去,仅仅靠为数不多的老一辈是远远不够的,只有通过各类活动有意识地发现与培养越来越多的年轻人,甚至是孩子,让他们了解京剧、喜欢京剧,才可能使其流传下去。

京剧社在金沙港社区文教干部的支持与帮助下,将辖区内各中小学青少年的文化艺术月活动及暑假文化生活等与京剧的学习表演结合了起来。孩子们戴上长长的假胡须捋一捋,穿起色彩鲜艳的戏服甩甩水袖,气运丹田模仿老师的唱腔……正如来自浙江艺术职业学院的魏克玉老师所说的:"孩子们一招一式流畅到位,一念一唱神韵十足,一颦一笑有模有样。"京剧社正显露出老少同乐的发展态势。

【专栏】

我和太极拳一起成长[①]

曾经我在练习太极拳还是瑜伽的事情上纠结了很久,经过上网查询资料比较之后,我终于下定决心练习太极拳。太极拳为修气,它比瑜伽要优胜很多,我不是偏袒中国文化,太极拳多为顺,而瑜伽为逆,太极拳为从,而瑜伽为迫,在练的时候大家就可以发现,太极拳的姿势简单而且流畅,瑜伽则苦折身体,有很多动作根本不是一般人可以完成的。

我跟着张老师练太极拳已经三年了,每天早晨我都会锻炼1个小时,在清晨或者闲暇时间到小公园里打几下,已经成为我每天的必修课。虽然很累,但是每天都很快乐、很精神。

我在练习太极拳中也得到了一点心得体会:在修炼时,不要刻意让自己模仿学到的动作和顺序,可以根据自己的喜好走动,太极拳虽分八门其实无门,八门皆在心里。修炼中,身体姿势随心所动,切勿迫心而动,那样会适得其反。太极拳游动中上身由十指颤动经脉,下身由双腿颤动经脉,游动中,十指张合与臂膀摆动为太极拳主要的动作,随着双臂的摆动,就会感觉到十指经脉颤动,十指连心,天长日久,会发现体内器官明显舒畅,而且免疫力提升。

练太极拳可以排除杂念,其他体育运动包括瑜伽在内都是让人奋进的,尤其是瑜伽,多为向自然祈祷,虽然可吸收日月精华,但心不静,练习瑜伽者说自己心静,其实不静。太极拳就不同了,在修炼中只要不逆心而练,有杂念浮出便会被松弛的神经消退,所以太极者无心是有根据的。

练太极拳还可治失眠,每当晚上睡不着的时候,醒来又心烦,看什么都不舒服,这时候我就找一块清净的地方慢慢摆动心中的太极,不去苛求姿势的完美,

---

① 作者为杭州市某太极拳队队员葛夏萍。

随心所欲,不强迫自己用多大的力气,适可而止。打上一圈,就觉得浑身轻松。

其实夜晚和清晨是练太极的最佳时刻,多的我就不说了,在修炼中那种体会只有等自己真正练过后才会明白。

【自我评估】

对照下列问题,您做到了什么程度?

1.我认为学共体在促进文化传承中是否有作用?

2.我认为学共体促进文化传承方面有何优势?

【延伸阅读】

唐濛,龙长征.浙江城市社区文化建设研究[M].杭州:浙江大学出版社,2013.

话题 8　核心成员是领导或负责人吗

【案例先导】

在和学共体打交道的过程中我们发现,每个学共体对核心成员的叫法多有不同,有"队长""团长""会长""老师"等,各不相同。身为学共体的核心成员,或许我们早已习惯了这些称谓,但我们又是否真的思考过,在学共体这一特定组织中,这些称谓究竟承载了怎样的意义? 关于这一问题,有些核心成员认为:"这就是一种称呼,方便大家叫你";但其中也不乏这样的看法,认为"因为我是我们这个学共体的负责人,所以这样称呼我";至于是否还有一些核心成员认为这些称呼代表了一种"领导"地位,我们无从知晓。那么,核心成员是领导或负责人吗?

"队长""团长""会长""老师"这些归属于"领导"群体的称谓,和我们一般意义上认为的领导或负责人究竟有无区别,或者说,我们核心成员是领导或者负责人吗? 要探讨这个话题,首先要厘清两个概念,那就是究竟什么是"领导"和"负责人"。

首先探讨"领导"一词的含义。需要说明的是,这里我们讨论的"领导",意指"领导者"。

《现代管理学教程》一书中,对领导作了如下定义:领导指领导者,即在正式组织中那些能够影响他人并拥有管理权的人。[①]

美国著名领导学家约翰·科特认为,"领导"一词在日常生活中有着两种截然不同的含义。有时,领导指的是有助于引导和动员人们的行为和(或)思想的过程;另一些场合中,它指的是处于正式领导职位的一群人,希望他们起着这个词前一种含义中所指的作用。[②]

意大利政治学家马基雅维利是较早研究领导理论的人,他指出:"领袖是权力的行使者,是那些能够利用技巧和手段达到自己目标的人。"[③]

---

① 王毅武,康星华.现代管理学教程[M].北京:清华大学出版社,2008.
② 约翰·科特.变革的力量[M].方云军,张小强,译.北京:华夏出版社,1997.
③ 赵虹君.领导理论刍议[J].北京行政学院学报,2006(5):50.

进行网络搜索之后，我们还发现这样一种定义：领导者是指在正式组织中经合法途径被任用而担任一定管理职务、履行特定管理职能、掌握一定权力、肩负某种管理责任以更有效地实现组织目标的个人或集体。

综合以上四个概念我们发现，当前对"领导"一词的解释均置于管理学语境之下，其含义主要有几个方面特征：一是强调正式组织之语境。无论是"正式组织"还是"正式领导职位"的表述，均传达出这样一个信号，即领导必须是处于正式组织中的一种称谓。二是强调权力之把控。现有对于领导概念的释义，无不将领导者的权力置于重要地位，并认为权力是保证其管理效果的法宝，只有有了权力的赋予和辅佐，才能实现组织目标。三是强调目标之根本。管理学语境下的领导定义中，其最终落脚点均在"目标"二字上，由此可见，目标的实现是所有领导行为的终极要义，也是判定领导者是否合格的首要标准。

回归社区学习共同体，将核心成员称为"领导"，显然不妥。首先，学共体并非正式组织，它的草根性决定了其与正式组织的组织形态相去甚远，因此不符合领导一词的前提语境。其次，学共体中的学习是一种平等参与的学习、自由选择的学习，其以守望相助为交往之根本，"相互要求，互为补充，相辅相成"，因此不符合领导一词对于权力的强调。最后，学共体的共同学习之"根"为本质意志，共同学习之"果"为生命成长，成员学习的目的就是体验学习过程，而非达成某个学习的结果，就此看来，也不符合领导一词的追求目标之含义。

基于以上分析，我们可以得出结论：学共体中的核心成员并非"领导"，如将其称为领导，则歪曲了核心成员之本意。

之后我们再来探讨"负责人"一词的含义。关于这一词语，并无学术意义上的争论或释义，而只有特定语境下的称谓，如单位负责人、企业负责人、项目负责人。简单而言，负责人即为负担责任的人。

回归社区学习共同体之语境，学共体强调的是"同自觉""共做主""互为师""各评价"，在这里，每个人都需要为自己的学习负责，而不存在"唯一责任人"，因此将核心成员称为学共体"对外的负责人"显然欠妥。

对于以上两个概念进行厘清和梳理之后我们发现，学共体中的核心成员，不能置于管理学学科中加以理解，也不能冠之以约定俗成的称谓，而只能在学共体这一特定语境中进行理解。那么，究竟哪些人才能被称为学共体中的"核心成员"呢？我们认为，学共体中具备以下特征之一的人即为核心成员。

其一是具备某种特长。在共同学习过程中，具备某方面特长是成为学共体核心成员最普遍、最常见的方式。无论是擅长编织、舞蹈、时装走秀、朗诵还是写作,只要其具备了某方面的才能和特长,就可以成为核心成员。

其二是喜爱某项学习活动。在学共体中,对学习的喜爱是成员自发形成学共体的第一动力,也是维持共同学习的重要保障。学习者只有发自内心地喜爱学习,才能够带领成员追求进步、不断改善,也才能维持不竭的学习热情,因此,喜爱某项学习活动的学习者,也是学共体核心成员群体的重要组成部分。

其三是具有凝聚力。凝聚力首先能够组建一个群体,其次能够维持一个群体,再次还能够不断发掘这一群体的潜能,从而实现更高的学习追求。由此可见,无论是组建一个学共体还是带领学共体向着更好的方向发展,具备较强凝聚力的人无疑都是一个合格的核心成员。

其四是具有责任心。虽然核心成员不是负责人,但并不意味着不需要具备责任心。对于任何一个集体而言,责任心都是维持集体发展的重要品质,将集体发展的责任挂于心上,不仅能够带动集体成员对集体发展负责,也能够保证集体的长远发展,因此,具备责任心的学习者也能成为核心成员。

其五是具有资源优势。在实际调研过程中我们发现,具有良好资源优势也是核心成员常有的特征。对于学共体这一草根组织而言,他们往往缺乏支持力量,而仅仅依靠内部成员进行发展。在这种资源欠缺的情况下,如果某位成员拥有明显的资源优势,那么他在很大程度上也会成为核心成员。

当然,对于核心成员的界定,还需要经过实践的检验和完善,但我们可以肯定的是,只要愿意学习、喜欢学习、享受学共体学习,就有可能成为一名学共体的核心成员。

【专栏】

这就是我的工作

有一天,一个男孩问迪士尼的创办人沃尔特·迪士尼:"你画米老鼠吗?"

"不,不是我。"沃尔特说。

"那些笑话和点子是由你负责的吗?"

"没有,我不做这些。"沃尔特说。

最后,男孩追问:"迪士尼先生,你到底都做些什么呀?"

沃尔特说:"有时我把自己当作一只小蜜蜂,从片厂一角飞到另一角,搜集花粉,给每个人打打气。我猜,这就是我的工作。"

由此可见,核心成员并不是全能的,只要有某一方面才能就具备成为核心成员的潜质。

【自我评估】

对照下列问题,您做到了什么程度?

1.我是否认为核心成员就是领导?

2.我是否认为核心成员就是负责人?

3.我是否理解核心成员这一头衔的真正要义?

4.我希望自己是学共体中的领导或负责人吗?

【延伸阅读】

洪秀銮.攻心服务[M].西安:陕西人民出版社,2010.

话题 9　热爱学习等于热爱生命

【案例先导】

　　在上海市 L 街道中,有一个器乐团,其核心成员 H 老师,是这个学共体的现任团长,也是乐团的萨克斯手。H 老师退休前是事业单位的一名员工,从事和音乐毫无关系的工作。自从孩子上大学之后,他总算有了属于自己的空余时间,为了圆以前的萨克斯梦,他在日常工作生活之余,报名参加了萨克斯班。经过几年的学习和练习,在吹奏技巧越来越娴熟之后,H 老师已经不满足于单纯的"吹着玩"了。一次偶然的机会,他得知社区学校要组建一支器乐团,也因此踏上了自己的"老年追梦之路"。"刚开始加入我们乐团的时候,我还没有退休,因为我们里面大部分都是已经退休的人,所以大家有时候白天也要练习,那我就没办法参加。后来退休了之后,我就全部投入我们这个乐团里面去了,慢慢的时间长了,大家也看得起我,我们原来的团长走了之后我就做了团长。说到这个萨克斯,我是真的非常喜欢。年轻的时候可能也没这个条件,那个时候的条件也不像现在这么好,你根本接触不到这些。但是我一直是非常喜欢的,所以后来有条件了,也有时间了,就想着要圆自己的这个梦,就去报了一个萨克斯班,一直学了 5 年,每天下班之后就去学,大家一起切磋交流。萨克斯其实是一种比较容易上手的乐器,它不像小号,你初学者连发出声音都很难,最起码萨克斯你还能吹出声音来。但是你真正上手之后才发现,并没有自己想的这么简单,没有任何一样乐器学起来是容易的,你知道的越多,就越觉得自己学得还远远不够,而且也跟你人的悟性和天赋有关,我经常一练就是好几个小时,有时候一个音就反复在那里练,直到练到自己满意为止。我爱人说我都快着魔了,但其实她不知道我的乐趣。当你反复练习的一个音终于找到了你想要的感觉的时候,那种满足感真的是没有办法形容的,你觉得自己这几个小时总算没有白练。所以你自己沉浸在里面的时候根本感觉不到时间,经常是练完了才发现已经过了三四个小时。而且这个你每天都要练,一不练你就手生了。有的人可能觉得我今天偷个懒就不练了,反正一天不练也不影响的,你一旦有这种思想,人就很容易懈怠的,这种做法是不行的。像我们乐团现在也算是有点名气了,经常被人家请去演出的,你要是自己平常不练习,到外面丢的就是我们乐团的人了。"说到乐团在外面演出的经历,H 老师满脸的自豪和骄傲,他还告诉我,他们乐团现在请到了上海音乐家协会的一位知名指挥,已经能够和专业乐团同台演出了,而且观众评价很好。

一、找准兴趣点

苏格拉底在《理想国》里说过这样一段话:"一个自由人是不应该被迫地进行任何学习的。因为,身体上的被迫劳累对身体无害,但,被迫进行的学习却是不能在心灵上生根的。"①成人学习中自主学习占据了较大比例,兴趣是学习的原动力,也是持久动力。因此,热爱学习的一个重要前提就是,找准自己的兴趣点。案例中的 H 老师,他学习萨克斯的经历就很好地诠释了兴趣带来的动力:"但是我一直是非常喜欢的,所以后来有条件了,也有时间了,就想着要圆自己的这个梦,就去报了一个萨克斯班,一直学了 5 年","我经常一练就是好几个小时","我爱人说我都快着魔了","你自己沉浸在里面的时候根本感觉不到时间",这些最真实的写照告诉我们,只有找准了自己的兴趣,才能激发起学习的热情。如果对学习内容缺乏兴趣,就很难坚持下去,更不用说热爱了。总之,兴趣是爱上学习的第一要义。

二、获得成就感

找到兴趣之后如何维持这种学习热情,就需要成就感的刺激。案例中 H 老师的成就感来源于两个方面,一是"当你反复练习的一个音终于找到了你想要的感觉的时候,那种满足感真的是没有办法形容的,你觉得自己这几个小时总算没有白练",这种经过自己的练习和摸索而达到的日常成就感,是帮助他以饱满的热情投入学习的动力之一。此外,H 老师还有另外一种成就感,那就是乐队被认可的成就感。作为学共体的核心成员,当看到自己的学共体被认可时,那种成就感也是激发其学习热情的强劲动力。由此可见,成就感的获得在维持学习热情中的重要性。

成就感是学习的发动机,它能够带来无穷的学习动力、认真专注的学习状态以及战胜困难的勇气和信念。学习的成就感来自努力完成目标后的喜悦和自豪;来自完成艰苦卓绝的学习过程后的满足和欣慰;也来自周围环境中的肯定和赞扬。在核心成员学习的过程中,需要注意观察,找到并强化学习的成就

---

① 柏拉图.理想国[M].郭斌龢,张竹明,译.北京:商务印书馆,1986.

感,才能形成良性的循环,进而达成最终的学习目标。

三、养成学习习惯

有这样一个故事:1978 年,75 位诺贝尔奖获得者在巴黎聚会。有人问其中一位:"你在哪所大学、哪所实验室里学到了你认为最重要的东西呢?"出人意料,这位白发苍苍的学者回答说:"是在幼儿园。"提问者又问:"在幼儿园里学到了什么呢?"学者答:"把自己的东西分一半给小伙伴们;不是自己的东西不要拿;东西要放整齐,饭前要洗手,午饭后要休息;做了错事要表示歉意;学习要多思考,要仔细观察大自然。从根本上说,我学到的全部东西就是这些。"这位学者的回答,代表了与会科学家的普遍看法。把科学家们的普遍看法概括起来,就是他们认为终生所学到的最主要的东西,是幼儿园老师给他们培养的良好习惯。

我国教育家陈鹤琴先生说:"习惯养得好,终生受其益,习惯养不好,终生受其累。"无论是成人还是未成年学生,如果缺乏良好的学习习惯,很容易影响学习效果,进而导致学习热情的减退。正如案例中 H 老师所说:"每天都要练,一不练你就手生了。有的人可能觉得我今天偷个懒就不练了,反正一天不练也不影响的,你一旦有这种思想,人就很容易懈怠的,这种做法是不行的。"核心成员需要知道的是,习惯是经过重复或练习而形成的自动化了的行为动作,它不是一朝一夕就能形成的,而是必须有一个过程。良好学习习惯的养成,需要从细节着眼。因此要养成良好的学习习惯,就需要不断强化,需要持之以恒地渗透。

【专栏 1】

学习热情的力量

英国著名诗人和剧作家王尔德创作的时候一定要把文坛对手的照片摆在面前,才能写出好作品,对对手的敌视激起了他创作的热情,尽管这显然只是他创作热情的一部分。而越王勾践卧薪尝胆,则是把耻辱感作为热情的来源。

成家立业、亲情都可以作为热情的来源。我们要善于在学习和生活中去发现属于自己的热情,充分利用这些热情帮助我们达到理想的学习效果。

【专栏 2】

不会逃走的大象——习惯的力量

马戏团这样训练大象。在大象还是小象的时候,把它绑在一根很大的木桩上,好动的小象一开始想挣脱木桩,尝试了许多次,小象发现自己无法挣脱那根木桩。

这时候,给小象换一根比较小的木桩,仍然是它无法挣脱的木桩。

再过一阵子,又给小象换一根更小的,依然无法挣脱的木桩。

久而久之,在小象思维里,它就会自己下一个结论:凡是木桩形状的东西,都是我不能挣脱的。

当小象的思维养成之后,即使用一根很小的木桩系住它,小象也不会想逃走了。当它长成大象,力量足以挣开木桩的束缚,但自由的渴求已经失去了。这时候,即使形状像木桩的小木棒,也能使大象屈服。

这就是为什么马戏团的大象都是系在小木桩上,也不会挣脱逃走的原因。[①]

【自我评估】

对照下列问题,您做到了什么程度?

1.我对自己的学习内容是否有足够的兴趣?

2.我是否能够从学习中得到满足?

3.我是否拥有良好的学习习惯?

4.我是否觉得自己拥有饱满的学习热情?

【延伸阅读】

1.利奥·巴斯卡利亚.爱,生活,学习[M].伍牛,译.海口:南海出版公司,2009.

2.雷夫·艾斯奎斯.第56号教室的奇迹[M].卞娜娜,等译.北京:光明日报出版社,2018.

[①] 陈鲁民.拴象的木桩[J].政工学刊,2011(4):31.

话题 10　活到老学到老

【案例先导】

　　朗琴合唱队 Q 队长说,我不是本地人,是给我女儿带孩子才来到了杭州。我们合唱团的成员大多和我的情况相似,都是爷爷奶奶、外公外婆,替子女带孩子过来的。我们的社团是以玩为主、以乐为主。我们这个社团有 11 支队伍,不仅我们社区的人参加,附近 7 个社区的居民都喜欢来参加我们的活动,因为我们大家在一起特别开心,没有不愉快的事情。

　　Q 队长说我们是快乐之家。我们的社团奉行来去自由,今天你有事情了,不能来了,那就不来了。我们这里的成员,今天是爷爷奶奶来,过半年可能是外公外婆来,因为老人带孩子不是一直带,有很多是一段时间以后轮换一下,回老家去了,就不能来参加了。他们就会告诉其他的老人,我们这个队伍很有意思的、很开心的,其他人就会加入我们的队伍中来。我们的队伍有近 60 人的规模,常年稳定的有 30 人。有人问:"你们队伍里成员学习和小孩学习有什么不同?"Q 说:"小孩思想单纯,学得也快,说得重一点没关系。但是他们的理解能力没那么好。老年人有想法,要循序渐进,要求不能太高,因为他们的记忆力不是很好。要有耐心,多说几遍,要经常鼓励,否则容易没信心。"在学习方面,我们没有请专业的老师,因为我们老年人来学习主要是图个快乐,对技能的要求不高。我们都是能者为师,谁学会了就教其他人。

　　终身学习是指社会每个成员为适应社会发展和实现个体发展的需要、贯穿于人的一生的、持续的学习过程,即我们所常说的"活到老学到老"或"学无止境"。在特殊的社会、教育和生活背景下,终身学习理念得以产生,它具有终身性、全民性、广泛性等特点。终身教育和终身学习提出后,各国普遍重视并积极实践。终身学习启示我们树立终身教育思想,使学生学会学习,更重要的是培养学生养成主动的、不断探索的、自我更新的、学以致用的和优化知识的良好习惯。那么,如何培养终身学习的习惯呢?

一、把学习看作一件快乐的事情

　　子曰:"知之者不如好之者,好之者不如乐之者。"可见,兴趣对学习的影响之大。要让一个成人爱上学习,首先就要激发他的学习兴趣。有了兴趣,就更容易感受到学习的快乐。成人的学习与生活情境密不可分,杜威在《民主主义与教育》中说过:"教育是生活的需要,生活就是通过对环境的行动的自我更新的过程。"[①]因为教育,生活显得更有意义;因为生活,教育才显得更有价值。教育存在于生活中,便能发挥无限的功能与价值。杜威认为社会通过教育传递其经验,以获得群体生命的延续。因此,教育是社会生活延续的工具,教育具有传递经验与交流经验的功能。总体而言,杜威认为人类的教育活动与生活是融为一体的,人们一面生活,一面学习,有生活的存在就有教育的存在。有生活就有教育,有教育才有生活的意义,要让自己的生活充满乐趣,就要积极地爱上学习。

正如朗琴合唱队 Q 队长说:"我们的社团是以玩为主、以乐为主。""居民都喜欢来参加我们的活动,因为我们大家在一起特别开心,没有不愉快的事情。"可见将学习看作是一件快乐的事,才有持续参加学习活动的动力,这也是学习共同体得以周而复始、生生不息的秘诀。

二、能者为师,让更多的人有成功的体验

"老师"最初指年老资深的学者或传授学术的人,如《史记·孟子荀卿列传》:"齐襄王时,而荀卿最为老师。"后来,人们把教学生的人也称为"老师",如金代元好问《示侄孙伯安》:"伯安入小学,颖悟非凡儿,属句有夙性,说字惊老师。"从对老师的称呼来看,中国历来对师者含有尊敬之意,师和生的关系并不对等。而这种不对等的关系也让师生之间多了很多隔阂,师即高高在上的尊长,学生要接受老师的传道、授业、解惑。教师是知识的集大成者,而学生则成为被动的知识接受者。这种对教师角色的固有看法,在心理学中被称为刻板印象,它是指人们用刻印在自己头脑中的关于某人或事、某一类人或事的固定印象,作为判断和评价人或事的依据的心理现象。刻板印象虽然使人可以在一定范围内进行判断,不用探索信息,迅速洞悉概况,节省时间与精力,但是往往会形成认知偏见。

在这种不对等关系中,学生的自发性、自主性、自觉性都被迫抑制,学生在学习过程中完全被动,没有成功体验。而社区学习共同体的学习则打破了传统学习的桎梏。在我们的群体中没有绝对的老师,师生关系由层级变为扁平。在

---

① 约翰·杜威.民主主义与教育[M].王承绪,译.北京:人民教育出版社,2001.

社区学习共同体中师生关系变成了成员关系,成员之间的关系是平等的。在学习共同体中没有绝对的老师,每个成员都有可能成为老师,而成为老师不仅是对成员的一种鼓励,更能让他在学习过程中体验到成功的喜悦。

三、寻找适合成员的学习方法

要体验学习的快乐,就要有好的方法,让学习取得实效。成人的学习与儿童学习有很大的不同。首先,学习者本身是不同的。美国心理学家雷蒙德·卡特尔于 1963 年提出流体和晶体智力理论。他将智力分为两类:其一为流体智力(fluid intelligences),指一般的学习和行为能力,由速度、能量、快速适应新环境等测验度量,如逻辑推理测验、记忆广度测验、解决抽象问题和信息加工速度测验等,流体智力的主要作用是学习新知识和解决新问题,它主要受人的生物学因素影响。其二为晶体智力(crystallized intelligences),指已获得的知识和技能,由词汇、社会推理以及问题解决等测验度量,晶体智力测量的是知识经验,是人们学会的东西,它的主要作用是处理熟悉的、已加工过的问题。晶体智力一部分是由教育和经验决定的,一部分是早期流体智力发展的结果。[①] 其次,情绪对成人学习的影响更大。成人情感丰富,有面子观念。我们认为对成人学习者采用程序教学法是比较有效的。程序教学法要遵循几大原则。一是积极反应原则。一个程序教学过程,必须使学生始终处于一种积极学习的状态。也就是说,在教学中使学生产生一个反应,然后给予强化或奖励,以巩固这个反应,并促使学习者作进一步反应。二是小步子原则。程序教学所呈示的教材是被分解成一步一步的,前一步的学习为后一步的学习作铺垫,后一步学习在前一步学习后进行。由于两个步子之间的难度相差很小,所以学习者的学习很容易得到成功,并建立起自信,这一点我们认为对记忆力处于下降状态的老年学习者特别有效。三是即时反馈原则。程序教学特别强调即时反馈,即让学生立即知道自己的答案正确,这是树立信心、保持行为的有效措施。实践这一原则的主要目的就是让学习者建立起对学习的信心。成人学习者本身信心不足,对学习容易有畏难情绪,所以通过及时的反馈和鼓励能够较大地激发起他的信心。四是自定步调原则。成人学习者的学习过程在很大程度上是自主的学习过程,程序教学允许学习者按各人自己的情况来确定掌握材料的速度。

---

① 袁晓松. 流体智力与晶体智力意义新释[J]. 集宁师专学报,2000(1):80.

【专栏】

刻板印象

有人出了这样一个问题请众人回答。

一位公安局局长在路边同一位老人谈话,这时跑过来一位小孩,急促地对公安局局长说:"你爸爸和我爸爸吵起来了。"老人问:"这孩子是你什么人?"公安局局长说:"是我儿子。"

请问:这两个吵架的人和公安局局长是什么关系?

这一问题,在被调查的 100 人中,只有两人答对。调查者后来向一个三口之家问这个问题时,父母没答对,孩子却很快说出了关键:"局长是个女的。"

为什么那么多成年人答不对这个简单问题呢？这就是"刻板效应",也叫"定势效应",即依照自己固有的看法——公安局局长应该是男的去推想,所以找不到答案。而小孩子没这方面的经验束缚,所以一下子就能答对。[1]

【自我评估】

对照下列问题,您做到了什么程度?

1. 我有享受学习的过程吗?

2. 我觉得自己的学习快乐吗?

3. 我觉得成员通过学习有变得快乐吗?

4. 我们的团队里有多少成员做过老师?

【延伸阅读】

佐藤学. 学习的快乐:走向对话[M]. 钟启泉,译. 北京:教育科学出版社,2004.

---

[1] 袁晓松. 流体智力与晶体智力意义新释[J]. 集宁师专学报,2000(1):80.

话题 11　为自己而学

【案例先导】

　　社区学习共同体成员的学习不是为了别人,他们的学习主要是为自己。"为自己更好地生活、为自己找到一些乐子、为自己找到一些好朋友……"在一个冬日的早晨,冒着凛冽的寒风,我走进了春草连心手工织家坊的工作室。工作室空间不大,但布局井然有序,一件硕大的针织作品悬挂在陈列墙的中央,五颜六色,五彩缤纷。展示柜上摆着各种各样的针织作品,有帽子、杯垫,有玩偶,有包和挂饰,品种繁多,可谓琳琅满目。核心成员 S 是一位大学退休老师,原来做的就是服装设计,2010 年创办了工作室,按 S 老师的话说,她做的是"有设计的编织,走的是艺术路线"。与 S 聊天是一件快乐的事,她热情而好客,她告诉我:"我们的成员都是自己来的,大家通过媒体报道或者社区介绍或是通过阿里巴巴、微信平台找到我的。""在这里学习,我们是轻松快乐的。虽然我们这里的场地不大,但每次成员过来,我都会放好音乐,烧好茶水。每次都有人带不同的茶来泡。我准备了这些工夫茶的小杯子,大家一起喝茶,一起听说书,一起聊聊家常。我就努力营造一种氛围,觉得来我们这里不是单纯织个东西,我们是有艺术追求的。"S 老师很喜欢展示她的作品,她指着展示柜中央的硕大的五彩衣说:"你看我们这个作品,是 49 个成员一起编织成的。我让每个来我们共同体的成员第一个学的就是织一个绣片,49 个人的作品拼在一起,就成了这件五彩云衫,很漂亮吧! 我把它挂在中间,就是让大家都有信心、有积极性来完成一个作品。"

一、以快乐为学习的追求

　　汤尧先生曾经说过:"无论是教育者还是受教育者,都应该通过教育活动达到三个层次的递进:首先是做一个人;然后是做一个有意义的人;最后是做一个有意义而快乐的人!"在人的毕生发展中,早年我们为了实现自我的生存和发展而学习。学习什么内容、在哪里学、跟谁学……我们都无法选择,青少年的学习是被动接受的学习。中央电视台曾做了一期采访,问中学生:"你快乐吗?"很多学生回答:"我不快乐。"在社区学习共同体中,我们可以实现快乐的学习。追寻快乐是我们学习的主要动力,也是学习的最终目的。学习共同体核心成员要引导团队成员树立快乐学习理念。

关于快乐的研究,是积极心理学研究的主要内容之一。快乐这种积极情绪也是积极心理学的重点研究对象之一,很多研究者从不同的角度对其进行了研究。他们发现:在贫困的国家,人们的快乐程度与收入水平有较大相关;而在富裕的发达国家,个人的快乐程度与收入水平相关甚少,几乎可以忽略不计。快乐的人比不快乐的人更容易觉察到周围环境中的积极因素,拥有更加亲密的人际关系——更多更好的朋友和甜蜜美满的婚姻。D. M. Buss 提出了如何快乐的小方法:与他人建立良好关系并发展亲密友谊;选择一个与自己在价值观、兴趣、性格特征等方面都相似的配偶;为自己设定一定的目标,包括长期和短期的目标,目标的实现会给人带来很大的满足和快乐。由此可见,社区学习共同体中成员之间要努力建立并发展亲密的友谊,在某一方面或某些方面成员之间的价值观、兴趣等有较高程度的一致;给自己设定一些符合自身水平的小目标,并不断达成。这样成员的快乐感就会不断增强,满意度也会不断提高。

二、营造安全、可信赖的学习情境

社区学习共同体的学习不是一种强制性的学习,学习者完全自主自愿。因此,我们要思考怎样才能吸引学习者坚持不懈地参加学习。一般认为,学什么是一个重要的因素,但我们也发现有很多学习者说:"我不在乎学什么,我是因为喜欢这个队伍,所以我来了。"可见,除了学习内容之外要吸引成员不断参与到共同体学习中来需要有积极的学习情境。积极心理学告诉我们,个体的发展既受个体个人特征的影响,也离不开其生存的社会环境。个人的积极体验、积极的心理品质总是受到生活的社会环境的影响。社区学习共同体核心成员要努力营造一种良好、积极的氛围,让团队成员体会到爱和归属感。在学习共同体中学习,成员希望自己是安全的、被他人关注和信任的,这一感受不仅体现在成员日常的相处中,同时也要贯穿于他们的学习过程。成人学习者好面子、敏感,对学习往往自信心不足。因此在群体学习过程中,核心成员要注意引导成员之间多做正面的评价,少做负面评价;在学习过程中,兼顾大家的学习节奏,让大部分成员能够从容地面对学习。

三、关注学习过程中的成功体验

让人爱上学习的最好办法就是让他不断获得成功。马斯洛的需要层次理论告诉我们,人的最高层次的需要是自我实现的需要。在实现自我的过程中,会产生高峰体验,这是一种美妙的感受。人自觉或不自觉地为了这种美好而短暂的愉快感受而不断努力。在社区学习共同体中,核心成员要努力让成员感受到成功,而这种成功不仅仅是结果上的,更多地体现在过程中。在学习的过程中,学习者有了实现自我价值的感觉,觉得"我能行""我很棒""我很不错"……这些成功体验有学习者内在的自我评价,也有成员们给予的外部评价,当然核心成员更要经常给予成员们这种外部的"奖励",让成员获得精神上的满足和愉悦。核心成员要经常运用肯定和表扬,多对成员说"你很有进步""你很不错""你做得越来越好了"……成员接受到来自外在和内在的鼓励,就会建立起对学习本身的信心,并进一步增强学习动机,更好地投入学习过程中来。

【专栏 1】

加州学校实验

1960 年,美国哈佛大学的罗森塔尔博士曾在加州一所学校做过一个著名的实验。新学期,校长对两位教师说:"根据过去三四年来的教学表现,你们是本校最好的教师。为了奖励你们,今年学校特地挑选了一些最聪明的学生给你们教。记住,这些学生的智商比同龄的孩子都要高。"校长再三叮咛:要像平常一样教他们,不要让孩子或家长知道他们是被特意挑选出来的。这两位教师非常高兴,更加努力教学了。我们来看一下结果:一年之后,这两个班级的学生成绩是全校中最优秀的,甚至比其他班学生的分数高出好多。

这时,校长不好意思地告诉这两位教师真相:他们所教的这些学生智商并不比别的学生高。这两位教师哪里会料到事情是这样的,只得庆幸是自己教得好了。随后,校长又告诉他们另一个真相:他们两个也不是本校最好的教师,而是在教师中随机抽出来的。正是学校对教师的期待,教师对学生的期待,才使教师和学生都产生了一种努力改变自我、完善自我的进步动力。这种企盼将美好的愿望变成现实的心理,在心理学上称为"期待效应"。它表明:每一个人都有可能成功,但是能不能成功,取决于周围的人能不能像对待成功人士那样爱他、期望他、教育他。[①]

---

① 李新芳.皮格马利翁效应的启示——谈教师期待对学生的影响[J].河南教育旬刊,2009(4):55.

【专栏 2】

皮格马利翁的雕塑

这是一则古希腊神话故事。塞浦路斯的国王皮格马利翁是一位有名的雕塑家,他精心地用象牙雕塑了一位美丽可爱的少女。他深深爱上了这个"少女",并给它取名叫盖拉蒂。他还给盖拉蒂穿上美丽的长袍,并且拥抱它、亲吻它,他真诚地期望自己的爱能被"少女"接受,但它依然只是一尊雕像。皮格马利翁感到很绝望,他不愿意再受这种单相思的煎熬,于是,他就带着丰盛的祭品来到阿弗洛狄忒的神殿向她求助,他祈求女神能赐给他一位如盖拉蒂一样优雅、美丽的妻子。他的真诚祈求感动了阿弗洛狄忒女神,女神决定帮他。

皮格马利翁回到家后,径直走到雕像旁,凝视着它。这时,雕像发生了变化,它的脸颊慢慢地呈现出血色,它的眼睛开始释放光芒,它的嘴唇缓缓张开,露出了甜蜜的微笑。盖拉蒂向皮格马利翁走来,用充满爱意的眼光看着他,浑身散发出温柔的气息。不久,盖拉蒂开始说话了。皮格马利翁惊呆了,一句话也说不出来。皮格马利翁的雕塑成了他的妻子,皮格马利翁称他的妻子为伽拉忒亚。人们从皮格马利翁的故事中总结出了"皮格马利翁效应":期望和赞美能产生奇迹。

【自我评估】

对照下列问题,您做到了什么程度?

1.成员在共同体中学习快乐吗?

2.成员在这里能畅所欲言吗?

3.成员来到这里是否是信心满满的?

【延伸阅读】

唐纳德·E. 坎贝尔.激励理论:动机与信息经济学[M]. 2 版.王新荣,译.北京:中国人民大学出版社,2013.

话题 12 创意的生命力

【案例先导】

对于巧手女人家这一社区学习共同体来说,"创意"就是收获快乐和满足的源泉。在这个学共体中,每个人都"身怀绝技",各有所长,有擅长布艺的,有喜欢西点的,有痴迷手工饰品的,每次聚在一起,大家都会把自己近期研究、琢磨的小玩意拿出来,互相欣赏一番,也提出中肯的建议,学共体就在这样的氛围中不断成长壮大。其中有一位面点达人,大家都亲切地称她为陈姐,是这个学共体的核心成员之一。陈姐"喜欢新鲜、健康的食物",也"喜欢瞎琢磨",看到电视上介绍一样从没尝试过的面点,她就迫不及待地想要尝试,并且在自己动手做的过程中不断进行改良,精益求精。最近的一次,是陈姐在电视上学了白菜水饺,看完之后她就立马动手开始制作,制作过程中,考虑到自己的妈妈和爱人平时不大爱吃蔬菜而更喜欢吃面食,她就稍作改良,用菠菜榨汁和面,包出来的水饺青绿鲜嫩,受到大家的一致好评。而提起拿手的榨菜鲜肉月饼,陈姐更是满脸自豪,她说自己是在吃了点心坊的榨菜鲜肉月饼之后,就决定自己进行琢磨的,在尝试了好多次、对不同材料进行实验之后,才最终形成了有自己特色的榨菜鲜肉月饼,现在每到临近中秋,亲朋好友们总是很早就开始惦记自己做的月饼,早早就来排队预定,她不仅送亲友,还在中秋节这天义务赠送月饼给附近的环卫工人,让他们也体验到爱的味道。这就是陈姐,她不仅手巧,也乐于分享,每次有新花样,她总是迫不及待地跟自己的邻居、朋友分享,用陈姐的话说:"看到他们吃得满足,我自己也很开心,而且他们也是我的创意来源呢。不同的人会给你提不同的建议,大家的力量比你一个人的力量要强大多了,看起来是我给他们送吃的,其实他们也在帮我进步。"

一、热爱学习

学习是创意的基础,一个不会学习的人,就不可能有很强的创意能力。任何创意都是在学习和掌握积累知识经验的基础上产生的突破。贝弗里奇曾说:"在其他条件相同的情况下,我们的知识宝藏越丰富,产生重要设想的可能性就越大。如果具有有关学科或边缘学科的广博的知识,那么独创的见解就更可能产生。"知识是培养创造性思维的基础。核心成员需要不断学习,增加自身知识的广度和深度,精通相关知识领域,才能为创意打下坚实的基础。

中国科学院院士宋叔和告诫我们要敏于观察,勤于思考,善于综合,勇于创新。创新是发展的不竭动力,一个学习共同体要有持续的生命力,要想不断吸引学员,就需要更新学习内容。核心成员是学习共同体的灵魂人物,把握着共同体的学习进程,对学习内容的更新任务也责无旁贷地落在核心成员的身上。高创意能力就是高创造性思维能力,具备流畅性、独特性、灵活性和精密性四个特点。美国心理学家吉尔福德(J. P. Guilford)在其智力三维(内容、操作、产品)结构模型中探讨人的创造性思维。他认为创造性思维具有三个特点——流畅性、独特性和灵活性。[①] 与一般人相比,富有创造力的人在思维中出现的想法散布的方面广、范围大,缺乏创造力的人在思维中通常只想到一个方面而缺乏灵活性。独特性是指产生不寻常的反应和打破常规的那种能力,还包括重新定义或按新的方式对所见所闻加以组织的能力。此外,富有创造力的人的思维还应该具有高度的敏感性,也就是及时把握住独特、新颖观念的能力。托兰斯(E. P. Torrance)在承袭吉尔福德的观点的基础之上,还加上了精密性,也就是说创造性思维还必须善于考虑事物的精密细节。

二、善于尝试

在 19 世纪中期,美国掀起了一阵淘金热,参与的人越来越多,金子越来越难淘,当地气候又干燥,水源奇缺,不少人饥渴而死。这时 17 岁的亚摩尔灵机一动,决定放弃淘金,把河水引来,将过滤后的清水挑到山谷,卖开了"大碗茶"。结果,淘金的人口渴难耐,都来买他的水,在淘金结束时他成了当时为数不多的富翁。这个故事说明我们尝试创新可以带来想不到的结果,我们要尝试去创新,敢于去创新,才能赢得胜利,取得成功。

提起创新,很多人会心生畏惧,认为创新离自己很遥远,但其实不然,对于自己没做过的事情勇于尝试,从某种意义上来说,这就是创新。现在的社会,各种事物杂乱缤纷,也许你会有压力。这时,尝试着去创新,也许效果会出人意料。当尝试一些新的东西时,我们自己身上也会有一些新的东西,它是一种营养,让另一部分的我成长。很多时候,不同的尝试带来的体验不仅能够带来某

---

① J.P. 吉尔福德.创造性才能:它们的性质、用途与培养[M].施良方,等译.北京:人民教育出版社,2006.

一方面的改变,甚至可能带来整个身心体验的改变,从而改变整个人。就像陈姐,对于自己没有做过的面点总是勇于尝试,对不同材料进行实验之后,才最终形成了有自己特色的、深受亲朋好友喜爱的榨菜鲜肉月饼。这些创意正是来源于她一次次的尝试。

三、敏锐洞察

生活中我们会有这样的体验,创意可能会来源于我们一闪而过的直觉,这就是直觉在创新中的作用。直觉是一种本能知觉,它能对于突然出现在面前的新事物、新现象、新问题及其关系,不经过逐步的分析和推理,做出迅速识别、敏锐而深入的洞察,这与逻辑思维有着明显区别。直觉形式上分为再认性直觉和创造性直觉两种,前者指思维对象与已有的思维模式相同时,凭借已有的思维模式进行的思维活动;后者指遇到新的思维对象时,以创造性思维方式快速地做出反应,以顿悟的形式解决问题进行的思维活动。

直觉在创意中的作用显而易见,但是并不等于直觉可以取代逻辑思维。实际上,一个好创意恰恰是直觉与逻辑思维互相作用的结果。比如艺术家创造作品时,在进行有步骤地分析、综合过程中,往往会捕捉一些感性形象。前者是逻辑思维,后者就属于直觉,可见两者并不矛盾。逻辑思维中常常需要直觉,才可以得到意想不到的灵感;直觉在逻辑思维影响下,也会得到提升。

【专栏 1】

来自日本女性的直觉与创意

直觉是指不以人类意志控制的特殊思维方式,具有迅捷性、直接性、本能意识等特征,是人类的第六感觉。一位学者曾说,只要重视或开发,一个家庭妇女每个月的创意构想比一个公司中层经理都还要多。

日本是个重视创新发明的国家,他们的许多新产品为人们带来很多方便。可是这些新产品的背后,却不是高学历、高科技水平的研究人员,而是普通的家庭妇女,这是怎么回事呢?

在日本,经营食品行业十分不容易。有位小老板苦苦经营着自己的一家小企业,效益不好。但他是位喜欢钻研的人,不遗余力地开发各种新产品,尽管效果不佳,他却乐此不疲。一个偶然的机会,他听到有人说了件事,触动很大:有位 5 岁的小男孩,不爱吃饭,挑食拣吃,为此他妈妈很伤脑筋,却无计可施。有一次,妈妈说了句:"用鱼汤拌饭。"没想到小男孩终于肯吃了。小老板从这件事受到启发,他想到是否可以开发拌饭食品呢? 几经试验,他获得成功,开发了新型的拌饭食品,用浸过酱油的鱼片、烤过的裙带菜、肉糜鲜汤,真空包装后直接用于拌饭,儿童爱得不得了。

妈妈不经意的一句话,带来一项巨大的产业,与此相似,双门冰箱的发明也来自于一位家庭妇女的话。

一天,三洋公司的一位技术员回到家中,苦思冥想如何改进冰箱技术。在公司,他是负责冰箱开发研制任务的技术人员,面对越来越激烈的市场竞争,他需要不断提高自己公司产品的技术水准。可是该从哪里下手呢? 就眼前情况来看,他不知道该从哪里入手改进冰箱技术。

这时,他的太太正在厨房做饭,不断地从自己研制的冰箱里取放物品。他看见了,走过去问道:"太太,你使用冰箱时,发现有什么不便吗?"

"这个,"太太认真地想了想,说,"你看,我不管取什么东西,都要打开大门,这样太浪费电了。"当时,冰箱是单门设计。这句话让技术员大为激动,他立刻想到,可以发明双门冰箱取代单门冰箱。双门冰箱由此诞生了。

【专栏 2】

比别人早

在美国伊利诺伊州的哈佛镇,有一群孩子经常利用课余时间到火车上卖爆米花。其中一个 10 岁的小男孩也加入了这一行列。他不但卖爆米花,还往爆米花里掺入奶油和盐,使其味道更加可口,结果他的爆米花比其他任何小孩都卖得好。因为他懂得如何比别人做得更好,创优使他成功。

当一场大雪拦停了几列满载乘客的火车时,这个小男孩赶制了许多三明治拿到火车上去卖。虽然他的三明治做得并不怎么样,但还是被饥饿的乘客抢购一空。因为他懂得如何比别人做得更早,抢占先机使他成功。

当夏季来临,小男孩又设计出能挎在肩上的箱子,里面放着特制的蛋卷,蛋卷的中间还放上冰淇淋。结果这种新鲜的蛋卷冰淇淋备受乘客欢迎,使他的生意火爆一时。因为他懂得如何做出比别人更有新意的东西,创新使他成功。

当车站上的生意红火一阵后,参与的孩子越来越多,这个小男孩意识到好景不长了,便在赚了一笔钱后果断地退出了竞争。结果,孩子们的生意越来越难做了,不久车站又对这些小生意进行了清理整顿,而他因为及早退出没有受到任何损失。因为他懂得如何比别人更清醒,一件事在大家都看好时他能保持清醒的头脑,及时抽身出来,及时抽身使他成功。

一个比别人做得更好、做得更早、做得更新、做得更清醒的人,一个懂得如何创优创新、抢占先机并及时抽身的人,怎么可能不拥有人生的成功呢?

后来,这个小男孩果然成了一个不凡的人,他就是摩托罗拉公司的创始人和缔造者——保罗·高尔文。①

【自我评估】

对照下列问题,您做到了什么程度?

1.我是否对自己所做的事情充满热情?

2.我是否勇于尝试自己没有做过的事情?

3.我是否是一个拥有敏锐触觉的人?是否能洞察生活中其他人注意不到的细节?

4.我会用多种方法解决问题吗?

5.对那些经常做没把握事情的人,我是否看好他们?

【延伸阅读】

1.詹姆斯·韦伯·扬.创意[M].李旭大,译.北京:中国海关出版社,2004.

2.黄文博.关于创意我有意见[M].北京:企业管理出版社,2002.

3.孙大伟.孙大伟的异想世界[M].北京:国际文化出版公司,2003.

4.爱德华·德博诺.创新思维训练游戏[M].宗玲,译.北京:中信出版社,2009.

5.罗玲玲.创意思维训练[M].3版.北京:首都经济贸易大学出版社,2015.

---

① 五月花.一个小男孩的取胜之道[J].时代教育,2007(13):1.

话题 13　成人学习特征

【案例先导】

在上海市徐汇区凌云街道,有这样一位学共体的核心成员,她不仅仅满足于学共体当前的发展,更是在有效把握成员特点的基础上,着眼于学共体发展的长远价值,将学共体作为促进社区发展的有机组成部分。她曾这样说:"就是我们的这种激励啊,实际上是很少有人会这样子做的,那我们这么做之后呢,成员就有一种生命的价值,他觉得有人重视我,还有人看重我做的事情,其实这就是把他们个人在社会上的价值启发出来了,他觉得挺重视的,接下来要开国际研讨会这些信息再告诉他,接下来我们要参加市里的学习节,他们就觉得特别自豪,特别积极,劲头十足。人衣食无忧的时候这可能就是人活着的一种价值,我倒觉得社区教育如果能把人内心的那种生存价值启发出来,挖掘出来的话,这才是最有价值的事情,他就觉得他活得很有意思很开心。唱唱跳跳也是一种开心,但是这种对于社会、对于我们的环境做出的贡献,他也觉得很开心,被人重视,他们觉得和那些唱唱跳跳的人比起来,他们能为我们的环境做点贡献,这比他们去跳舞、唱歌还要开心。那么我倒觉得我们社区教育应该通过一些项目,一些活动,把这块提炼出来,这也是我们应该做的事情。"

成年期是人生生理、心理的成熟期,大脑皮层的结构和机能已达完善,多种条件反射系统相对稳定,各部位的器官都已成熟,处于相对稳定化状态。更重要的是,成人的认识、语言、情绪的发展,人格和世界观的形成等方面也逐步成熟,他们对自己和别人以及周围的一切事物都有自己的看法,自我意识明显增强,个性色彩较浓,爱好思考,意识到自己所处的社会地位和社会职责,能独立确定自己的生活道路。成人这种生理与心理的成熟,使其思维方式和性格习惯等方面都表现出某种程度的固定性。这种固定性与自己已有的学习基础和学习经验紧紧联系在一起,构成了成人学习的优势,使得成人学习成为一种特殊的学习过程,它既是在教师指导下,有计划、有组织、系统地掌握科学知识技能的过程,又是自我教育、自我提高、自我实践的过程。其中,自我教育与自我学习是成人学习的核心和主要方面。① 那么针对成人学习的特点,如何更好地服务于成人的学习,这是非常值得研究的。在案例中,通过核心成员的简短描述,我们可以从中略窥一二。

一、较强的学习自主性

成人学习者和儿童、青少年在学习的自主性上存在显著差别。在儿童和青少年的学习活动中,教师决定学习目的、学习内容、学习计划和教学方法,学生对教师具有较强的依赖性。而在成人的学习活动中,学生的自主性和独立性较大,对教师的依赖性降低,具有较强的个人意识和个人责任感,能够自己选择学习内容、制定学习计划,并希望教师关于教学的任何决定能够在与他们协商后做出。案例中核心成员口中的学共体成员"特别积极,劲头十足",就是最真实、最直接的写照。

正是因为成人具有较强的自主学习特点,在日常的学习交往过程中就需要尊重学员,建立有利于学习的良好的师生关系。不仅要注意听取成员的需求,随时调整学习进程,而且在与学员交往时要平易近人,态度谦逊,对学员为学习付出的努力和取得的成绩要给予充分肯定,为其创造一个支持性的学习氛围,允许学员发表自己的意见,使其感到被接受和尊重。创设自由、宽松的学共体氛围,不仅能够为成人学习者提供更为有效的学习环境,也能帮助整个学共体的成长。

二、个体生活经验对学习活动具有较大影响

个体生活经验的差异使得儿童、青少年的学习活动与成人的学习活动存在较大差异。对儿童和青少年而言,个体经验主要来自成人的间接经验,并且很不丰富和全面,学习活动中能够对学习产生影响的直接经验非常少。对于成人学习者,学习活动中更多地是借助于自己的经验来理解和掌握知识,而不是以教师的传授为主。成人社会阅历丰富,其学习是建筑在已有的知识基础上进行的,他们能通过对客观事物的联想、比较、分析、综合、推理、抽象和概括,去认识和掌握事物的本质,并能联系实际思考问题和解决问题,有利于知识的掌握和应用。同时,还有利于弥补年龄大所引起的机械记忆力和记忆保持力较差的缺陷。

---

① 卜庆梅,王淑芳,文志斌.新世纪成人学习特点及教学原则[J].成人教育,2007(2):29.

案例中,"唱唱跳跳也是一种开心,但是这种对于社会、对于我们的环境做出的贡献,他也觉得很开心,被人重视,他们觉得和那些唱唱跳跳的人比起来,他们能为我们的环境做点贡献,这比他们去跳舞、唱歌还要开心"。因为也体验过唱唱跳跳的学习活动,和环保比起来,他们觉得环保活动更能体现自身价值。就是因为经历了唱唱跳跳,也经历了环保活动和学习,对比之前的各种体验,他们觉得环保更能体现自身价值。

针对成人个体生活经验丰富的特征,在学习活动过程中,就需要注重成人的经验并和教与学的设计相结合。具体而言,就要在学习前了解学员的知识、经验和需求,甚至可以让学员参与到教与学的设计中来,做好需求评价;在学习中要激发成人学员回忆以前学到的知识,促进学习的正迁移,避免负迁移,同时注重教学材料和案例的真实性、有意义性;在学习活动之后避免单一的教师评价,注重成人的自我评价和互评,充分发挥其主动性,取得更好的学习效果。

三、学习任务与其社会角色和责任密切相关

成人的学习任务已经由儿童、青少年时期的以身心发展为主转变为以完成特定的社会责任、达到一定的社会期望为主,因此,这种学习具有更强的针对性,且学习动机较强。由此可见,了解成人学习者的各种学习需要在成人教学中非常重要。成人学习不仅是获取知识,更重要的是将知识应用到工作中去,他们能有意识地缩小学习与应用之间的距离,把新学的知识自觉地加以应用,进行创造性劳动,促进实际能力的迅速提高,直接有效地发挥知识的价值。对成人而言,学习任务是促使其更有效地完成他所承担的社会责任、提高社会威望的方式,学习往往成为他们职业生涯或生活状态的一个转折点。如案例中大家对环保的热情,就是因为"把他们个人在社会上的价值启发出来了",在这种责任感和使命感的驱使下,其学习活动也更加具有针对性和目的性。

针对成人的这一学习特点,核心成员在学习活动过程中需要多调动成人学习者的既有经验,创设问题情境,巧妙地置疑设难,引发他们的学习兴趣,将学习内容和成人自身的社会角色和社会责任联系起来,探索知识的内在逻辑,加深知识的应用价值。

四、以问题为中心或以任务为中心的学习

儿童和青少年的学习目的指向未来的生活,而成人学习的目的则在于直接运用所学知识解决当前的社会生活问题。因此,成人学生更喜欢以问题为中心

或以任务为中心的学习。教育活动对成人是一个十分明确的学以致用的过程，他们能够针对社会生活中的具体问题进行学习，并具有通过学习解决实际问题的强烈愿望，这是由于成人学员在生活中担当了多维的社会角色，都承担了一定的社会职责和义务，他们学习主要是为了适应社会和生活的变化，提高自己的适应能力和履行自己职责能力。成人明确的学习目的使得成人在学习中表现出以解决当前面临的问题为核心，追求学习的直接有用性和实效性，如案例中成员加入学共体学习，其中很重要的目的就是为环保尽一份力，他们的学习是以解决问题为主要目的的。

针对成人学习者的这一特点，在学习活动过程中一定要注重学习目的的设置。由于学共体中学员的年龄不同，学习能力不同，因此核心成员一定要区别对待，为学员设置明确的、具有一定难度的培训目标。过难或过易的学习目标都会影响学习活动的效果，因此，学习目标设置要合理、适度，同时与每个人的具体实际相联系，才能够真正促进学员个体的发展。

【专栏】

了解成人学习者的学习障碍

1. 环境障碍

环境障碍是大部分成人学习者需要克服的主要障碍，这类障碍主要是由家庭和工作环境引起的。例如，家庭、工作环境中不具备学习需要的技术环境，家庭和工作的责任对学习经历和时间的影响，经济困难和交通不便等。许多成人学生在学习的过程中需要兼顾工作和家庭，而且对于他们而言，工作和家庭往往比学习更为重要，一旦工作和家庭责任与学习发生冲突，成人学习者大多数会选择前者。因此，工作和家庭的压力对学习时间和精力的影响非常突出，成为成人学习者学习主要的障碍。

2. 生理障碍

成人随着年龄的增长其生理功能也会出现衰变，如记忆力衰退、感知觉能力下降、各种器官活动速度减慢以及体力上的衰弱等。这些生理方面的障碍对成人的学习活动都会产生不同程度的影响。

3. 心理障碍

成人学习的心理障碍又称为态度障碍或性情障碍，它主要是指影响人们参加学习的个人信念、价值观、态度或观念。在一定生活经验基础上形成的思维定式往往使得成人对事物的认识和态度较难改变,那些对学习有消极影响的思维定式会成为学习的心理障碍。例如,不容易接受新概念,担心年纪大了学不好,认为在校学习比远程学习好。

4.学习能力障碍

成人学习者和青少年学习者一样也会存在学习能力方面的障碍。例如,由于离开常规学习时间过久,很多基本的概念、规律、原理可能被遗忘,需要复习,或以前学习的知识已经陈旧,需要补充和更新;缺乏新的信息技能方面的训练;家庭和工作的压力要求他们掌握有效的学习技巧和方法,以提高学习的效率,而大部分成人长期缺乏学习技巧方面的训练。上述这些都构成成人学习能力方面的障碍。

【自我评估】

对照下列问题,您做到了什么程度?

1.我是否了解我所在学共体成员的特点? 这些特点是什么?

2.我是否能够根据他们的特点有针对性地组织开展日常活动?

【延伸阅读】

夏海鹰.成人学习心理研究[M].北京:人民出版社,2014.

话题 14　学贵有方

【案例先导】

　　毛笔书法，自古以来就是中华民族文化的瑰宝，毛笔书法要达到一定的水平和意境，需要锲而不舍地练习。传统的习练方法，是用毛笔在纸上书写。而如今又出现了另一种练习方法——在地上书写，大众称之为"地书"。杭州的东坡地书协会成立于 2010 年 10 月，协会以弘扬国学文化、活跃社区居民业余文化生活为宗旨，组织了一批喜爱书法的居民朋友，常年在湖滨四公园开展低碳环保的地书交流活动。核心成员 Q 自豪地说："我们的地书展示杭州市民品质生活，是美好幸福形象的金名片。"

　　地书与一般的书法又有不同，在写"地书"的过程中，两脚要分开与肩同宽，脚趾抓地，两腿伸直，腰部挺直，手握笔杆，心无他用。同时，落笔行笔时要自然屏气，起笔时呼吸要自然加深加长，这样，写一段时间后，就得伸伸肘，活动一下腰腿，那时会感觉到全身轻松，心情舒畅。Q 说："这种练字方法，既方便又环保，同时集锻炼身体和陶冶情操于一身。"地书作为书法的一种表现形式，它的学习不是一蹴而就的，要练出一定的水平需要不断学习、勤加练习。鉴于成员多为老年人，以男性居多，Q 说："老年人学习有他的特点，不能太快，要求不能太高。有的老年人有书法基础，这样入门就快得多，有些人是从零学起，这样学习就会比较困难一点。我的观点是，大家都是为了娱乐娱乐，就不要搞得门槛太高，重在参与。"对于学习方法，Q 说："每个人习惯不一样，也不能统一要求。我尽量在集体活动时要求大家互相帮助、互相鼓励。在私下，每个人都要练习，书法这种东西不练是肯定不行的，就靠活动的时候写写，那水平肯定是上不去的。""我认为学书法没什么好方法，勤学苦练是必需的，不过我们的成员都是老年人，对艺术性的要求不可能像年轻人一样高了。我觉得我们这个团队主要还是为了弘扬传统文化，锻炼身体，陶冶情操。"

　　一、放慢学习的速度，提升学习的深度

　　成人的学习与儿童学习具有差异性。这种差异首先体现在学习者本人身上。现代学习理论认为，成人随着年龄的增长，记忆能力、感知能力等会趋于下降,这些原因会造成成人学习速度减慢;但另一方面,成人的意义记忆能力、综合分析能力、逻辑思辨能力却趋于上升,两者此消彼长,从而使成人的学习能力保持相对稳定。通俗来说,成人和儿童,面对同样的陌生内容,儿童的学习速度要快于成人,但从一段时间看学习效果,成人和儿童并没有显著差异,成人在对内容理解的深度上会优于儿童。

根据成人学习的一般规律,共同体成员在学习进程的设计中要将学习环节细分成更小的步子,在新内容的学习中,要多安排一些时间;在新内容掌握后,可以不断加深学习的深度。如在某种舞蹈动作学习好以后,可以增加对这种舞蹈的相关知识的学习。通过对相关知识和舞蹈创作背景的了解,成员在舞蹈的表现上更能融入感情,也更能通过肢体的表达,展现出作品的内涵。

二、创设积极的心理环境,使学习过程有安全感

成人学习与儿童学习的另一个不同,就是成人更害怕失败,怕丢"面子"。"我怕自己学不会。"这是我们在与很多成年人聊学共体话题时,他们经常提到的。要想让成人更好地抛弃面子的顾虑,需要核心成员发挥积极的作用。在学习过程中,要创设积极的心理环境,多鼓励成员,"你很棒""你很有进步""你今天做得比昨天好"。在成员之间要注意营造鼓励性氛围,"你觉得 A 做得最好的是哪个动作?""你觉得 B 在哪方面做得有进步?"每一次设计学习内容时,注意难易的搭配。根据不同的难度,合理安排每次课新旧内容的比例。如本次学习内容难度较高,建议可以在新内容学习之前,多安排一些复习内容,让成员建立起对学习的信心。

成年人不喜欢自己的学习过程被过多地评价,特别是在自己学得不太理想的时候。如果成员在学习中被当众给予负面评价,或者在熟人圈中自己的不佳表现被传播,就会大大影响他参与共同学习的积极性。核心成员要充分尊重和保护成人的"面子",在共同学习过程中,应以鼓励成员为主,提供建议的时候要注意方式方法,少用否定的词。要在共同体中营造相互鼓励、共同进步的氛围,帮助建立成员间类似"兄弟姐妹"的情感。

三、自学与共学相结合

成人的学习很多是自我导向的学习,即自学。自我导向的学习最初是由加拿大成人教育家艾伦·陶提出。艾伦·陶以大量的调查资料表明了成人学习者是学习过程的"自我卷入者",70%~80%的成人都不同程度地进行着自学并

自行设计学习计划。在成人的日常生活中,采用最多的学习方式就是自学。[①]成人以自学为主要方式是因为,成人具有丰富的学习经验和生活经验,独立的自我意识,良好的自控能力,明确的学习目标,具备自学的基础条件。同时,成人由于工作、生活的各种限制,没有大量的自由学习时间,实际学习以片段化为主,因此自学是一种最经济、高效的学习方式。

学共体成员的学习是自学与共学的结合。共学的过程更多的是教授新的内容,传递和维系成员之间的情感,解答学习中的困惑,纠正学习中的偏差。共同学习承载的情感因素,甚至大于学习本身。核心成员在共学的过程中,承担着传递新的知识内容(新知识的传授者可以是核心成员本人,也可以是核心成员指定的其他人),帮助成员纠正偏差、提升技能的任务。共同学习是成员之间以学为友、交流技艺、切磋技能、取长补短、互助提高的过程。共同体的每个成员都是其他成员的"镜子",都可以从他人身上看到自己的不足,找到提高的方法,促进学习进步。核心成员在共同学习的过程中,要担当好引导员角色,引导成员们互相帮助、互相切磋、共同进步。同时,核心成员要努力营造共同学习过程中良好的心理氛围,让共同体成为成员的精神家园。有成员说:"来到共同体,我感觉像回家了一样。"对于成员而言,自学更大程度上回归到学习本身,成员需要通过大量的阅读使自身的知识得到积累,通过不断的练习与实践,使技能得到提升。

四、将好的学习方法变成好的学习习惯

叶圣陶说:"什么是教育,简单一句话,就是要养成良好的习惯","凡是好的态度和好的方法都要使它化为习惯,只有熟练得成了习惯,好的态度才能随时随地表现,好的方法才能随时随地的应用"。由此可见,成人学习应有意识地总结积累适合自己的学习方法,并且将这种方法慢慢内化为一种学习习惯。核心成员首先要积累和总结适合自己的学习方法,并且不断优化提升,形成一套经验,分享给其他成员。其他成员也要在核心成员的指导下,摸索和总结自己的学习方法,通过实践来检验方法的可行性和有效性。"适合自己的才是最好的",共同体学习就是在核心成员的指导下,通过成员之间互相启发,互相切磋,找到适合自己的学习方法,从而养成良好的学习习惯,"好习惯终身受益"。

---

① 罗丽萍.学习型社会视野下自我导向学习模式的构建[J].成人教育,2007(4):4.

【专栏 1】

事半功倍

战国的时候,有个大思想家叫孟子,他有很多的学生。有一次他和他的学生公孙丑谈论统一天下的问题。他们从周文王谈起,说当时文王以方圆仅一百里的小国为基础,施行仁政,因而创立了丰功伟业;而如今天下老百姓都苦于战乱,齐国这样一个地广人多的大国,如能推行仁政,要统一天下,与当时周文王所经历的许多困难相比,那就容易得多了。孟子最后说:"今天,像齐国这样的大国,如能施行仁政,天下百姓必定十分喜欢,犹如替他们解除痛苦一般。所以,给百姓的恩惠只及古人的一半,而获得的效果必定能够加倍。现在正是最好的时机呢!"后来人们便将孟子所说的这两句话总结为"事半功倍",用来形容做事所花力气较小而收到的效果甚大。

【专栏 2】

工欲善其事,必先利其器

子贡问为仁。子曰:工欲善其事,必先利其器。居是邦也,事其大夫之贤者,友其士之仁者。

"工欲善其事,必先利其器。"这两句名言,出自《论语》这本书,我们常常引用。孔子告诉子贡,一个做手工或工艺的人,要想把工作完成,做得完善,应该先把工具准备好。那么为仁是用什么工具呢?住在这个国家,想对这个国家有所贡献,必须结交上流社会,乃至政坛上的大员,政府的中坚;和这个国家社会上各种贤达的人都要交朋友。换句话说,就是要先了解这个国家的内情,有了良好的关系,然后才能得到有所贡献的机会,完成仁的目的。

【自我评估】

对照下列问题,您做到了什么程度?

1.我在共同体学习过程中,是否有意识地将学习过程分成几个步骤?

2.我是否有意识地引导成员,在共同体学习之外,继续深入学习一些相关内容?

3.在共同体学习中,我是否经常鼓励和肯定成员的表现?

4.在共同体中,我是否有意识地营造彼此信任、互相鼓励的氛围?

5.我是否在共同体学习中公开批评某个成员? 该成员当时的表现如何? 后续是否跟进?

6.我是否关注到共同学习中成员之间的情感交流?

7.我是否关注成员在共同体学习之外的个体学习?

8.我是否形成了一套适合自己的学习方法,并且把它内化为一种习惯?

9.我是否有意识地培养成员的学习习惯?

【延伸阅读】

吴松发.学习如何学习[M].厦门:鹭江出版社,2016.

话题 15 学习需要灵活转化

【案例先导】

杭州市江干区京惠社区有一群诗词爱好者,经常聚在一起,谈诗作画。在运河景观带内的仿古小木屋秋水轩中,成立了秋水诗韵诗社。秋水轩是以组合游廊建筑为核心的景观,临水而居,青砖黛瓦。社区的诗词爱好者在此写诗、吟诗、学习、交流,相得益彰。秋水诗韵诗社现有正式成员 32 人。他们年龄层次差距较大,20 岁以下的青少年成员 9 人,20 岁至 60 岁的中青年成员 12 人,60 岁以上的老年成员 11 人;文化程度也有差距,本科学历 4 人,大专学历 8 人,高中学历 8 人,初中学历 3 人,中小学在读(青少年)9 人。但共同的爱好,把这些年龄和文化程度悬殊的居民组合在一起。

社区诗词爱好者 Y 是共同体的核心成员,据她介绍自己 20 多岁就加入了杭州市工人文艺创作队诗歌组,写着喊口号式的"革命诗";中年,在报社副刊做编辑,结交了不少诗人朋友;50 多岁时,为老年大学编起了校报《金秋报》。现在退休了,她主动参与到诗社组建与日常学习和管理中并担任了社长一职。Y 社长说:"我觉得社区组建诗社,不仅是件雅事,更是一件有意义的事。把隐藏在社区里的文艺爱好者聚集在一起,组成一个诗词学习共同体,大家可以相互促进,共同提高。每月 15 日的秋水诗韵诗社成员联谊、创作活动日,成为大家相聚创作、赏析佳作的大日子。学共体的成员们月月相聚,又有共同的兴趣爱好,久而久之都成为生活中的好朋友。"诗社的成员都觉得,参加学共体的学习,不仅让爱好有了发展、提高的平台,还能交到许多良师益友。成员们都觉得参加了诗社的活动后生活更开心了,也更舒心了。Y 也说,自从担任了秋水诗韵诗社的社长,觉得退休生活充实了许多,性格也越来越开朗。

一、学习的产生来源于丰富的生活世界

华东师范大学高志敏教授提到,成人教育研究的缺失从根本原因上看是对成人精神家园的漠然。而成人教育研究的重构便是:回归丰富的成人生活世界,走进缤纷的成人精神家园。[①] 社区学习共同体是重构成人生活世界的有效载体。齐格蒙·鲍曼认为共同体之所以会给人以不错的感觉,那是因为它所传递的所有含义都预示着快乐。共同体是一个"温暖"的地方,一个温暖而又舒适的场所。它就像是一个家,在它的下面,可以遮风避雨;它又像是一个壁炉,在严寒的日子里,靠近它,可以暖和我们的手。在共同体这个"家"里面,我们可以放松起来,因为我们是安全的。社区学习共同体正是成人在社区中的一个"家",在这个"家"中成员围绕学习开展了一系列的活动。在社区学习共同体中,成员的学习需求来源于现实的生活世界,有为了更健康的身体而结成的共同体,如太极拳俱乐部;也有为了重拾童年爱好的共同体,如楼塔细十番俱乐部……

成人的学习离不开他们的生活,脱离生活的学习是不存在的。回归丰富的成人生活世界,即回到他们最真实的社会境遇与最本真的社会生活,直面他们最真切的发展需求与最真实的人生向往。在学习共同体中,核心成员要了解成员们的生活世界,了解他们的需求和期待,带领成员通过共同体学习的方式,实现每个人的成长与发展。

二、学习的目的是为了更有品质的生活

如果说儿童青少年的学习是为了获得未来生存的资本,那么成人的学习则是为了更有品质的生活。对于生活在城市中的大多数人来说,物质生活已经十分丰富,人与人之间在物质生活上的差异并不显著,相同阶层的人的物质生活水平基本相似。有差别的是人的精神生活,有的人精神生活丰富、神采奕奕、容光焕发,觉得每一天都是美好的一天,而有的人精神生活匮乏,一旦离开了原来的生活轨迹就觉得难以接受,感受到孤独和心理上的寂寞。成员来学习共同体的一个共同目的就是为了提升自己的生活品质,让自己的生活能更有质量、更有乐趣。在我们统计的仅杭州范围内的共同体中,老年人占了很大的比例,许多都是退休的老年人,他们参与共同体的热情非常高涨。

老年人群是社会人群中的重要组成部分,老年人群体在目前全国老龄化的背景下尤为突出。城市老龄化现象严重,如 2004 年浙江在线公布的数据显示每 100 个杭州人中就有 17 个老人。根据浙江工业大学预测,杭州高龄人口总数继续增长,独生子女父母将逐渐成为新增老年人群的主体。预计到 2020 年

---

① 高志敏.成人教育研究的反思与前瞻[J].职教论坛,2007(2s):38.

末,户籍 60 周岁以上老年人口将突破 180 万。同时,空巢老年人继续增加,尤其是高龄老年人的空巢比例和农村空巢现象更为突出。

从研究社区学习共同体开始,我们并没有刻意去关注老年人群体,我们希望找到一种适合成人的学习方式,让我们的成人能够摆脱学生学习模式的桎梏,获得一种快乐的、自主的学习。而在我们的实际调研和培育过程中却产生了一种"副作用",意外地为老龄化社会下老年人的社区养老找到了一种新的载体,新的乐活的模式。我们走访了很多学习共同体,参加了很多共同体成员的活动,在活动现场成员是那么神采奕奕、充满活力,如果不听他们的自我介绍,几乎不会猜到参加学习的甚至是 70 多岁的高龄老人。

作为共同体的核心成员,需要首先了解自己团队中成员的多方面情况,了解他们对共同体的期望,并将他们的内心期望与共同体学习结合起来。成员带着对美好生活的向往而来,希望在共同体中实现自我的发展与人生的完满,核心成员要努力营造温暖的氛围,帮助引导成员实现心中的所思所想。当成员的期望与共同体所能提供的学习之间存在较大分歧时,需要核心成员有意识地沟通、引导,建立起每个成员合理的期望值,才能让他们在共同体学习中获得最大的快乐和满足。

【专栏】

论生活质量

生活质量并不是某一阶层、某一地区甚至某一时代的专利。今人有生活质量,古人也可以有生活质量;富人、城里人有生活质量,穷人、乡下人、工匠、农夫都可以有生活质量。因为,生活质量是一种求好的精神,是在有限的条件下寻求最好的风格与方式,这才是生活质量。

工匠把一张桌子、一把椅子做到无懈可击的地步,是生活质量;农夫把稻田中的稻子种成最好的收成,是生活质量;穷人买一个馒头果腹,知道同样的一块钱在何处可以买到最好质量的馒头,是生活质量;家庭主妇买一块豆腐,花最少的钱买到最好吃的豆腐,是生活质量。

整个社会都能摒弃那不良的东西,寻求最好的可能,这个社会就会有生活质量了。因此,我们对生活质量最大的忧虑,并不是小部分人的品位不良,而是大部分人失去求好的精神。

真正的生活质量,是回到自我,清楚衡量自己的能力与条件,在有限的条件下追求最好的事物与生活。再进一步,生活质量是因长久培养了求好的精神,因而有自信、有丰富的心胸世界,在外,有敏感直觉找到生活中最好的东西;在内,则能居陋巷而依然创造愉悦多元的心灵空间。

【自我评估】

对照下列问题,您做到了什么程度?

1.我是否觉得学习是为了更好地生活?

2.我是否觉得学习以后我的生活品质提高了很多?

3.共同体的学习让我的人生更丰富了吗?

【延伸阅读】

杨绛.走到人生边上:自问自答[M].北京:商务印书馆,2007.

话题 16 认识自身特长与优势

【案例先导】

认识自己的特长并充分发挥,是学共体核心成员的一个重要品质。我们或许可以从这样的一个案例中略窥一二:"对于我们来说,这个学共体就像是我们自己的家一样的,我们有时候宁愿自己家里的事情先放一放,也要来参加我们团队的活动的。为什么呢?因为我们里面很多人都是家庭主妇,之前也上班的,但是因为自己家里面事情太多,索性就单位里面不做了。家庭主妇你也知道,本身就是围绕着家里转的,围绕着丈夫和孩子对吧,很少和外面的人接触的,因为你家里面的事情就很忙,有时候还要照顾老人,根本没有那么多时间去接触社会,所以时间一长呢,整个人就感觉有点跟社会脱节了,慢慢地自己也不太敢去跟外面接触了,人呢就会变得有点封闭。那么参加我们这个读书小组之后呢,刚开始大家也是比较羞涩的,不太好意思的,但是时间长了呢,慢慢地互相就了解了。了解了之后呢,因为我们(原)会长人也蛮好的嘛,会帮我们安排一些读书会里面的工作。那我呢,因为自己本身对文字也感兴趣,也算是有一点文字功底的,那么我们(原)会长呢就让我负责我们团队的日常会议记录呀,一些通讯报道呀,还有一些文字总结。刚开始的时候我还有点胆怯的,心想我能不能胜任呀,我们(原)会长就一直鼓励我,然后我写了之后她也是蛮肯定的,我们的成员也夸我,说我文笔很好。那么慢慢地每次都是我写,写得多了就有自信了,敢写了,也会写了。所以现在我们写什么文字材料呀,我们(原)会长就很放心地交给我,那我肯定也是尽心尽力去做,我自己在做的过程中也是蛮有成就感的其实。在我们读书会里面不仅能读书,还能发挥自己的一技之长服务大家,我感到是一件蛮开心的事,所以我很愿意来的。那么慢慢地我们原来的会长因为年纪大了不做了,大家也是看得起我吧,也算是对我的工作的一种肯定吧,就推选我做会长,就这么做着做着就做到了现在。"

在美国耶鲁大学的入学典礼上,校长每年都要向全体师生特别介绍一位新生。这一年,校长隆重推出的,是一个自称会做苹果饼的女同学。大家都感到奇怪:耶鲁不乏多才多艺之人,怎么就推荐一个特长是做苹果饼的人呢?最后校长自己揭开了谜底,原来,每年的新生都要填写自己的特长,而几乎所有的同学都选择诸如运动、音乐、绘画等的特长,从来没有写过自己擅长做苹果饼。因此,这位同学便脱颖而出。所以,学共体中的每个人都有自己的特长和优势,只要能充分认识并发挥它,就会使学共体生活更加精彩。

一、抓住别人的肯定

俗话说"当局者迷",人很难客观、准确地认识自己,因此发现自身的优势和特长也不是一件容易的事。很多时候,我们可以从别人的肯定中来发掘自己的特长,比如案例中的这位核心成员:"我们(原)会长就一直鼓励我,然后我写了之后她也是蛮肯定的,我们的成员也夸我,说我文笔很好",因为这样的鼓励,"慢慢地每次都是我写,写得多了就有自信了,敢写了"。作为一个退休前从未从事过文字工作的人来说,她从来不知道自己擅长文字,只是在偶然的一次记录之后,这种特长得到了学共体成员的一致肯定,进而成为她身上闪光的品质。这种情况在学共体中还有很多,比如原本在单位默默无闻的一名职员,加入学共体后被大家发现原来具备良好的协调沟通能力;比如从未有过任何主持经验的成员,加入学共体后被发现还具有主持天赋;比如已经退休的工人,因为加入学共体而激活了自己身上的音乐天赋,迅速成长为学共体骨干……这样的案例在学共体中比比皆是,是学共体给了每个人重新发掘自己的机会,也是成员之间互相的肯定和发现的眼光让每个人的闪光点在这个集体中得到绽放。所以,抓住别人的肯定并挖掘自己的潜力,是认识自己特长的有效方法。

关于别人的肯定和建议对个体发展的作用,或许我们还可以从下面这个故事中得到启发:诺贝尔化学奖获得者奥托·瓦拉郝,在开始读中学时,父母为他选择的是一条文学之路,不料一个学期下来,老师为他写下这样的评语:"瓦拉郝很用功,但过分拘泥,这样的人即使有着完美的品德,也绝不可能在文学上发挥出来。"此时父母只好尊重儿子的意见,让他改学油画。可瓦拉郝既不善于构图,又不善于润色,对艺术的理解力也不强,成绩在班上是倒数第一,学校的评语更是令人难以接受:"你是绘画艺术方面不可造就之才。"面对如此"笨拙"的学生,绝大部分老师认为他已成才无望,只有化学老师认为他做事一丝不苟,具备做好化学实验应有的品质,建议他试学化学。父母接受了化学老师的建议。这下,瓦拉郝智慧的火花一下被点着了。绘画艺术的"不可造就之才"一下子变成了公认的化学方面的"前程远大的高才生",并最终获得了诺贝尔化学奖。

二、强化成就感

我们会发现旅游中往往有两种人,一种是喜欢拍照的,一种是喜欢浏览风景的。喜欢拍照的人,他们更多的兴趣在于旅游结束后回家欣赏照片和处理照片,一张张拍摄成功和制作精美的照片,是他们内心最大的满足。他们乐此不疲,每一张精良的照片制作完成,都激励着他们下一次去制作更加精良、水准更高的照片。在学共体中同样也是这样的道理。比如案例中的核心成员,"我自己在做的过程中也是蛮有成就感的其实。在我们读书会里面不仅能读书,还能发挥自己的一技之长服务大家,我感到是一件蛮开心的事",她就提到了"成就感"。人在达成目标之后,会有一种满足感,这种满足感其实就是成就感。我们参加学共体的核心成员,每个人内心深处都有一种上进的精神,在经过一段时间的努力之后,需要一种认可和一个自己想要的结果,在这种结果的激励和迎合下,会感受到精神世界的享受,不断强化这种成就感,对这件事情的追求就会越高,进而产生良性循环。由此可见,强化自己的成就感,能够帮助我们以更好的精神状态对待一件事情,因而也就更容易做得好,长此以往,就能够形成自己的优势和特长。

三、坚持做一件事

先来看这样一则故事:法国作家莫泊桑,很小便表现出了出众的聪明才智。一天,莫泊桑跟舅父去拜访舅父的好友——著名作家福楼拜。舅父想推荐福楼拜做莫泊桑的文学导师。可是,莫泊桑却骄傲地问福楼拜究竟会些什么,福楼拜反问莫泊桑会些什么,莫泊桑得意地说:"我什么都会,只要你知道的,我就会。"

福楼拜不慌不忙地说:"那好,你就先跟我说说你每天的学习情况吧。"莫泊桑自信地说:"我上午用两个小时来读书写作,用另两个小时来弹钢琴,下午则用一个小时向邻居学习修理汽车,用三个小时来练习踢足球,晚上,我会去烧烤店学习怎样制作烧鹅,星期天则去乡下种菜。"说完后,莫泊桑得意地反问道:"福楼拜先生,您每天的工作情况又是怎样的呢?"

福楼拜笑了笑说:"我每天上午用四个小时来读书写作,下午用四个小时来读书写作,晚上,我还会用四个小时来读书写作。"莫泊桑不解地问:"难道您就不会别的了吗?"福楼拜没有回答,而是接着问:"你究竟有什么特长,比如有哪样事情你做得特别好的?"这下,莫泊桑答不上来了。于是他便问福楼拜:"那么,您的特长又是什么呢?"福楼拜说:"写作。"

原来特长便是专心地做一件事情。于是莫泊桑下决心拜福楼拜为文学导师,一心一意地读书写作,最终取得了丰硕的成果。

发现自己在某些领域比较擅长,或者做某一件事相对比一般人容易,这只是认识自身特长的第一步。如果不能坚持下去,还是很难形成自己的特长,或者说很难在自己的优势领域脱颖而出。那如何才能真正形成自己的特长和优势,案例中的核心成员给了我们提示:"刚开始的时候我还有点胆怯的","慢慢地每次都是我写,写得多了就有自信了,敢写了,也会写了"。从一开始的"胆怯",到"敢写",再到"会写",核心成员只做了一件事,那就是——"每次都是我写"。因为自己喜欢,因为得到了别人的肯定,她发觉了自己的写作才能,更是因为坚持做这件事,她最终得到了大家的高度认可和自己满满的成就感。

【专栏 1】

"你的名字写得很漂亮嘛,这就是你的优点啊"

一个穷困潦倒的青年,流浪到巴黎,期望父亲的朋友能帮自己找一份谋生的差事。"数学精通吗?"父亲的朋友问他,青年羞涩地摇头。"历史、地理怎么样?"青年还是不好意思地摇头。"那法律呢?"青年窘迫地垂下头。"会计怎么样?"父亲的朋友接连发问,青年都只能摇头告诉对方——自己似乎一无所长,连丝毫的优点也找不出来。"那你先把自己的住址写下来,我总得帮你找一份事做呀。"青年羞愧地写下了自己的住址,急忙转身要走,却被父亲的朋友一把拉住了:"年轻人,你的名字写得很漂亮嘛,这就是你的优点啊,你不该只满足于找一份糊口的工作。"把名字写好也算一个优点? 青年在对方眼里看到了答案。哦,我能把名字写得叫人称赞,那我就能把字写漂亮,能把字写漂亮,我就能把文章写得好看……受到鼓励的青年,一点点地放大着自己的优点,兴奋的他脚步立刻轻松起来。数年后,青年写出享誉世界的经典作品。他就是家喻户晓的法国 19 世纪著名作家大仲马。①

---

① 王芳.放大你的优点[J].意林文汇,2014(7):65.

【专栏2】

缺陷也能成为优势

日本有个十一岁的小男孩,因为车祸失去了左臂,但是他很想学柔道,于是拜一位柔道大师为师。他学得认真而刻苦,可三个月了大师始终只教了他一招。小男孩忍不住问师父是不是可以学别的招数,师父告诉他这一招就够了。小男孩很听话地继续练。几个月后开始参加比赛,小男孩顺利而又迷糊地进入决赛,并在决赛用他那一招将强大的对手击败。小男孩终于鼓起勇气问师父为什么自己可以凭借一招就赢得了冠军。师父答道:"有两个原因。第一,你几乎完全掌握了柔道中最难的一招;第二,就我所知,对付这一招唯一的办法就是对手抓住你的左臂。"①

【自我评估】

对照下列问题,您做到了什么程度?

1.我觉得自己足够优秀吗?如果让我列出自己的5个优点,我觉得是什么?

2.我是否有某一项才能经常得到别人的认可?

3.我是否有这样一种体验:在做某一件事时经常能够让我产生成就感?

4.我是否能将自己擅长的事情坚持做下去?

【延伸阅读】

1.马丁·塞利格曼.认识自己,接纳自己[M].任俊,译.沈阳:万卷出版公司,2010.

2.马丁·塞利格曼.活出最乐观的自己[M].洪兰,译.沈阳:万卷出版公司,2010.

---

① 王芳.放大你的优点[J].意林文汇,2014(7):65.

话题 17　正确看待荣誉

【案例先导】

　　"正确看待荣誉"这一话题的出现,是因为研究者在实地走访调研过程中发现,有些核心成员和学共体对荣誉的追求已经超过了适度的界限,开始走向极端。研究者认为,如何正确看待荣誉,也是核心成员需要关注和重视的问题,或者是需要提醒核心成员注意的问题。而且,不仅核心成员存在不能正确看待荣誉的情况,其他成员也同样存在。而所谓的不能正确看待荣誉,往往都是过分追求和看重荣誉。

　　在走访中,有这样的一个案例:

　　某时装队现任队长抱怨,在她接手之后,队里的队员流失过快,对时装队的发展造成了非常不好的影响;之所以会出现这样的问题,原因就是队员们过分看重荣誉。之前老队长在时,时装队就经常外出参加各种表演和比赛,拿了不少奖,甚至还上过市里的电视台,队员们因此总有高人一等的优越感,认为自己和社区中其他学共体不一样。每次社区组织各种活动时,队长常常以时间冲突为借口拒绝参加,其实是觉得社区里面评选的荣誉缺乏档次,不具备吸引力。为此,社区管理者也曾找老队长谈过心,认为她们应该要多支持社区活动,不应该和其他学共体格格不入。老队长本来就认为社区这个小舞台满足不了她们,不能真正展现她们的风采,社区评选优秀团队之类的荣誉,她们时装队也往往不屑于参加;经过这件事情之后,她索性请辞,不再担任队长,而是到其他社区重组了一个时装队。重组的新时装队由于成员不足,老队长就想要挖原来时装队里的成员,她的吸引条件就是,跟她参加新的时装队,能够有更多"露脸"的机会和更好的舞台,因此,许多老队员也纷纷请辞,跟随老队长去了新的时装队,从而导致现在的时装队人员匮乏,人心不稳。

　　看了案例中老队长的做法我们不难感受到,对于荣誉的过分追求已经歪曲了原本的学习目的,也背离了学共体中学习的题中应有之义,这是我们所不愿意看到的,也是不应该发生的。当然,我们并不反对追求荣誉。人作为社会化的动物,需要存在感和认同感,而荣誉的获得本身就代表了一种认同,它会让获得者更有动力,因而追求荣誉无可厚非,而且有利于个体和集体的发展。但是,本话题要探讨的问题,是"正确看待荣誉",也就是对于荣誉的追求要适度,不能将其作为全部的努力方向和目标,更不可能作为学共体的终极追求。正如查·萨姆纳所言:"除了能造福于人类的工作之外,世上再也没有什么事业能获得真正而永久的名声了。"学共体的最终追求,理应是个体生命的充实成长,其他违背或阻碍这一目标实现的因素,都需要我们谨慎对待,不要被荣誉蒙蔽双眼。

那么,我们该如何正确看待荣誉,如何不让自己被荣誉蒙蔽双眼呢?结合案例中的经验教训,加之自己的思考,有以下几个方面可供核心成员参考。

一、荣誉是途径而非目的

正确看点荣誉的第一条,我们需要知道荣誉存在的意义。之所以会有各种各样的荣誉,就是因为它是一种激励手段。在我们的日常工作和生活中,将荣誉和工作成绩、职位晋升、物质条件的获得、先进典型的评选等结合起来,可以鞭策人们保持工作热情,保有不断提升自己的力量,同时也可以对其他人产生感召力,从而激发潜能,达到更好的效果。从以上论述中可以发现,荣誉,只是而且只能是一种途径和方法,而非目的。如果将对荣誉的追求作为人生的终极目的,那么就会丧失生命存在的意义,甚至适得其反。

诺贝尔奖评委佛勒斯特姆教授说过这样一句鞭辟入里的话:"其实,科学的重要性并不在于是否获奖,重要的是做有趣的科学研究。诺贝尔奖得主们自己也许都没意识到今后会获奖,他们只是在研究上充满好奇心,执着地做自己喜欢的工作。"这句话可谓一语中的。所以我们要明白,荣誉只是肯定我们、激励我们的一种途径,而非终极追求,如果将其作为追逐的目标而刻意、过度去追求,最后会物极必反,丧失初心。

二、荣誉是把双刃剑

居里夫人说:"荣誉就像玩具,只能玩玩而已,绝不能守着它,否则一事无成。"我们追求荣誉,只是看到了荣誉带来的好处,而忽略了它的消极作用。其实,荣誉是一把双刃剑,除了能催人奋进之外,它还能让人头脑发昏。如果我们把获得的荣誉当作新的起点,那么就会在原有基础上更加努力,从而让自己获得更大的发展,百尺竿头,更进一步;如果将荣誉作为终极目标,那么很容易忘乎所以,居功自傲,从而导致自己故步自封,不再进步。

众所周知的特蕾莎修女,在被授予诺贝尔和平奖之后,她并没有因此满足,因为她的使命是救助人,在此之后的岁月里,她仍旧坚守初衷,致力于救助贫民,把她的一生都奉献给了加尔各答。当然,我们不是伟人,只是平凡世界中热衷学习、追求自身生命完满的普通人,但即使如此,对荣誉的过度追求也足以毁掉一个人。所以,适度即可,荣誉对于我们而言,只不过是一个肯定,没有了它,我们依然可以共同学习、共同成长。

三、再多的荣誉也抵不过内心的富足

苏格拉底说:"你们不能只追求荣誉和享乐,要知道,知识才是美德。你们不能只注意金钱和地位,而不注意智慧和真理。你们不要老想着人身和财产,而首先要改善你们的心灵。金钱不能买到美德,美德却能产生一切美好的东西。这就是我的教义。"英雄保尔说:"人最宝贵的是生命。生命属于我们只有一次。人的一生应当这样度过:当他回首往事时,不因虚度年华而悔恨,也不因碌碌无为而羞愧。这样,他在临死的时候就能够说:'我将整个生命和全部精力都献给了世界上最壮丽的事业——为人类的解放而斗争。'"

美国心理学家亚伯拉罕·马斯洛在 1943 年提出了需求层次理论,他将人类的需求从低到高按层次分为五种,分别是:生理需求、安全需求、社交需求、尊重需求和自我实现需求。从中我们也可以得到些许启示。追求荣誉,其实质是为了获得尊重和认同,因而我们可以将其理解为对应了需求层次的第四个层次,也就是尊重需求。但从需求层次理论中发现,自我实现的需求才是人类需求的最高层次,是高于尊重需求之上的,这说明了一个什么道理呢?它告诉我们,任何的外部认可和荣誉,其实远没有内心的富足、自我实现来得有意义。学共体作为一个守望相助的学习共同体,我们的要义是满足个体对于生命成长的追求,也就是自我实现的需要。那么越是追求荣誉,就说明我们离初心也就越远,因为我们被荣誉蒙蔽双眼,从而忘记了初心,也忘记了使命。这样下去,学共体不仅会丧失它存在的意义,更会丧失其赖以生存的土壤,最终只能走向终结。因此,当我们追求荣誉的时候,要多想一想我们的初心。随着时间的流逝,这些外界的荣誉和认可只能慢慢被人遗忘,而生命的成长和问心无愧,却能伴随我们不断前行,成就一个更好的自己。

【专栏】

信鸽与奖章

有这样一个"信鸽与奖章"的故事:有一只信鸽,长期刻苦训练飞行技术,练

得一身好本领。它常以其灵巧的飞行摆脱老鹰的追捕。它在某次飞行比赛中获得冠军,俱乐部负责人授予它金质奖章。它沾沾自喜地把奖章挂在翅膀上,从此不再练习飞行。后来,在一次飞行中,竟被老鹰捕食。

这个故事告诉我们,荣誉是对刻苦努力者的褒奖,是对成功者的赞誉。但是,获得者如沾沾自喜,不再继续努力,把它作为炫耀资本,则很有可能是失败的开始,就像这只信鸽一样,得到了奖章,却把自己送进了老鹰的口中。

所以说,荣誉是把双刃剑,人们要正确地看待它,把它作为新的起点、劳作的动力,树立对自己更高的要求,戒骄戒躁,谦虚谨慎,拥有平常的心态,永远做平常的自己。

【自我评估】

对照下列问题,您做到了什么程度?

1.我很在乎个人和集体荣誉吗?

2.我是否为荣誉所累?

3.我是否认为获得了某项荣誉就证明是一个好的学共体?

4.我认为学共体的最终目标是赢得荣誉吗?

5.如果没有荣誉,学共体是否也能很好地发展?

6.成员在学共体中得到满足,和学共体获得某项荣誉,哪个更能带来成就感?

【延伸阅读】

1.马洛·摩根.哪怕两手空空,也要看见生命的璀璨[M].钱峰,译.北京:印刷工业出版社,2013.

2.大卫·瑞雷.灵魂的目标[M].蒋颖,译.昆明:云南人民出版社,2010.

第 三 章

执行力

话题 1　以他人能够接受的方式表达爱

【案例先导】

"我们和别人最大的区别是什么？我们不是像普通的老师一样在上面讲大道理，我们会根据我们对象的不同来进行调整，让他们觉得就是针对他们量身定制的，这样才能真正打动人心，而且每次活动之后我们会聚在一起，大家一起讨论一下看看这次我们哪里做得好，哪里还需要改进，需要下次注意的，我们都会说出来，甚至有时候大家意见会有矛盾，这是没关系的，我们不怕，因为我们都是为了让我们这个茶艺室越来越好。

比如我们去年过年的时候去给失独老人和戒毒所的人讲课，其实也不是讲课，就是给他们带去茶艺。茶说是贵族的东西，它也是平民的东西，品好一杯茶，就像你做好一个人，不容易的。你像我们上次去戒毒所的时候，早上五点钟起床的哦，天气那么冷，我们几个人就带上我们的茶具，因为不只泡一道茶嘛，那个茶具就会比较多，我们都很乐意的。我们去的时候真的是哦，里面很多人年纪都很小，比我自己的小孩还小，我就觉得他们就是我的孩子。我们就一边给他们展示一边讲，就是那个静静的、慢慢的氛围，会让你觉得整个心都平静下来，心灵就受到洗涤的感觉，特别好，他们也觉得，哦，你是真正理解他们的，没有任何的歧视在里面。我们讲的时候我一直在观察下面的人，好多人眼里都泛着泪光的，真的，最后的效果特别好，他们也都很喜欢，所以说你要根据你对象的不同，来调整你的东西，才能得到他们的认可。

我们现代人就是什么都太快了，太浮躁，没有真正能够沉下来的东西，我觉得我们茶艺就是一种很好的方式，从这一杯茶里面你就能慢慢品出人生来，学着慢下来，很多事情慢下来了其实都能解决的，没有什么解决不了的。我们这里有一个成员就是这样的，刚开始来的时候脾气急的嘞，做什么事情都是急吼吼的，慢慢经过熏陶之后，她能静下来了，连她身边的人都说她变了，变得好相处了，变得温柔体贴了，你真的什么事情都没有那么急的时候整个人的感觉都不一样了，才是真正懂得怎么去生活。"

我们生活在人际世界中，学共体中更是如此。如何更好地付出爱、享受爱、接纳爱，是一个非常值得探讨的话题。案例中的核心成员就提供了值得借鉴的方法，"你要根据你对象的不同，来调整你的东西，才能得到他们的认可"，这正是在以别人能够接受的方式表达爱。

一、最好的爱，就是尽力去彼此的世界里体验与感受

爱是平等的，我们付出爱，同时也收获爱，在付出和收获的过程中，我们都在平等地享有爱，获得内心的安宁和平静。正如案例中核心成员所说："我就觉得他们就是我的孩子。我们就一边给他们展示一边讲，就是那个静静的、慢慢的氛围，会让你觉得整个心都平静下来，心灵就受到洗涤的感觉，特别好，他们也觉得，哦，你是真正理解他们的，没有任何的歧视在里面。"这种没有歧视的、平等的爱，让身边的人感受到关怀，也真正反映了一个核心成员的能力。

但是，世界上没有绝对平等和对等的爱，最好的爱，就是尽力去彼此的世界里体验与感受。当你放下偏见和执念，愿意真正走进别人的内心世界，感悟别人的心理状态，才能让"他们也觉得，哦，你是真正理解他们的，没有任何的歧视在里面"。也正是这样的做法，才会让"好多人眼里都泛着泪光"。

二、只有真正懂得爱的人才会真正表达爱

案例中核心成员口中的"某成员"，从最开始的"急吼吼"到越来越淡然，就在于她放下了自己心中的执念，真正懂得了爱。在这种淡然的心态下，她才能更好地给予爱，让身边的人感受到她的改变——"变得好相处了，变得温柔体贴了"。诗人泰戈尔说过："当鸟翼系上了黄金时，就飞不远了。放弃是生活时时处处应该面对的清醒选择，学会放弃才能卸下人生的种种包袱，轻装上阵，安然地对待生活的转机，度过人生的风风雨雨。"当真正放下执念的时候，才说明一个人真正懂得了爱。

"我们去的时候真的是哦，里面很多人年纪都很小，比我自己的小孩还小，我就觉得他们就是我的孩子"，这也是一个很好的佐证。核心成员把服务对象当作是自己的孩子，真正从心底去接纳他们，因而愿意全身心投入爱，愿意让他们感受到爱和包容，愿意为他们带去爱的真实体验。也正是因为这样，她才懂得如何能够让他们真正感受到爱，而非歧视。

三、正视冲突，让爱更真实

爱并不代表没有冲突，人际冲突是无法避免的，只要有人的地方就有可能

出现冲突。但并非所有的冲突都是有害的,如果能够有效引导和适当运用,冲突甚至也会对学共体的发展产生促进作用。当然只有在正常范围内的冲突,才能促进发展。如案例中:"甚至有时候大家意见会有矛盾,这是没关系的,我们不怕,因为我们都是为了让我们这个茶艺室越来越好。"

其实在每种类型的学共体中都会或多或少地遇到人际关系方面的问题,这种问题稍不注意就会影响到整个学共体的团结,会为学共体发展带来非常消极的影响。对于学共体发展过程中遇到的个人主义凸显的问题,最有效的方法还是加强学共体成员之间的理解和沟通。理解和沟通是团队发展的前提条件,经过充分的沟通和交流,成员之间可以加深了解,促进彼此的理解,也可以促进信息共享,因而有利于学共体的和谐发展。创造一种良好的沟通氛围,能使成员之间坦诚交流、友好相处、有效合作,营造团结和谐、融洽共事的良好氛围。对于个体而言,充分的沟通和交流能够使其更加融入学共体,感受到学共体的氛围,更多地从全局角度考虑问题。

四、及时反思,让爱更有效

"每次活动之后我们会聚在一起,大家一起讨论一下看看这次我们哪里做得好,哪里还需要改进,需要下次注意的。"这种及时的反思,能够帮助学共体不断成长,也能让学共体中的成员在每一次的反思中体会爱的表达。

爱就是生活,在爱的驱动中,有生活,有感情,有体验,也有无时不在的反思,这才是一个良好的状态。过去的成功是我们的财富,过去的错误也是我们的财富。正确的东西会使人变得更加聪慧,错误的东西也会使人变得更加清醒。"人非圣贤,孰能无过",经过一次次的反思,我们最终才能找到他人能够接受的方式来表达爱。

【专栏】

自己和他人

有一位少年去拜访一位长老,向他请教生活与成功之道:"我怎样才能让自己得到幸福,同时又能带给别人快乐呢?"

长老看了看他说:"我送你四句话,第一句话:把自己当成别人。"

少年想了想,说:"在我感到痛苦、忧伤的时候,把自己当成别人,痛苦就自然减轻了;当我欣喜若狂之时,把自己当成别人,那些狂喜也会变得平和一些,是这样的吗?"

长老点点头,说出了第二句话:"把别人当成自己。"

"在别人不幸的时候,"少年皱着眉头道,"真正用心去同情别人的不幸,理解别人的难处,在别人需要的时候,及时地给予帮助。"

长老微微一笑,又说出第三句话:"把别人当成别人。"

少年说:"你的意思是让我充分地尊重每个人的独立性,在任何情形下,都要根据别人特点和需要来调整自己的行为。"

"说得很好!"长老眼中流露出赞许的目光,说出了第四句话:"把自己当成自己。"

想了一会儿,少年遗憾地说:"这句话的意思,我一时还悟不出来。而且这四句话之间也有许多自相矛盾之处,我用什么才能把它们统一起来呢?"

"很简单,用一生的时间和经历。"长老说道。

少年沉思良久,叩谢而去。

【自我评估】

对照下列问题,您做到了什么程度?

1. 我是不是每天匆匆忙忙,甚至抽不出时间停下来看看周边的人和事?

2. 我是不是会忽略交往过程中别人一个细微的动作或者言语?

3. 我自己是如何表达爱的?

4. 在遇到冲突时,我会一味逃避吗?

5. 我有反思的习惯吗?

【延伸阅读】

1. 刘墉. 没有不能沟通的事[M]. 武汉:长江文艺出版社,2005.

2. 盖瑞·查普曼. 爱的五种语言[M]. 王云良,译. 北京:中国轻工业出版社,2006.

3. 米兰·昆德拉. 慢[M]. 马振骋,译. 上海:上海译文出版社,2003.

话题 2　协调助力学共体成长

【案例先导】

茶艺学共体 Z 老师在协调管理上比较有心得，她跟我说过这样一个例子："就拿我们这次去演出说吧，因为演出只要 6 个人，6 个人呢 3 个主泡，主泡就是泡茶的，副泡就是奉茶的，只要 6 个人，那天弄好了以后我跟她们说，3 个主泡就在你们 6 个人中间产生，我讲两遍，谁上主泡不一定，就是说你技能什么都达到标准了，但是你不到主泡的位置也不是说你泡不好这壶茶，我们从整体的角度来看问题，所以定好了怎么样就怎么样，中间不要再有变动。

我现在组建队伍有几个考虑因素：第一，文化程度要高一点；第二，心理素质要好一点；还有一个，接触了以后要先到我的茶艺班来学习，然后再考虑你能不能到我们这个队来。为什么，我们这一个队是整体，讲究和谐，大家要互相照顾的，因为一个表演就要两个三个人，你上她不上，她不高兴，她上你不上，你又不高兴，那我还怎么安排呀。那我就从这样整体考虑，比如高个大一点的一台，压得住；个子比较小一点，但是她又能指挥的，能带动的，这些人一台，这回我就是找的这样一批人，弄下来发现真的不错的，小个子她也有小个子的优势，看起来娇小可爱的，蛮赏心悦目，很舒服。那我就这样分配。为什么呢，因为从场馆的角度、演出的场所，各方面都要结合起来看的，小的场地不适合安排个子太高的人，这样会显得空间很局促、很拥挤。所以，我就是这么一个做法，在不同的场合我们会安排不同的人，让大家都有展现自己的机会，我们是根据每个人的特质来的。但就是这样，也有不高兴的，那我就要跟她解释说，这次为什么没有让你上，可能是你个子比较高，这次都是个子小一点的对吧，让她能够理解你的用心和安排，那她就没什么说的了。"

所谓协调，是指基于一定目的，运用恰当手段，对影响工作的相关因素所进行的调适和磋商。[①] 协调的核心是使有关部门和人员和谐地进行工作，在各自岗位上，朝着一个目的共同努力。其目的在于消除内耗、化解矛盾，把各方面力

---

① 幸胜标.谈谈协调技巧[J].空军政治学院学报,1997(4):48.

量汇聚成和谐统一的合力,以求得最佳效益,实现共同目标。美国人际关系专家,被基辛格博士誉为"成功者的太阳"的卡耐基说:"一个人事业的成功,只有15%是由于他的专业技术,剩余85%归于他的人际关系和协调能力。"核心成员如何协调组织好学共体成员,可以从三个方面进行借鉴。

一、充分了解为基础

合理的角色分工能让学共体发展和谐,反之,一旦出现角色模糊、角色错位、角色冲突、分工不合理的现象,则可能导致学共体不稳定、冲突不断,影响学共体的发展和成员的自我成就。没有完美的个人,每个成员都有自己的优点、缺点,学共体强调的是成员互帮互助,协同工作,所以,核心成员进行协调组织的基础,是了解成员的优点和积极品质。如果每位成员都主动去寻找其他成员的积极品质,那么学共体的协作就会变得很顺畅。如果核心成员能够充分了解成员的特质,了解其长处和短处,就能够做好组织协调工作。

如 Z 老师在安排茶艺表演时的做法:"我就从这样整体考虑,比如高个大一点的一台,压得住;个子比较小一点,但是她又能指挥的,能带动的,这些人一台。""在不同的场合我们会安排不同的人,让大家都有展现自己的机会,我们是根据每个人的特质来的。"她就是在充分了解成员特质的基础上,再根据实际需要综合考虑,尽量安排每个人到最合适的位置上去。

核心成员要立足现实,对成员有一个较为全面的认知,要分析其各自的性格特征、能力、环境等具体因素和条件,了解和把握成员的期望值,扬其所长,避其所短,根据他们的特点去进行协调组织,给每个成员提供一个充分施展、表现自己的机会,这样的协调组织才能真正有效。

二、学会欣赏

三人行必有我师,每一个人的身上都会有闪光点,都值得我们去挖掘并学习,每个人都可能会觉得自己在某个方面比其他人强,学共体中的任何一位成员,都可能是某个领域的专家。学共体的效率在于每个成员配合的默契,而这种默契来自于成员的互相欣赏和熟悉——欣赏长处、熟悉短处。欣赏就是主动去寻找团队成员的积极品质,然后学习这些品质,并努力克服和改正自身的缺点和消极品质。对于核心成员来说,善于发现每个成员的优点,是走近他们身边、走进他们之中的第一步。

案例中 Z 老师说了这样两句话:"小的场地不适合安排个子太高的人,这样会显得空间很局促、很拥挤。""小个子她也有小个子的优势,看起来娇小可爱的,蛮赏心悦目,很舒服。"在她的眼里,每个人都有自己擅长的地方,她的聪明就在于,懂得欣赏不同成员的长处,并将其发挥出来。从谈话中可以感受到,她的赞美是发自内心的,是从内心认同的,因此这种欣赏才是有力量的。

没有缺点的人是不存在的,关键是你用什么标准来取舍一个人。如果你以优点来取舍这人,他的优点会越来越多,因为你每天都在激励他的优点,促进他的优点更具优势;但是如果你以缺点来取舍一个人,那么他的缺点也会越来越多,因为你每天都在提醒他的缺点。所以,学会欣赏,懂得欣赏,让每个人都能感受到被人尊重和欣赏,这样即使再累再辛苦,成员也会觉得很满足。可以说,欣赏学共体中的每一个成员,其实就是在为学共体增加助力。当人尽其才,每个人都发挥了自己的长处时,学共体也就有了无限的发展可能。

三、设定标准并严格执行

人类社会需要规则,因为规则是社会秩序得以维持的必要条件,而保证规则得以遵守的最有效机制是利益调整。因此,规则是和人类社会共生的。关于规则和标准,Z老师的做法是:"我们从整体的角度来看问题,所以定好了怎么样就怎么样,中间不要再有变动。"这就是通过制定和遵守规则来进行协调的做法。对于核心成员的启示就是,我们在协调组织的过程中,一定要注意规则的制定。这里的规则不一定是成文的规定,也可以是大家建立的共识,但无论是硬性规定还是软性共识,都要明白:规则制定的目的只是为了有序,以便有更高的效率。另外,在规则形成之后,核心成员要带头遵守和进行维护,让规则能够真正发挥作用,确保协调的有序性和有效性。

【专栏】

到底输在哪里

有两个划船队,J队和M队,要进行划船比赛。两队经过长时间的训练后,进行了正式比赛,结果M队落后J队1千米,输给了J队。M队领导很不服气,决心总结教训,在第二年比赛时,一定要把第一名夺回来。通过反复讨论分析,发现J队是八个人划桨,一个人掌舵;而M队是八个人掌舵,一个人划桨。不过,M队领导并没有看重这点区别,而是认为,他们的主要教训是八个人掌舵,没有中心,缺少层次,这是失败的主要原因。

于是,M队重新组建了划船队的领导班子。新划船队人员结构如下:四个掌舵经理,三个区域掌舵经理,一个划船员,还专设一个勤务员,为划船队领导班子指挥工作服务,并具体观察、督促划船员的工作。这一年比赛的结果是J队领先2千米。M队领导感到脸上无光,讨论决定:划船员表现太差,予以辞退;勤务员监督工作不力,应予处分,但考虑到他为领导班子指挥工作的服务做得较好,将功补过,其错误不予追究;领导班子成员每人发一个红包,以奖励他们共同发现了划船员工作不力的问题。

【自我评估】

对照下列问题,您做到了什么程度?

1.我能较为充分地了解成员的个性特征和能力优势。

2.对于每个人身上的优点,我会进行赞赏并激励自己学习这些优点。

3.当发生冲突时,我们有大家普遍遵守的规则和解决问题的依据,我会带头遵守和执行这些规则。

【延伸阅读】

赵伟.给你一个团队,你能怎么管?[M].南京:江苏文艺出版社,2013.

话题 3　用心去沟通

【案例先导】

在访谈中,几个核心成员都提到,和成员相处过程中,最重要的问题就是交流沟通,这甚至会成为影响团队发展的关键所在。因此,与成员交流和沟通的能力,是核心成员需要具备的一项重要能力。

上海某拳操学共体的 K 老师讲过这样一个案例:"最怕的就是相互之间不理解,互相讲对方不好,尤其是女同志多的队伍,更容易出现这个问题。我喜欢大家有话大大方方说出来,不要藏着掖着,我可以指出你的错误,你也可以指出我的错误,我不是那种不通情达理的人。平常训练的时候,有时候我们队员指出来我的问题,如果我反思觉得就是我的问题,我从来不会说碍于面子不承认,只要是我的问题,我一定虚心接受,这样才能互相监督进步。你不能说我是队长我肯定不会错的,谁也不敢保证我不会犯错,不要认为自己是队长就多了不起,队长也是人啊,是人都会有犯错的时候,你心态要摆正。"

上海某茶艺学共体的 Z 老师也讲过这样的案例:"我们有一个老队员,每次都一定要当主泡,要上台,可是每次上台的名额有限,我总不能次次都让她上吧,一是不公平,二是有些能力比她强的人,尤其是年轻人,也需要展示的机会对吧。那么有一次我们区里比赛,我就说把机会给年轻人,她们也练得蛮好的。这样一来,这个队员她就不高兴了,活动也不参加,训练也不来了。当时我心里也气的,不能说每次都要依着你吧,我们是一个团队,不能把你的个人利益凌驾于我们集体利益之上吧,我也是为集体考虑啊对吧。但是后来我想了想,我自己是队长,不能耍小孩子脾气,不能只想着自己不开心或者人家做得不对,她也有不开心啊对吧,所以我主动去找她了。我跟她说,没看到你来活动,我心里很难过的,我们一路走来不容易,你平时对我们那么多的支持,我真的心里很感激。我是从全局角度考虑,看我们这支队伍,一个是从技术方面来考虑,一个是整体的、直观的角度考虑。后来她也回过气来,她说我知道你都是为了大家好,是我自己的问题。最后这个事情也就解决了。"

提到沟通能力,Z 老师还跟我讲了一个案例:"我们以前的一个队长蛮好的,她是一个很有亲和力的人,你有什么事情,不管是队里的事情还是自己家里的事情,遇到事情了就愿意跟她说一说,她一般也不大会给你评论,就是笑呵呵地听着你说,等你自己说完了、说够了,跟你聊上几句,那你心里就会通畅起来了,很奇怪的。其实我找她说也不是说一定要让她给我一个答案或者什么的,完全就是去找她倾诉发泄一下,感觉有这么一个人愿意听你唠叨不嫌你烦,心里有一种安全感,所以有什么事情经常会找她说。"

一、运用积极倾听

戴尔·卡耐基说:"如果希望成为一个善于谈话的人,那就先做一个致意倾听的人。"保罗·赵说:"沟通首先是倾听的艺术。"倾听是良好沟通的开始,无论是面对亲人、朋友还是同事,当你愿意倾听他人陈述,就代表着你愿意分享他的故事、愿意为他排忧解难,就能获取对方的信任。其实很多时候,人们需要的只是一个倾诉对象,当你真正愿意去倾听的时候,事情往往就能够迎刃而解。所以,倾听并不是简单的听,有时也是一种有效的沟通方式。就像案例中的 Z 老师所说:"其实我找她说也不是说一定要让她给我一个答案或者什么的,完全就是去找她倾诉发泄一下,感觉有这么一个人愿意听你唠叨不嫌你烦,心里有一种安全感。"

语言交流是人类互相交换信息的最基本的方式,倾听则是获取对方信息的最基础和重要的方式,所以倾听是沟通的前提和必要的保障。一般人聆听的目的是为了做出最贴切的反应,根本不是想了解对方。核心成员在和学员交流时要注意避免"为了说而听",要使谈话在轻松愉快的气氛中进行,这是倾听的重要前提。倾听有不同层次,最理想的倾听是"积极地倾听"。积极倾听能够带给我们更多的信息、更深的理解和更好的沟通效果,能够激发讲话者和听者的灵感,使双方积极参与到交流中来。它需要听者用积极的心理活动来理解讲话者所说的内容,并把这种理解反馈给讲话者。积极倾听的反馈能够帮助讲话者澄清思想,使交流更加准确。因此可以说,准确的交流产生于积极地倾听。作为核心成员,首先要学会积极地倾听。

二、开展同理心沟通

有这样一句话:要想知道别人的鞋子合不合脚,穿上别人的鞋子走一里。说的就是同理心的重要性。沟通的方式中也有据理力争和宽容忍让,而同理心沟通是集力争之刚强和宽容之弹性于一体的一种最适中的沟通方式。具备同理心沟通是站在当事人的角度和位置上,客观理解当事人的内心感受及内心世界,并同时把这种理解传达给当事人。同理心沟通有三个基本条件:站在对方的立场去理解对方、了解导致这种情形的因素、让对方了解这种设身处地的理解。

核心成员在与成员进行沟通时,一定要抛弃自己的"领导"身份,改变从自身预设的既定标准来回应对方的习惯,从而使两者之间能够产生共鸣,以融洽双方的沟通氛围。要将自己放在对方的位置上,体验对方的处境,专心倾听对方的谈话,让他觉得受到尊重,从而愿意真正敞开心扉,化解内心的矛盾。同理心沟通的出发点是为了"了解"而非为了"反应",也就是透过交流去了解别人的观念、感受,避免"为了说而去听"。尽量设身处地去想他们为什么要这样做。这比起批评责怪要有益、有趣得多,而且让人心生同情、忍耐和仁慈。一般来说,尊重对方,要有乐于听对方说话的表现,对方就乐于与你交谈了。

案例中 Z 老师提到:"后来我想了想,我自己是队长,不能耍小孩子脾气,不能只想着自己不开心或者人家做得不对,她也有不开心啊对吧,所以我主动去找她了",这是核心成员的气魄,也是同理心的驱使。在同理心作用下,更多地会从对方的角度出发进行思考,让对方感受到你的诚意,交流沟通自然就会变得不再困难。

三、坦诚承认错误

"人非圣贤,孰能无过?"没有人能确保自己不犯错误。在和成员沟通过程中,如果发现自己有不对的地方,你会怎么做?案例中 K 老师的话很有启发:"平常训练的时候,有时候我们队员指出来我的问题,如果我反思觉得就是我的问题,我从来不会说碍于面子不承认,只要是我的问题,我一定虚心接受,这样才能互相监督进步。你不能说我是队长我肯定不会错的,谁也不敢保证我不会犯错,不要认为自己是队长就多了不起,队长也是人啊,是人都会有犯错的时候,你心态要摆正。"

卡耐基说:"如果你是对的,就要试着温和地、有技巧地让对方同意你;如果你错了,就要迅速而热诚地承认,这要比为自己争辩有效和有趣得多。"对我们核心成员来说,交流沟通中要随时提醒自己:"我是与别人沟通,而不是与别人比赛。"切忌与对方争论不休,这是交流的大忌。尤其是当自己出现错误时,一定要坦诚地承认,不要尝试压倒别人来掩饰自己的错误,没有人会因为自己被贬低而屈服,也没有错误是能够真正掩饰得了的。在人际沟通的过程中,犯错之后能积极面对,不仅不会丢失人缘,而且还能进一步畅通人脉。核心成员需要明白,一个能意识到自己的错误并勇于承担的人会赢得更多尊重和信任。

【专栏 1】

不要急,先倾听

家居装饰卖场的一个店面里,一对父女在挑选地毯,销售人员迎上来,热情地问:"您好,两位想要选一款什么样的地毯呢?"

老先生并没有理会销售人员的问话,而是专心地对年轻女士讲着什么。销售人员看两位聊得出神,就暂时停住了接下来要推介产品的话术,而是注意听两位在讲什么。

然后销售人员从两位的谈话中获得了如下信息:

1.年轻女士是陪父亲来挑选地毯,这个地毯的使用者和决策者是老先生。

2.老先生的老伴去世了,女儿为了避免让老先生睹物思人,准备对房子进行全新的装修,所以地毯也要换。

3.老先生仍然对老伴思念甚浓,一直在向女儿讲述她去世的妈妈如何喜欢原来的地毯,如何打理和清洗,而现在剩他一个人,要不要都没有用了。

4.老先生家里还有一只小狗,老先生觉得不用买地毯是因为怕狗狗弄脏不好清理。

待销售人员听明白了这些信息之后,观察到父女俩的意见出现了分歧,父亲不太热衷挑选,而女儿则分外积极,于是销售人员走上去,先向女儿询问家里新装的家具风格,并推荐了与之配套的地毯的材质、色调。

然后又以向女士介绍间接说给老先生听的方式,介绍地毯的适用位置和防污功能,以免除老先生的忧虑。

最后销售人员直接对老先生夸赞他有一位孝顺的女儿,并说老先生身体如此健康,要多享受儿女给予的天伦之乐。一方面暗地里安慰了老先生的丧偶之痛,另一方面鼓舞老先生去享受新的生活。

就这样,本来无意购买的老先生终于在女儿的坚持和销售人员的建议下,购买了该家店面的地毯。

【专栏 2】

关于倾听的正反两例故事

反例：

孩子放学回家后对妈妈说："妈妈，我明天不想去上学了，我不喜欢老师！"

妈妈看都不看孩子一眼，一边做家务一边说："你在学校是不是又不乖了？又惹老师生气了？"

孩子："你总是向着老师说话！"

正例：

孩子放学回家后对妈妈说："妈妈，我明天不想去上学了，我不喜欢老师！"

妈妈放下手中的家务，蹲下来认真地对孩子说："老师让你这样生气了，你今天过得肯定不愉快。"

孩子："是呀，就是因为我没背好课文，老师就在全班同学面前批评我。"

孩子想了想，接着说："不过也怪我没有认真学习……"

在反例中我们可以看出，做妈妈的不仅没有认真倾听孩子的话，而且只知道一味地批评孩子，所以孩子的坏情绪越来越多，并且孩子的坏情绪由专门针对老师转向了针对妈妈。这时，妈妈再询问孩子在学校发生了什么事情，孩子肯定会紧闭心门，没有一点想与妈妈沟通的欲望。久而久之，亲子之间便会产生沟通的障碍。

而在正例中，妈妈与孩子沟通的姿态就大不相同了，她不仅全神贯注地倾听孩子说话，而且关注了孩子的情绪。看到妈妈如此重视自己，孩子的坏情绪会减少很多。当然，因为坏情绪的消失，孩子很快就会意识到自己的错误。

同样是孩子不想去上学，妈妈不同的倾听态度，或者说妈妈对孩子沟通的姿态不同，便会产生两种截然不同的效果。由此可见，积极地、全神贯注地倾听，是有效沟通的基础。

【专栏 3】

人生最大的财富是倾听

古希腊哲学家阿那克西米尼晚年的时候声望很高，拥有上千名学生。一天，这位两鬓花白的老者走上讲台，手中捧着一摞纸。他对学生说："这堂课你们不要忙着记笔记,凡是认真听讲的人,课后我都会发一份笔记。请大家一定要认真听讲,这堂课很有价值。"

学生们听完这番话,立刻放下手中的笔,专心听讲。但没过多久就有人自作聪明——反正课后老师要发笔记,又何必浪费时间去听讲呢?于是,他们假装专心听讲,心里却开起了小差。临近下课时,这些学生觉得并没有听到什么至理名言,不禁怀疑起来:这只不过是一堂普通的课,老师为什么说它很有价值呢?

课讲完了,阿那克西米尼将那摞纸一一发给学生。领到纸后,学生们都惊叫起来:"您不是说要给我们发笔记吗?怎么是几张白纸呢?"阿那克西米尼笑着走回讲台,说:"是的,我的确说过要发笔记,但我还说过请大家一定要认真听讲。如果你们刚才认真听讲了,那么请将听到的内容全部写在纸上,这不就等于我送你们笔记了吗?至于那些没有认真听讲的人,我并没有答应要送他们笔记,所以只能送白纸!"

学生们无言以对。有人懊悔刚才听讲心不在焉,面对白纸不知该写什么;也有人快速地将所记住的内容写在纸上。只有一位学生几乎一字不落地写下了老师所讲的全部内容,他就是阿那克西米尼最得意的学生,日后成为古希腊著名哲学家的毕达哥拉斯。阿那克西米尼满意地把毕达哥拉斯的笔记贴在墙上,大声说:"现在,大家还怀疑这堂课的价值吗?"

阿那克西米尼一贯主张,人生最大的财富是倾听。只有乐于并善于倾听,才可能成为知识的富翁,而那些不愿意倾听的人,其实是在拒绝接受财富,终将沦为知识的穷人。[1]

【自我评估】

对照下列问题,您做到了什么程度?

1.人际交往中,我是否能够做到"积极倾听"? 我是"为了说而听"还是"为了理解而听"?

2.当我与成员沟通时,我是否真的能够感受到他们当下的情绪? 是否能够让自己设身处地地体会他们的情绪?

3.当我犯错时,我是否会主动承认并及时纠正?

---

[1] 张小平.倾听的价值[J].故事家,2012(3):76.

【延伸阅读】

罗纳德·B.阿德勒,拉塞尔·F.普罗科特.沟通的艺术——看入人里,看出人外[M].14版.黄素菲,李恩,译.北京:世界图书出版公司,2015.

话题4　在规矩和自由中找到平衡

【案例先导】

　　在杭州有个以英语学习为主题内容的社区学习共同体,存在近十年。有意思的是,这个英语角没有名字。有的成员称之为"英语角",有的成员称之为"城西英语角",有的成员称之为"书吧英语角"(英语角现在的活动场所是教工路1013书吧),有的称之为"1013",等等。虽然没有固定的名字,但是有固定的活动时间,每周五晚上7点半到10点半是英语角的固定活动时间。没有固定的学习主题,但有自发的学习引领人。英语角的几张大小不一的长桌子,通常组合成四个小组,成员围绕小组就座展开学习。每个小组讨论的话题是不一样的,而在每个小组里,不同的时间学习引领人也是不一样的。例如,在一次活动中,原本大家在聊如何更好地训练听力,这时候,新来了一位成员小杨,他自带了一份资料,是美剧中出现频率最高的50个经典词语,有复印件10份,分发给大家。于是,小杨就成了这一内容的学习引领人,他提出游戏规则,让每个人用其中5个词语造一个句子,这样循环一圈。活动开始,对于不认识的词语和造句子时说不上来的英文,小杨都会积极给出提示和帮助,还有的时候也会出现某种干扰,没有轮到的人会突然插话,小杨便担负起维持秩序的责任,同时也会适时提醒已经轮到的成员发言。当这个游戏进行了大约30分钟的时候,成员们似乎有点倦怠了,于是,其中有一位成员小邓提出一个话题,"If you have a baby,what qualities do you want to cultivate in him?"得到了大家的响应,于是,小邓接替成为学习引领人,他提议轮流的秩序,提出发表意见的要求(他要求大家要有条理,清晰地表达自己的观点),维持发言的秩序,并且还对每位发言人的观点进行评判和回应,鼓励遇到障碍和略显害羞的成员积极发言,表扬发言流畅的成员,等等。随着话题的不断变化,学习引领人交替担任,而且学习引领人并不是由大家推荐或者由某些人认定,而是在学习活动的过程中自然产生,在大家自觉不自觉的状态下,由想要担负这个角色的人交替担任。进出自由,由脚决定。英语角非常的松散,但又有一股内在的牵引力,吸引大家不断地参与到共同体活动中来。虽然来的人职业不同,籍贯各异,年龄不等,但大家都不舍得离开,因为在这里他们非常自由,每个成员都可以选择成为学习的引领人,只要你的话题有趣,能够吸引他人参与。在这里他们是主人,这里是大家的精神家园。

一、约定俗成也是一种规矩

中国有句老话叫"没有规矩不成方圆",但社区学习共同体恰恰就是这么一个看似没有规矩的居民学习群体。我在采访中询问成员所在的共同体是否有明确的规则,大部分共同体成员都认为规则不重要。"我不喜欢规矩,我们都退休了,来这里就是开心一下,为什么要有规矩?""我们这里没有限制,大家都是自由的,我觉得这样挺好。"……但这是否意味着学习共同体真的没有规则?带着这样的疑惑我设计了另一个问题,即问成员:"如果要参加比赛,你们可以随便不来吗?"抛出这个问题后,我发现成员开始纷纷发表自己的观点,"那是肯定不行的啊,怎么能不来呀?""我们到快比赛的时候大家都要加强训练的呀,训练的时候都缺一不可,何况比赛呢?""我们训练的时候都不能随便请假的,有一次去参加全国的比赛,我们有个队员家里的长辈过世了,她都没请假,自己克服了。""我们是一个集体,大家心里都有数的。"……由此可见,社区学习共同体虽然没有明确的规定,但有其内在的规则,这种规则就是"大家心里有数",如果要用一个术语来界定那就是心理契约。

心理契约由美国著名管理心理学家施恩提出,他认为,心理契约虽然不是一种有形的契约,但它确实发挥着一种有形契约的影响。在施恩看来,企业的成长与员工的发展的满足条件虽然没有通过一纸契约载明,而且因为是动态变动的也不可能加以载明,但企业与员工却依然能找到决策的各自"焦点",如同一纸契约加以规范。[①] 我们认为社区学习共同体作为因居民共同学习而结成的实现人的生命成长和建立守望相助关系的群体,它的成员之间存在心理契约。这种心理契约涵盖了成员对共同体的认同,对共同体成员的认同,对学习活动的热爱,以及对共同学习目标的追求。存在于共同体中的心理契约是更高精神层面的,也更符合成员的本质意志。核心成员需要在共同体的发展中不断将共同体的心理契约渗透到学习活动中,并带领成员实现预期目标。

二、在"自选"与"共选"中寻找平衡

社区学习共同体成员具有选择的权利,这种选择包括是否参加共同体学习

---

① 汪中求.心理契约是团队凝聚剂[J].理财,2009(12):92.

是成员自主选择的结果,学什么内容是成员在自选的基础上共同选择的。在共同体中每个人都被赋予了充分的权利,成员之间结成了一种"不是亲人但胜似亲人"的关系,因此,每个人在共同体中都可以充分表达自己的思想,并共同为集体的选择负责。

自选是第一步,充分表达自己的想法,陈述自己的观点。共选是建立在自选的基础上,当成员表述了自己的观点后,需要通过共同决策来实现共同体的集体意志。共同决策的过程需要核心成员来引导,在某些时刻核心成员扮演着"一锤定音"的作用。如果说,在过去的成人生活世界中,共同体成员面对的都是个体决策,那么在学习共同体中,成员则要从个体决策的思维定式转向群体决策,因为群体决策能较好地保证决策结果的合理性和正确性,具有较好的执行性,而且往往更富于创造性。核心成员是群体决策的有力推进者,在群体决策中起着决定性的作用。群体决策由共同体成员参加,自然其意见也会纷繁多样,群体决策要达成统一的意见,需要核心成员应用一定的沟通谈判技巧去统一认识。在突发紧急情况下,核心成员要发挥自身的影响力,快速做出反应。对群体决策的结果,要树立共同负责的态度,不互相推诿,不互相责备,要营建一种氛围,让每一个成员觉得"这就是我做的决定,我要为我的决定负责"。

【专栏】

守规矩后更自由

德国的路,可能是世界上最好走的。车也是极多的:轿车,房车,面包车,车顶上、车背后带着自行车的"母子车"……上了公路,就像到了一个流动的车展上。你要超车,可以在超车道上尽快地开过去,可是只要超过前面的车了,就必须马上回到正常车道。所以,没有霸着超车道、堵着不让别的车上来的。这么一来,尽管路上有很多车,堵车现象却极少出现。德国人总说:"我们守规矩!"

不论在大城小镇里,交通规则是一样的,也是人人都懂得自觉遵守的。在人行道和快车道之间,往往有一条小道,路面上隔一定距离就可以看到一个白色的自行车图案,这是规定给自行车行驶的道路,行人既不能在上面行走散步,也不能站在那里等车闲聊。这,也是规矩。交通规则规定,如果行人在这条道上被自行车撞倒,骑车者是不负责任的,如果因此骑车人摔伤,自行车摔坏,行人却是要负责赔偿的。我们对这些规则一点概念也没有,所以每次下车那位德国司机都要紧跟着下来,把我们拉到路边,指着地上的自行车图案,让我们别往上站。

订出规矩,是让人遵守的,不是让人去钻空子的。当人遵守时,确实是受到了一定的约束;但是,当人人遵守时,每个人都得到了更多的自由。而当人人都去钻规矩的空子时,规矩就失去意义,这时,每个人都会感到极大的不自由,甚至受到伤害。

我曾在上海目睹了一场由于无视规矩酿成的惨祸:我坐在公交车司机后面的靠窗座上,当车开到一个十字路口时,前方刚跳出绿灯,公交车正常往前开。突然,车左边窜来一辆飞速行驶的助动车,车头猛地撞在我座位下方的车轮上,整个车身横倒在地,带着车主往前飞出十多米远,在地面擦出一道闪亮的火星。当助动车停下的时候,车主的生命也停止了……

这个画面常常在我回忆中闪现。事后我听说,这丧生的车主是个四十多岁的中年人,他的妻子正下岗待业在家,他的孩子是大学二年级的学生。一瞬间,一个家庭垮了……

所以,有了规矩,才有自由。

【自我评估】

对照下列问题,您做到了什么程度?

1.我的团队有明确的规定吗?

2.我的团队进出自由吗?

3.我的团队是个严格的组织吗?

4.我的团队成员可以决定学习内容吗?

5.我的团队有成员共同讨论的机制吗?

【延伸阅读】

卢丹丹.规矩的背后是自由[M].北京:中国妇女出版社,2015.

话题 5　不求近功，不安小就

【案例先导】

上海市徐汇区凌云街道 Y 校长是凌云街道社区学校的校长，也是街道学共体的负责人和管理者。对于学共体的管理，她有着这样的一段体验：

"当时我就提出来，以社区学校为一个点，把我们的社区学习团队辐射到整个小区。我们当时是有这么一个规划，想着通过三年乃至更长的时间，先营造氛围，然后通过很多的主题活动，以这里作为中心，慢慢地辐射到整个凌云 28 个居委，一定要把我们原来社区老年教育这块延伸出去，不然我们的社区教育不可能真正有效。我现在对老年人群最重要的思考，就是把我们老年教育的资源用足了，在我社区学校学习的人，上正规课程的，充其量不过千把人。但是我们整个社区有十万人口，一千个人跟十万人比，这个教育真的是杯水车薪，能干什么？而且这一千个人肯定本来就喜欢唱唱跳跳的，我们社区教育的目标绝对不是满足这一千个人，不是他们觉得高兴、好玩就行。我脑子里想的社区教育，如果狂妄一点的话，应该是让这个社区中的每一个人能感受到教育给他带来的变化，哪怕是极微小的，这是我的一个理念，就是给每一个住在这里的居民带来变化，这个变化或多或少，或大或小，最终是提升他的文明程度，这是我一直在想的一个问题。在这样的一种想法下，我一直在想到底应该怎么去延伸它，后来我发现社区团队是非常好的一个载体，怎么样把这个载体用起来、用好它，真正为我们社区的居民服务，扩大我们社区教育的学习群体，这是非常有意思的话题，也是很值得去做的一件事情。"

上述例子中，Y 校长的做法说明了长远眼光的重要性。做事情要把眼光放长远，不能只看到眼前的利益，这个道理几乎每个人都懂，但真正落实到行动上时，往往很难做到。眼光的长度是一个人的界限，一个人的眼光有多长远，他就能走多长远。把眼光放长远，这绝对不是一句简单的口号，而需要我们学共体核心成员通过具体的行动去磨炼，不断提升自己。以下提供了三个具体方法，以期能起到提醒作用。

一、提高预见性

相信我们很多人都说过这样一句话："早知道我就……"可现实却是,我们"早不知道"。那么如何才能做到"早知道"呢？其实就是要提高我们对事物的预见能力。科学的预见能避免和客观实际相悖逆的决策盲目性,特别是当今社会生活节奏加快,各种情况瞬息万变,学共体的核心成员只有具备远见卓识,站得高,看得远,才能适应这一新的时代,跟上时代的步伐,更好地服务学共体的发展。由于预见只是一种模糊不定性思维,具有或然性,可能成为现实,也可能只是一种理想化的状态,核心成员要努力尽量使预见结果和事物发展趋势之间的差异最小,努力避免决策上的失误。因而就要求全方位、多角度、多侧面来观察和思考问题,突破常规思维,善于另辟蹊径。此外,核心成员还要充分听取学共体成员的意见,努力避免不切实际的预见。否则,不仅费工耗力、劳民伤财,还会给学共体带来不应有的损失。

案例中 Y 校长提到这样一句话"当时我就提出来",这句话虽然只有简单的几个字,但足以看出 Y 校长的预见性所在。正是有了这种预见性和前瞻性,她才会不断留意,最终发掘出社区学习共同体这样一个载体,来实现她的社区教育理念。如果她心中没有对社区教育有所规划,那么就不可能看到并利用好学共体这一载体,也就不可能真正实现社区教育内涵,拓展社区教育受众群体,可见预见性和前瞻性的重要性。

二、抓住问题本质

有这样一个小故事:有一天动物园的管理员们发现袋鼠从笼子里跑出来了,于是开会讨论,一致认为是笼子的高度过低,从而导致袋鼠从笼子里跳了出来。所以他们决定将笼子的高度由原来的 1 米加高到两米。谁知第二天,他们发现袋鼠依旧能够跑到外面来,所以他们又决定再将高度加高到 3 米。

然而,没料到第三天居然又看到袋鼠全跑到外面,于是管理员们大为紧张,决定一不做二不休,索性将笼子的高度加高到 10 米:"嘿嘿,这下子看你还能不能跳出如来佛的掌心。"

第四天,袋鼠还是从笼子里跑了出来,而且,还在与它们的好朋友长颈鹿聊天呢。

"你们看,这些人会不会再继续加高你们的笼子呢?"长颈鹿问。

"很难说,"袋鼠说,"如果他们再继续忘记关门的话。"

这个故事告诉我们：只有找到问题的核心，问题才能真正得到解决。

在学共体中，我们不但要善于发现问题，解决问题，更要找出问题的核心去解决问题，才能切中肯綮，"药到病除"。如果只看问题的表面现象，"头痛医头，脚痛医脚"，结果就会像上面故事中盲目地加高笼子的高度一样，舍本逐末，文不对题，费力不讨好。任何复杂问题都有其本质特征，有其内在规律，抓住问题的本质，按客观规律办事，问题就会迎刃而解。

尝试用最简单的方法来解决问题，关键就在于要抓住问题的核心和本质。案例中 Y 校长的做法就是抓住了社区教育及学共体的本质：帮助个体成为更好的自己。为了达到这个本质目标，她通过发掘和留意身边的可用资源及载体，为实现目标提供保障。其实这些资源是每个人都看得到的，那么为什么只有 Y 校长想到去用呢？其实就在于她能够抓住问题本质的这种思考方式，这种思想的深度。她不是泛泛知道些表面的东西，而是能够从泛泛的现象看到本质。"举网以纲，千目皆张；振裘持领，万毛自整。"打鱼时，抓住网上的大绳，网眼就张开了；整理皮袄时，抓住领口一抖，毛就理顺了。处理复杂问题时，抓住问题本质，就等于抓住了问题的关键，也就像打鱼时抓住了网上的大绳，整理皮袄时抓住了领口，问题自然能够得到较好的解决。

三、多学习，扩大信息占有量

知识是这个世界上最有力的武器，一个人的知识越多，素质也就越高，他的人生观、世界观、价值观就会越成熟，眼光就越长远。因此，对于核心成员而言，首先要不断学习、不断扩展自己的知识面和信息占有量，如此才能够为长远眼光奠定扎实的基础，才能做出正确的决断。

知识面是一个抽象的名词，知识面要求的是广度，是一个人对知识的深化加工。扩展知识面首先要做的就是看书，杜甫说："读书破万卷，下笔如有神。"我们倒不用"下笔"，却要多方面了解"下笔"的方式。要多关心时事，并对热门的时事有自己的看法。多接触知识的媒介物，提高自己的知识素养。扩大知识面，对知识的深度没有太大的要求，重要的是以点带面，做个睿智、博学的人。

其次，学习是基础，实践出真知。学习的本质在于掌握事物的发展和变化规律，而所掌握的规律要在实践过程中去运用，学习和实践是相辅相成的。只有勤于实践，才能更牢固地掌握知识。

【专栏1】

一个人的眼光有多长远,他就能走多远

爱若和布若差不多同时受雇于一家超级市场,开始时大家都一样,从最底层干起。可不久爱若受到总经理的青睐,一再被提升,从领班直到部门经理;布若却像被人遗忘了一般,还在最底层混。终于有一天布若忍无可忍,向总经理提出辞呈,并痛斥总经理用人不公平。总经理耐心地听着,他了解这个小伙子,工作肯吃苦,但似乎缺少了点什么。缺什么呢?

他忽然有了个主意。"布若先生,"总经理说,"请你马上到集市上去,看看今天有什么卖的。"布若很快从集市回来说,刚才集市上只有一个农民拉了一车土豆卖。"一车大约有多少袋?"总经理问。布若又跑去,回来说有10袋。"价格多少?"布若再次跑到集上。总经理望着跑得气喘吁吁的他说:"请休息一会吧,你可以看看爱若是怎么做的。"

说完叫来爱若对他说:"爱若先生,请你马上到集市上去,看看今天有什么卖的。"爱若很快从集市回来了,汇报说到现在为止只有一个农民在卖土豆,有10袋,价格适中,质量很好,他带回几个让经理看。这个农民过一会儿还将弄几筐西红柿上市,据他看价格还公道,可以进一些货。这种价格的西红柿总经理可能会要,所以他不仅带回了几个西红柿做样品,而且还把那个农民也带来了,他现在正在外面等回话呢。

总经理看了一眼红了脸的布若,说:"请他进来。"爱若由于比布若多想了几步,于是在工作上取得了成功。①

【专栏2】

造雪机的发明

20世纪30年代的一天早上,美国佛罗里达州的一片橘园的树枝上挂满了白雪,那几天天气都十分晴朗,哪来的雪呢? 有一个工程师非常仔细,经过观察他发现,那一天晚上管水员忘记关掉这片橘园的喷水管,正好遇到冷空气来袭,喷到树上的水就变成雪落了下来。这件事不胫而走,后来被滑雪教练知道了,

---

① 齐佳.你想到几步[J].大中专文苑(青春纪事),2004(5):27.

他根据这个原理就制造出了造雪机。看到的下雪是现象,掌握下雪的原理、规律是掌握了本质。滑雪教练就是透过了现象看到了事物的本质。

【自我评估】

对照下列问题,您做到了什么程度?

1.我是否会不断学习?

2.在和别人交谈的过程中,他们提到的一些热点我是否从未听到过?

3.在遇到问题时,我是否能够看到问题的本质所在,并能较好地解决?

【延伸阅读】

番红花.看得远的,就是好母亲——建立你自己的教养格调[M].桂林:漓江出版社,2013.

话题6 开源与节流并举

【案例先导】

一次座谈会上,结识了富阳新登书法学共体的G会长。他办了一个大规模的书法学习共同体,成员有100多人。在杭州地区拥有100多名成员的书法学共体还是仅此一家。有幸与会长畅聊,谈起了关于书法学共体的经费筹措,G会长笑了:"我有办法呀!"在与他的沟通过程中,我了解到了很多信息。"我原来也是老师,现在新登成校的校长就是我的学生。我们书法社搞展览,每幅作品都要裱框,一次展示作品装裱费也要上万元。""这些费用,你们是通过哪些途径解决的呢?"我问。"我的方法是多种方法结合,比如说最近一次,我们搞了一个大型的作品展,展出100多幅作品,光裱框费就要3万多,当时我就找到了成校,看看能不能和成校的活动结合起来,经过多次交流和沟通,这次的经费顺利解决了。其他时候我们也要适当考虑自己出一些,每年年初和年末向街道争取一部分经费,向社区寻求经费的支持。有时候我们也会为一些企业搞主题书画展,获得企业的经费支持。"G会长补充说,"偶尔我们也会搞一些书画义卖,筹集一些经费,这些经费进来后,我们是统一管理,共同支出,我觉得我们的队伍这个方面还是很好的,大家都很团结,也对书法社很认可。"

在与G会长的交流中,我发现他是一个很有表达能力也很有执行能力的人。他在退休之前曾经担任过校长职务,因此具备了一定的管理能力,也很注重将学习共同体工作与街道社区工作结合,争取社区和街道的支持。在我们看来社区学习共同体的核心成员要做一个"多面手",特别在需要经费支持的时候,核心成员就要通过多方面努力,争取筹措经费。

一、会想办法

社区学习共同体是草根组织,一般情况下是没有外来的固定经费支持的。而学共体的活动与维系,在某些情况下又需要经费的支持。经费如何取得,是核心成员比较头疼的问题。与G会长的交谈中,我发现面对经费的问题,他会非常积极地去想各种办法。"面对困难,我就想着怎样解决,当然我们的队员也会帮我一起想办法,给我一些好的建议。"经费虽然是一个比较为难的问题,但并不是一个不可提及或不可能解决的问题,与一些共同体核心成员的沟通过程中也发现,核心成员的态度不同,会极大地影响解决的效果。作为核心成员要有一种积极的心态,要想着办法总比困难多,多想办法,多去尝试,总能最终解决问题。

二、巧用资源

社区学习共同体是社区中的最基本的学习元素,要充分挖掘社区本身具有的资源。社区、街道的文教专项经费有可用于社区学习共同体的部分。社区内的社区学院、成人文化技术学校具有社区教育的相关项目,并拥有项目经费,核心成员要积极了解这方面的信息,申报一些相关的项目,这样既能解决经费问题,也能帮助政府和相关单位完成教育任务。"比如终身学习活动周的时候,我们就去参与,办一个作品展,这样我们的经费就能落实了。"资源无处不在,关键在于发现,并为我所用。

三、内部筹措

核心成员也要根据经费的具体使用情况,结合成员的经济能力与意愿,进行经费的内部筹措。例如京剧社,一些戏服和头饰是需要购买的,而这时就可以考虑和相关成员进行协商,看看能否承担自己的服饰费用。据目前不完全调研显示,参加社区学习共同体的多为退休老年人,而且参加者一般都具备一定的经济基础,成员对于适当的出资认可度较高。因此,在学习共同体中可以采用内部经费筹措的办法,对内部筹措解决不了的,考虑外部经费支持。多管齐下,就能更好地解决问题。

【专栏】

开源节流

《荀子·富国》:"故明主必谨养其和,节其流,开其源,而时斟酌焉,潢然使天下必有余,而上不忧不足。"

《荀子》的作者是战国时代大学者荀况。他在《富国篇》中讲了一些关于国家强弱贫富的道理。他说,若要国家富强,朝廷就要爱护百姓,使百姓安居乐业,并积极发展生产,这样,才能增加积累,充实国库,使国家富强起来;如果朝廷不顾生产,只知滥征赋税,浪费物资,百姓都穷困得生活不了,那么国家怎能不贫弱呢?所以,他说:"下贫则上贫,下富则上富。"并且说:"百姓时和、事业得叙者,货之源也;等赋府库者,货之流也。故明主必谨养其和,节其流,开其源,而时斟酌焉。"

这几句话的意思是:百姓能积极利用适当的天时,按照季节次序顺利进行农事活动,从而获得好年成,这才是经济的根本,好比"水源"一样;至于征收来的各项赋税,存在国库里,再多也用得完,那不过是"水流"。所以贤明的君主一定懂得体恤百姓,给生产的发展以便利的条件,一方面节省财政开支,一方面更须开发经济来源,并且懂得合理调剂、统筹安排,兼顾到国家和百姓的利益。

所谓"源"和"流",是以水比喻财政经济。一般地说,"源",比喻生产、收入,"流",比喻费用、开支。"开源"和"节流",两者必须结合,要是只开源而不节流,或是只节流而不开源,那都不可能达到增加积累,充实国库,使国家富强的目的。

【自我评估】

对照下列问题,您做到了什么程度?

1.我的团队中因为经费问题出现过困难吗?

2.我有多种方式来筹措经费吗?

【延伸阅读】

崔晓芳.在日常小事中培养自己的经济头脑[M].太原:山西经济出版社,2012.

话题7　让学共体"后继有人"

【案例先导】

"现在最怕的就是我走了以后'后继无人'，那这个学共体就散掉了。因为接班人的物色他不是今天你需要就可以有的，还是有一个过程，也有一个起落的对吧。家庭的因素、自己的身体啊。我找了几个，中间有什么活动也就故意让他们去做，包括带队、安排住宿这些事，但是后来都不行。我们还有几个年纪轻的，但是一看就不行，我们出去活动他只顾自己，团队不顾的，这个也不行。"

"我们这个健身队人很多嘛，而且大家都在不同的居委，所以我考虑之后跟大家商量，我们分成8支分队，每个分队里面呢各自设立了一名队长，负责平时的锻炼，这样每个分队就由队长带领在就近的锻炼点单独活动。那么对这些分队长的管理，我们是有学习制度和交流制度的，每月我们会定期召开一次碰头会，交流各个队的情况，大家有什么问题都提出来，还有就是要商量下个月的计划，这样就保证了总队领导和分队负责人之间保持良好的沟通。那么只有这个也是不够的，我不能待在上面不下去啊，我也会去我们的分队里面看看，和他们一直都要保持联系的，这样才是真正做到形分神不分。"

上面两个案例是两位核心成员的真实体验，从案例中不难发现核心成员在学共体中的重要性。而骨干成员的培养，无疑是关系到学共体发展状态的一件大事。案例中核心成员也提供了可供借鉴的方法，主要可以从四个方面进行考虑。

一、挑选要趁早

学共体骨干的培育是影响学共体生命力的重要问题，需要核心成员尽早挑选和培育。在经历了一段时间的发展后，核心成员因为年龄、精力等各种原因，无法再继续带领学共体的发展，因此，对于核心成员而言，挑选适合的骨干成员作为接班人，无疑是确保学共体发展的有效方法，如果没有一个有力的接班人接管日常管理事务，学共体很可能就面临着解散的风险。由于物色的骨干并不一定真正适合作为未来的核心成员，因此选择合适的骨干周期也有所不同。

关于接班人的资格,在走访过程中一位核心成员这样说道:"问题是(接班人)能不能全身心地放在这里,除了这个其他的不是问题。"还有一位核心成员说:"一个就是要热心工作,还有就是要有凝聚力……(专业上)应该要自己跳得比人家好……但是关键是要有凝聚力,这是非常重要的,凝聚力是超过这种业务知识的。"可能由于所处共同体不同,两位核心成员首先看重的并非专业能力,而是接班人对团队的感情和他自身的凝聚力,但是至少说明这两项是接班人要具备的重要素质,也是在挑选接班人时所要考虑的因素。

二、学会授权

试图控制学共体中的成员显然不是明智的选择,这不仅对于核心成员本身的素质是一个重大的挑战,更会引起成员的抗拒心理,不利于学共体的长远发展。把控制转化为授权才是最合适的选择。但是授权并不是简单地与成员分享权力,还需要满足成员高层次的需求,提高激励的强度,帮助学共体向着更好的方向发展。

在挑选了合适的骨干之后,其培育问题也是需要核心成员考虑的。在适当的时候让骨干负责团队的日常活动,一方面是为了考验其组织能力,另一方面也是培育的重要手段。核心成员自身要有这种授权意识,在活动过程中善于发现具备核心成员潜力的接班人,并在日常活动中有意识地为其提供锻炼机会,帮助其快速成长。案例中的核心成员提到过:"我找了几个,中间有什么活动也就故意让他们去做,包括带队、安排住宿这些事,但是后来都不行。"可见,只有学会授权,让骨干成员在日常管理中进行实际锻炼,才能真正看出是否具备核心成员的潜质。

三、构建骨干学习小组

学共体毕竟不像班级学习,能够每天投入大量的时间用于学习,而且由于时间和内容的局限性,也决定了每次集中学习不可能对核心成员发展过程中遇到的具体问题进行详细解答。因此,在骨干成员的发展过程中,需要核心成员组建骨干学习小组,通过更为频繁的接触和更加深入的交流,促进碎片化学习,对系统化学习进行补充,有效解决学共体发展中的问题。骨干学习小组的核心在于有目的地交流观点和平等地讨论,通过学习小组为骨干成员的学习提供动力。

在组建骨干学习小组的过程中,学习组长起着至关重要的作用,其主要责任是指导参与者,激励和鼓舞每个成员,准备活动,提供参考阅读书目等。学习小组良好的开端主要依靠组长来组织令人兴奋的首次会谈,使核心成员感到高兴并对接下来的学习充满期待;学习小组想拥有良好的合作环境和相互尊重的氛围也要依靠组长的组织,这样可以使每个骨干成员都积极主动地分享他们的经验。在实施过程中,通过每个骨干分享自身经验、探讨学共体管理方案、共同学习学共体管理相关知识,可以进行较为充分的交流和学习,从而推动学共体日常管理和发展。

四、"形分神不分"

学共体的规模不同,发展模式也会有所差异。对于人数较多、规模较大的学共体而言,怎么才能让骨干成员真正得到培养和锻炼?案例中的一位核心成员就提供了一个方法:"我们这个健身队人很多嘛,而且大家都在不同的居委,所以我考虑之后跟大家商量,我们分成 8 支分队,每个分队里面呢各自设立了一名队长,负责平时的锻炼,这样每个分队就由队长带领在就近的锻炼点单独活动。那么对这些分队长的管理,我们是有学习制度和交流制度的,每月我们会定期召开一次碰头会,交流各个队的情况,大家有什么问题都提出来,还有就是要商量下个月的计划,这样就保证了总队领导和分队负责人之间保持良好的沟通。"这是案例中比较成功的做法,对于规模较大、人数较多的学共体而言具有借鉴意义。通过"形分神不分"的做法,形成层级管理模式,帮助管理整个学共体,这样不仅能够减轻核心成员自身的管理压力,而且能够较好地锻炼接班人,帮助骨干成员快速成长。

【专栏 1】

瑞典学习圈

瑞典学习圈的传统起源于 19 世纪末 20 世纪初的大众运动和组织,即工会、各种政治组织、禁酒社团、农场主运动以及其他的一些组织。瑞典当时是一个贫穷的国家,大多数的人口居住在乡村,人均受教育水平尤其是工人和农民的受教育水平很低。他们的利益组织认识到,为了提高其成员的利益,要尽可能让他们学习,提高他们的知识水平。对个体而言,成为一个能力很强的公民很重要。对组织而言,拥有受过教育的成员也很重要;受教育的人越多,组织就越强大。

渐渐地,学习圈成为一种经济并且有效的方法。在许多方面,这种成本较低、由业余爱好者担任领导的学习圈的学习要比成本较高、由专业老师组成的学校教育更加有效。这主要是因为参加者共同为学习的结果而负责。参加者影响学习的权利是与其对最终学习结果所负的职责联系在一起的。

因此在瑞典学习圈越来越流行,对许多人而言,学习圈成为他们日常生活的一个重要部分。或多或少,同一组的人们在学习圈中持续学习许多年,在每学期或每年结束后他们再一起决定下一步要学习些什么。通常,学习小组会形成两个平行的学习圈,比如,一组学习农业或与其小组成员职业相关的一些科目,另一组学习文学或其他类似的能满足他们心智或艺术修养需求的一些科目。许多仅受过六七年学校教育的工人和农民,就是从学习圈获得了关于社会、经济、管理以及如何参与地方政府活动等的一些主要的理论和实践教育;也有人后来成了议会成员、贸易联盟的领导以及工会组织和政党的领导。在今日的瑞典,学习圈是一种最常见的成人教育形式。

学习圈是瑞典的民众在共修活动中进行学习的形式,其核心在于有目的地交流观点和平等地讨论。学习圈可能有多种多样的活动,但其共同点在于通过对话为学习提供动力和意义。学习圈有三个基本特征:一是合作学习的环境,个体与其他人一起在交流中学习;二是学习状态下的非正式性,包括随和的氛围,没有压力的、自由的学习方式;三是学习圈的主题是大家真正共同的兴趣,既不是为了争取高分,也不是为了达到个人获取正式合格证书的目的。

【专栏 2】

核心人物的价值

一个人去买鹦鹉,看到一只鹦鹉前标:此鹦鹉会两门语言,售价二百元。另一只鹦鹉前则标:此鹦鹉会四门语言,售价四百元。该买哪只呢?两只都毛色光鲜,非常灵活可爱。这人转啊转,拿不定主意。结果突然发现一只老掉了牙的鹦鹉,毛色暗淡散乱,标价八百元。这人赶紧将老板叫来:这只鹦鹉是不是会说八门语言?店主说:不。这人奇怪了:那它又老又丑,又没有能力,为什么会值这个数呢?店主回答:因为另外两只鹦鹉叫这只鹦鹉老板。①

这故事告诉我们,真正的核心人物,不一定自己能力有多强,只要懂得信

---

① 智若愚.动物寓言启示录[J].决策,2011(8):33.

任,懂得放权,懂得珍惜,就能团结比自己更强的力量,从而提升自己的身价。

【自我评估】

对照下列问题,您做到了什么程度?

1.我是不是会有意识地留意接班人?

2.我会不会放手让接班人去锻炼?

3.对我自己挑选的接班人放心吗?

【延伸阅读】

唐纳·珍内特博士.有效授权的力量:詹姆斯,别蛮干[M].刘祥亚,译.重庆:重庆出版社,2011.

话题 8　成员与资源

【案例先导】

　　他喜欢被人称呼为"老李",已过知天命的年纪,三代同堂,含饴弄孙,生活平静而温馨。但他又有一颗躁动的心,在家庭之外,开创了另一片广阔的天地,是杭州业余艺术圈中鼎鼎有名的"艺术大咖"——他就是杭州拱墅区古运河之声学习共同体的核心成员 L。

　　古运河之声学习共同体很牛,聘请了多名省、市文化艺术领域中的资深艺术人才担任艺术顾问和指导,吸引了大批专业文艺人才和民间艺术高手,目前已形成了一支集创作、声乐、器乐、舞蹈、戏剧、小品等为一体的具有较高专业水平的综合类艺术群体,总人数达 70 余人,其中国家一级演员 2 名,国家二级演员 3 名,著名作曲家 2 名,艺术编导 1 名,乐队指挥员 1 名。L 是共同体的领头羊,却无艺术类特长,他是怎样 hold 住这么多牛人呢? 带着一探究竟的目的,我们联系了 L。

　　和 L 见面,约在了拱墅区长乐路社区活动中心。"今天我们请了国家非物质文化江南丝竹传承人、二胡演奏家沈凤泉老先生来给我们成员排练,我待会去接他,沈老很牛的,你也来欣赏欣赏。"电话里 L 得意地对我说。

　　等我到达,排练已经开始。近 80 岁的沈老先生,精神抖擞地指挥着大家,我和 L 坐在后排。"我们这里的成员水平都是很好的,前面那个拉二胡的是沈老的弟子,是国家一级演员呢……"L 像夸自己的孩子一样,向我"炫耀"起他的成员。为了不打扰成员们的排练,L 把我带到旁边的会议室继续访谈。"我们共同体是 2009 年成立的,共同体日常活动的经费都是我出的,去年孙团长外出之前给我留了 2 万块,他说:'活动总是要费用的,你也不容易,就不要和我客气了!'他这么说我还是蛮感动的,你说我们的成员是不是很好啊?"L 点起一根烟,感慨地说。

　　在问起他是否有文艺特长时,L 嘿嘿笑着说:"我没有什么专长,以前喜欢唱唱歌,现在也不唱了,我水平不够。""为什么你们的共同体能够吸引这么多高水平的成员呀?""我在业余圈子里名气很大呀,我们的共同体水平很高啊,得了很多荣誉呢。高水平的成员到我们这里来很有认同感的。"L 笑着说。"我的日常工作就是抓住几个副团长,有管总务的、有管乐队的、有管创作的。你看我们管创作的成员本身就会编曲,而且他在这方面也认识很多相关的专业人士,这些都很好的。""我的人缘不错,认识了很多人,在共同体发展中离不开大家的支持和帮助。""作为土生土长的运河人,面对运河申遗,我既想为运河文化做些贡献,同时也想利用这个契机,把我们的共同体推向大众,所以我积极地和相关部门及单位联系。内部在成员的共同努力下我们创作了运河主题的歌曲、乐曲,外部我努力争取到领导的重视与展示的平台,最后我们的运河主题曲目一炮而红!"

整理和 L 访谈的记录,我们找到了这位"大咖"能凝聚起那么多牛人的原因——他具有很强的获取资源能力。社区学习共同体是纯民间的居民学习群体,学习需要资源,但它却先天缺少资源,因此资源的获取对共同体发展意义重大。

一、"站在闪光灯下让你们能找到我"——成员也是资源

社区学习共同体的成员本身就是一种重要的学习资源。在社区学习共同体中,成员大多是有一定生活、工作经验的成年人,他们都已经积累了丰富的社会经验及各种专业知识,形成了独特而又富有实践价值的个人知识。对于如何获得"成员"这种重要的资源,L 的经验是站在"闪光灯下"——即通过扩大自己在圈子中的知晓度达到"姜太公钓鱼,愿者上钩"的目的。

二、"激发成员的小宇宙"——成员带来资源

成员能够为社区学习共同体带来丰富的资源。与儿童相比,成人具有复杂的社会关系,社区学习共同体可以通过成员来获取自身发展所需的重要资源,特别是一些外在的场地、设施、设备、师资等资源。在古运河之声共同体中,L 通过对成员按特长分工,营造众人拾柴火焰高的氛围,将成员个人的社会资源充分挖掘出来,建立起强大的资源网络,推动共同体的发展。国家一级演员、二胡大师沈凤泉老先生愿意指导共同体皆因其弟子是共同体的成员。

三、"三个臭皮匠,顶个诸葛亮"——成员生成资源

成员生成资源表现在社区学习共同体活动过程中知识的生成上。知识是一种极为特殊的资源,一方面知识不会因为使用而消耗,另一方面知识在交流的过程中可能生成新的知识。社区学习共同体的学习过程通常伴随着新的知

识的产生,这是由社区学习共同体的学习方式决定的。在古运河之声共同体中,成员们互相交流、切磋技艺,互为师生,教学相长。观摩古运河之声的活动,有一种伯牙遇子期的美好,成员之间在言语的基础上,用音乐做非言语的交流,音乐成了他们更好的纽带。

【专栏】

神偷请战

用人之道,最重要的,是要善于发现、发掘、发挥人之长处。每个人都是有价值与才能的,用人得当,事半功倍。楚将子发爱结交有一技之长的人,并把他们招揽到麾下。有个其貌不扬、号称"神偷"的人,也被子发待为上宾。有一次,齐国进犯楚国,子发率军迎敌。交战三次,楚军三次败北。子发旗下不乏智谋之士、勇悍之将,但在强大的齐军面前,简直无计可施了。这时神偷请战,在夜幕的掩护下,他将齐军主帅的睡帐偷了回来。第二天,子发派使者将睡帐送还给齐军主帅,并对他说:"我们出去打柴的士兵捡到您的帷帐,特地赶来奉还。"当天晚上,神偷又去将齐军主帅的枕头偷来,再由子发派人送还。第三天晚上,神偷连齐军主帅头上的发簪子都偷来了,子发照样派人送还。齐军上下听说此事,甚为恐惧,主帅惊骇地对幕僚们说:"如果再不撤退,恐怕子发要派人来取我的人头了。"于是,齐军不战而退。[①]

【自我评估】

对照下列问题,您做到了什么程度?

1.我有吸引成员的能力吗? 我是受成员喜欢的人吗?

2.社区中大家知道我吗? 知道我们的社团吗?

3.通过我和大家的努力,我们的团队有了更多展示的机会吗?

4.通过我们的努力,团队是否取得了更多成绩,也获得了经费支持?

【延伸阅读】

汪国新,孙艳雷.成员即资源:社区学习共同体内生发展规律探析[J].职教论坛,2013(24).

[①] 智若愚.动物寓言启示录[J].决策,2011(8):33.

话题 9　找准需求，对症下药

【案例先导】

　　在上海市静安区临汾路街道，有两个"特殊"的班级，这两个班级中的成员大都是同一批人，他们同时学习摄影和数码两门课。那么为什么会出现这样的情况呢？班级负责人 Y 老师这样解释："最开始的时候呢，我们是只有一个摄影班的，后来摄影班办了一个学期以后呢，我们就又办了个数码班，2005 年办摄影班，办到 2006 年呢就开始办数码班。数码班谁做老师呢？ L 老师（指临汾路街道社区辅导员组长）来做老师，当时我来的时候是做班长，后来 L 老师来不及上，就叫我去上了。那么数码班的人是哪里来的呢？ 其实就是摄影班的人。因为数码班是专门搞电脑的，他们电脑基础好但是没有摄影基础；那摄影班呢，他们有摄影基础但是电脑基础不行，那么对老年人来说这两个方面都是比较欠缺的。当时我们摄影班办了一个学期之后，因为要处理照片，那处理照片肯定要用到电脑技术，但说实话我们这帮子人年纪毕竟这么大了，很多像电脑这些新科技用不来的，那这个班是怎么开起来的呢？ 是有一次我们在和他们聊天的过程中，有人说要不要我们开个数码班，把电脑基础提上去，这样我们自己就可以处理照片了，对我们摄影水平的提高非常有帮助。那么我就把这个事情跟街道反映了。街道后来想想，因为我们数码也是跟摄影有关的嘛，所以当时就决定摄影班和数码班一起办了。"

　　而对于满足成员需求的重要性，Y 老师的看法是："咱们通过不断地跟他们接触，对他们的诉求给予尊重，他来到这里跟你说的所有事情，实际上就是他的真心话。他们有什么事找了我，我得耐心地听，听完了得给他们把事情解决了，这样他们才信任你，才愿意到这里来。"

　　学共体是一个平等的组织，在这样的一个组织内，相互之间的尊重是维系成员之间关系的重要途径，对于成员来说，自我需求能够在学共体中得以实现，是他们获得尊重的很好体现。要更好地满足成员的需求，首先也是最重要的，就是要了解成员的需求，能够了解成员的诉求，才能帮助他们更好地完善和成就自己。就像案例中 Y 老师说的："咱们通过不断地跟他们接触，对他们的诉求给予尊重,他来到这里跟你说的所有事情,实际上就是他的真心话……这样他们才信任你,才愿意到这里来。"如何更好地了解成员的需求,可以从下面三个方面进行考虑。

一、多倾听,会倾听

"倾听"不仅仅是获取信息的学习方式,也不仅仅是一种重要的学习习惯,更是一种修养,一种尊重。每个人都有自己的立场及价值观,人们在倾听时通常都只听到自己喜欢听的,或依照自己认为的方式去解释听到的事情,往往这已不再是对方真正的意思了,因而人们在"听"的时候往往只能获得 25% 的真意。所以,在倾听时不能一味从自己的角度出发,要多站在对方的立场,试着用换位思考的方式,把你自己当作别人的角度,来考虑别人的感受和心理意愿,就能更明白清楚别人的想法和表达内容。仔细地倾听他所说的每一句话,不要用自己的价值观去指责或评断对方的想法,要与对方保持共同理解的态度,要能确认自己所理解的是否就是对方所讲的。

为了更好地倾听学共体成员的学习需求,应提倡"积极地倾听"。所谓积极地倾听就是积极主动地倾听对方所讲的事情,掌握真正的事实,借以解决问题,并不是仅被动地听对方所说的话。在案例中我们也能找到 Y 老师善于倾听的例子:"那这个班是怎么开起来的呢?是有一次我们在和他们聊天的过程中,有人说要不要我们开个数码班,把电脑基础提上去,这样我们自己就可以处理照片了,对我们摄影水平的提高非常有帮助。那么我就把这个事情跟街道反映了。"从这几句话中可以看出,Y 老师不仅把聊天过程中成员的一句话记在了心上,更是积极跟街道反映,致力于解决事情,满足学员的需求,这就是良好的倾听所带来的。

二、善于沟通

谈话很简单,但沟通并不仅仅是谈话,而是意味着与别人的意见交流或是共享,这需要更高的技巧。沟通是人类的一种存在方式,是活生生的影响力,是一个感动他人和创造未来的过程。一切事情和一切快乐,都要通过沟通获得成果。不只是人与人的沟通,还有人与机器的沟通,与自然的沟通,人与宇宙的沟通。例如,旅游的魅力,就是人与自然、人与历史、人与风俗的沟通。沟通是一种交换,当你在沟通中给予别人什么,你也会从别人那里得到一些什么。大多数的人,包括我们自己,其实都会以自我为中心。把对你来说是最重要的事说出来,也问问别人什么是对他们来说最重要的,这会给你们的沟通打下良好的基础。有效果的沟通要承担风险,主动与别人沟通可能会遇到拒绝,但是,大胆的、坦率的沟通,能使我们获得新的经验和新的机会。

案例中 Y 老师说过这样的话:"他们有什么事找了我,我得耐心地听,听完了得给他们把事情解决了,这样他们才信任你,才愿意到这里来。"这也是沟通的本质所在——比起你的想法,人们更想听到你是否赞同他们的意见。很多人抱怨别人不听他们说话,但是他们常常忘了自己本身也没有听别人讲话。所以说,从反观自身开始,才能不断提高沟通的效率,这是需要核心成员时刻提醒自己的地方。有这么一个故事,能更加直观地说明善于沟通的重要性:乔·吉拉德向一位客户销售汽车,交易过程十分顺利。当客户正要掏钱付款时,另一位销售人员跟吉拉德谈起昨天的篮球赛,吉拉德一边跟同事津津有味地说笑,一边伸手去接车款,不料客户却突然掉头而走,连车也不买了。吉拉德苦思冥想了一天,不明白客户为什么对已经挑选好的汽车突然放弃了。夜里 11 点,他终于忍不住给客户打了一个电话,询问客户突然改变主意的理由。客户不高兴地在电话中告诉他:"今天下午付款时,我同您谈到了我的小儿子,他刚考上密西根大学,是我们家的骄傲,可是您一点也没有听见,只顾跟您的同伴谈篮球赛。"吉拉德明白了,这次生意失败的根本原因是因为自己没有认真倾听客户。

【专栏 1】

三种沟通模式哪一个最有效?

有一个奶制品专卖店,里面有三个服务人员:小李、大李和老李。当你走近小李时,小李面带微笑,主动问长问短,一会儿寒暄天气,一会儿聊聊孩子的现状,总之聊一些与买奶无关的事情,小李的方式就是礼貌待客。而大李呢,采取另外一种方式,他说,我能帮您吗?您要哪种酸奶?我们对长期客户是有优惠的,如果气温高于 30℃,您可以天天来这里喝一杯免费的酸奶,您想参加这个活动吗?大李的方式是技巧推广式。老李的方式更加成熟老到,他和你谈论你的日常饮食需要,问你喝什么奶,是含糖的还是不含糖的?也许你正是一位糖尿病人,也许你正在减肥,而老李总会找到一款最适合你的奶制品,而且告诉你如何才能保持奶的营养成分。老李提供的是个性化的沟通模式。

【专栏2】

推销水果的智慧

一位老太太每天去菜市场买菜买水果。一天早晨,她提着篮子,来到菜市场。遇到第一个小贩,卖水果的,问:你要不要买一些水果?老太太说你有什么水果?小贩说我这里有李子、桃子、苹果、香蕉,你要买哪种呢?老太太说我正要买李子。小贩赶忙介绍道:我这个李子,又红又甜又大,特好吃。老太太仔细一看,果然如此。但老太太却摇摇头,没有买,走了。

老太太继续在菜市场转,遇到第二个小贩。这个小贩也像第一个一样,问老太太买什么水果,老太太说买李子。小贩接着问,我这里有很多李子,有大的,有小的,有酸的,有甜的,你要什么样的呢?老太太说要买酸李子,小贩说我这堆李子特别酸,你尝尝?老太太一咬,果然很酸,满口的酸水。老太太受不了了,但越酸越高兴,马上买了一斤李子。

但老太太没有回家,继续在菜市场转。遇到第三个小贩,同样问老太太买什么,老太太说买李子。小贩接着问你买什么李子,老太太说要买酸李子。但他很好奇,又接着问,别人都买又甜又大的李子,你为什么要买酸李子?老太太说,我儿媳妇怀孕了,想吃酸的。小贩马上说,老太太,你对儿媳妇真好!儿媳妇想吃酸的,就说明她想给你生个孙子,所以你要天天给她买酸李子吃,说不定真给你生个大胖小子!老太太听了很高兴。小贩又问,那你知道不知道这个孕妇最需要什么样的营养?老太太不懂科学,说不知道。小贩说,其实孕妇最需要的是维生素,因为她需要供给这个胎儿维生素。所以光吃酸的还不够,还要多补充维生素。他接着问那你知不知道什么水果含维生素最丰富?老太太还是不知道。小贩说,水果之中,猕猴桃含维生素最丰富,所以你要经常给儿媳妇买猕猴桃才行!这样的话,就能确保你儿媳妇生出一个漂亮健康的宝宝。老太太一听很高兴,马上买了一斤猕猴桃。当老太太要离开的时候,小贩说我天天在这里摆摊,每天进的水果都是最新鲜的,下次来就到我这里来买,还能给你优惠。从此以后,这个老太太每天在他这里买水果。

在这个故事中,我们可以看到:第一个小贩急于推销自己的产品,根本没有探寻顾客的需求,自认为自己的产品多而全,结果什么也没有卖出去。

第二个小贩有两个地方比第一个小贩聪明,一是他第一个问题问得比第一个小贩高明,是促成式提问;二是当他探寻出客户的基本需求后,并没有马上推荐商品,而是进一步纵深挖掘客户需求。当明确了客户的需求后,他推荐了对口的商品,很自然地取得了成功。

第三个小贩是一个销售专家。他的销售过程非常专业,他首先探寻出客户的深层次需求,然后再激发客户解决需求的欲望,最后推荐合适的商品满足客户需求。他的销售过程主要分六步:第一步,探寻客户基本需求;第二步,通过纵深提问挖掘需求背后的原因;第三步,激发客户需求;第四步,引导客户解决问题;第五步,抛出解决方案;第六步,成交之后与客户建立客情关系。

学共体的学习当然不是推销产品,但我们仍然可以从这个故事中借鉴一二。

【自我评估】

对照下列问题,您做到了什么程度?

1. 在和成员的日常相处过程中,我是说得多还是听得多?

2. 对于听到的意见,我会放在心上并且努力去实现吗?

3. 在听成员说话的过程中我是否能够抓住他们想表达的核心?

4. 我是否已经意识到了倾听和沟通的重要性?

【延伸阅读】

1. 松桥良纪. 倾听术:轻松实现高级沟通的秘密[M]. 千太阳,译. 北京:中信出版社,2013.

2. 马克·郭士顿. 只需倾听:与所有人都能沟通的秘密[M]. 苏西,译. 重庆:重庆出版社,2010.

3. 罗纳德·B. 阿德勒,拉塞尔·F. 普罗科特. 沟通的艺术——看入人里,看出人外[M]. 14版. 黄素菲,李恩,译. 北京:世界图书出版公司,2015.

话题 10　巧妙处理矛盾纠纷

【案例先导】

　　某舞蹈队队长说:"有人的地方就会有矛盾,真的是这样,这是不可避免的对吧。就像我们有一次表演,都排练很长时间了,等到快要演出的时候,有一个队员说我要排在前面去,我说我队形都已经排好了,根据个子来的,你这样一个是不好看,另一个也快比赛了,我不可能因为你一个人影响整体表演效果。她听我的口气没有商量的余地,也就没有再提了。但是没想到的是,后来她就到我们街道领导那里反映,说自己跳舞很苦的,一直很认真锻炼的,但现在我们有什么事情都不通知她,都排挤她。后来领导就找我谈话,那我也把情况跟领导反映了:我们排练的时间都是定好的,但是她经常上午不来下午来,那上午我们的队形什么都定好的,你下午来的还要要求大家将就你,这是不可能的呀,而且我还把考勤记录拿给领导看的,用事实说话对吧。那么最后领导也很理解的。但是自从那次之后,她就退出我们微信群了,那我就随她去吧,不可能因为你影响大家呀,后来她就不来我们这里了,听说到另外一个舞蹈队去了,我还听人家说她跟那里的人讲我们怎么怎么不好,你说遇到这种人你生气不生气?

　　但是呢,我也绝对不是小心眼,不是为了凸显我队长的地位就针对你来,我绝对不是这样的,我也是实事求是来的呀。你比如说,平常排练的时候我们成员之间互相也会吵起来的,因为什么呢,这个人觉得这样的动作好看,那个人认为不好看,要怎么样才好看,那么说着说着大家就争论起来。这种冲突,我知道大家都没有私心的,都是为了我们的学共体更好地发展,都想把自己认为最好的动作带进来。那这个时候,我经常就是先看着她们争,把你们的意见都充分表达出来,等你们都说完了,那我从我作为队长的角度,综合你们的意见提出我的看法,然后再分别征求你们的意见,你觉得不满意的地方,我们再商量着来改,兼顾双方的想法,经过磨合之后最终达成一致,那就定下来了,我们就按照这个动作来。这种情况我是不会责怪成员的,甚至有时候我还希望她们能有这种冲突,因为什么?你为了这个争论,代表你很在乎我们这个学共体,你是真正为了大家好,那你说作为队长你是不是觉得很欣慰?所以说,也是分情况来的。"

一、"矛盾是不可避免的"

"有人的地方就会有矛盾",案例中核心成员的这句话充分说明了在学共体中,矛盾是不可避免的。但核心成员需要知道的是,矛盾和冲突不都是坏事,有利也有弊。冲突是亲密关系的开始。两个人相处或一个团队相处,如果没有冲突,都是相互谦让不发生碰撞,人和人之间的关系就会停留在某一个距离上。虚伪的一团和气、融洽、和平、安宁的组织,容易对变革和革新的需要表现为冷漠或迟钝,而外界环境一旦剧烈变化,变革一旦真正到来,组织内部很快就会一片混乱,甚至面临崩溃。如果要想有进一步的接触,就必然要有冲突,它是亲密关系、紧密合作的开始。由于有冲突,我们才能真正表明自己的立场,才能真正地开始了解对方。因此冲突是表明个人立场和打造个人品牌的方式之一。冲突并不都是坏事,冲突是一个组织中人际关系的晴雨表。在组织中,是保持一定的冲突,保持良性的冲突,还是让恶性冲突无限地发展,关系到这个组织的生存寿命。看一个学共体能不能坚持下去,就看它的冲突的性质和对冲突的处理能力。

二、"分情况来"

正如案例中核心成员的最后一句话所讲,解决冲突也要"分情况来",不同类型的冲突其解决方式也不尽相同,需要视情况而定。冲突分为建设型冲突和破坏型冲突。建设型冲突是指冲突各方目标一致,实现目标的途径、手段不同而产生的冲突,它能够激发成员的创造力,提高发展空间,防止思想僵化。破坏型冲突是指由于认识上的不一致,资源和利益分配方面的矛盾,员工发生相互抵触、争执甚至攻击等行为,从而导致效率低下,并最终影响到组织发展;它能够导致成员之间心理的排斥和对立,破坏组织的协调统一,影响组织目标的实现。因此,当冲突发生时,作为核心成员,第一反应绝不是避免或者斥责,而应该先辨别冲突的类型,然后根据类型选择合理的解决方式。

三、破坏型冲突的解决方法:建立有效的沟通机制

有效的沟通可以降低破坏型冲突的危害,而且有可能化恶性冲突为良性冲突。反之,漠视冲突以及冲突的各方主体,小冲突将极有可能演变成大的恶性冲突,甚至危及组织发展。很多情况下,不了解是产生冲突的重要原因。经过沟通之后可能会发现,对方的观念当中也有许多可取之处,而且大家的最终目

192

标可能是一致的。以沟通为手段,以化解冲突为目的而进行的一系列活动才真正有效。所以,在冲突管理过程中,发挥沟通的管理手段,效果明显。

在案例中我们发现,核心成员的做法是存在一定问题的,她在成员与学共体产生矛盾并且退出微信群之后,没有和成员进行有效的沟通,而是采取了"随她去"的策略,这种沟通机制的欠缺,最终导致"后来她就不来我们这里了,听说到另外一个舞蹈队去了"的结果,进而影响整个学共体的声誉。在学共体中,由于每个成员个性不同、要求不同,难免会出现分歧、争执,这属于正常现象。但是,若不能彼此信任甚至达到冷漠、仇视的地步,冲突的恶劣影响将显现出来。因此,当破坏型冲突出现时,核心成员一定要采取积极有效的沟通方式,第一时间和成员进行沟通,以免影响学共体的良性发展。

四、建设型冲突的解决方法:"兼顾双方的想法,经过磨合之后最终达成一致"

案例中核心成员的做法有一个非常值得借鉴的地方,即"把你们的意见都充分表达出来,等你们都说完了,那我从我作为队长的角度,综合你们的意见提出我的看法,然后再分别征求你们的意见,你们觉得不满意的地方,我们再商量着来改,兼顾双方的想法,经过磨合之后最终达成一致",也就是采取"合作"的方式来解决冲突,这是解决建设型冲突的有效方法。

"合作"方式是冲突双方既考虑和维护自己的要求和利益,又充分考虑和维护对方的利益,并最终达成共识的方式。合作方式的特点是冲突双方相互尊重与信任,对于自己和他人的利益都给予高度关注,冲突双方坦率沟通,澄清差异,并致力于寻找双赢的解决办法。要达成合作的关键点在于双方不再是冲突的对立面,他们能携起手来,站在同一战线上共同来面对他们遇到的问题。有了相互认同这个前提方能进行下一步的沟通,通过积极倾听、提问、反馈,找出冲突的根本原因和对方真实的深层需求并努力寻找共同的利益点,创新性地寻找大家都认可的解决方案。

在学共体中,要让大家觉得能够毫无顾忌、旗帜鲜明地表明自己的观点,这才是一个健康的体系。把问题拿到桌面上来直接说时,彼此之间才会有一个反馈的过程,可能在两方说话时会一来一回,甚至有一方会有情绪激动的时候,这时候领导者不用马上制止,适当保留这样紧张的氛围,有时候在紧张感下更容易产生创新的解决方案,更加有利于学共体发展。

五、建立第三方调解机制

有这样的一个案例：老程作为一个管理人员，对于部下的要求是非常严格的，有的时候严格到让下级有一点紧张。他们公司有一位很有威信的大姐，她非常了解老程的为人。有时候老程对某个人特别严格要求，而且他不能理解老程时，这位大姐就会跟他说："你别看程老师表面上这么厉害，其实厚道得很，他真的是为你好。"简单的一句话就产生了很好的沟通效果。但有时第三方不是起到沟通作用，而是火上浇油。有一次，一位部门经理批评了他的下级，下级正在思考：我怎么又挨批评了。另一个部门经理跟他说："这么点事情值得发这么大的脾气批评你吗？这不是欺负人吗？"结果这个员工第二天就提出了辞职。因此第三方的作用，在解决冲突的时候，起着至关重要的影响力。如果是火上浇油则加深矛盾，如果是讲明真正的出发点就会赢得对方理解。可见，第三方调解的作用何其重要。

在学共体中，一定要建立正式或非正式的第三方调解机制。"第三方"主要是指街道工作人员和学共体中比较有威望的成员，这样才能保证调节的有效性。矛盾纠纷一旦发生，学共体中的"第三方"调解人员要在第一时间介入，防止事态扩大。要迅速展开矛盾纠纷分析、研判、认定、调解和防范指导工作，引导双方当事人及时达成调解协议。另外，在调解过程中，第三方一定要注意不能纠缠细枝末节，不轻易划分责任，更不能激化矛盾，以解决问题为最终目标。

【专栏】

否定人，是制造冲突的根本原因

如果你给部下打电话，他没有接，你会怎么问他呢？如果你问：我给你打电话，你为什么不接？这是质问的口气，对方心里一定很不好受。如果你用客观的问法：我给你打电话没人接……这就比较好，对方会感觉这是不争的事实。

不管对下属、对同事，人际相处中最好的办法是肯定对方，而非处处否定。作为管理者，首先要学会"说话"。要说得让人爱听，即使是说教他人也能让人心悦诚服。

表扬优点和批评缺点。表扬优点是发现和欣赏，批评缺点应该是允许和接受；表扬优点不能太具体，而批评缺点一定要具体；表扬优点对事又对人，批评缺点对事不对人。

一次,某老板的秘书接到了法国传真,她第一时间翻译后就交给了老板,老板就表扬了她,你今天这份传真翻译得又快又好。但是秘书却生气了,老板问她为什么不高兴,谁惹你了? 她说就是你。老板更糊涂了。她说:"我哪天干得不好? 哪天不快?"老板才恍然大悟。因此,表扬人的时候,用泛指效果就很好。比如:你学习真认真,你对顾客很热情,你很关心同事,你对企业忠诚……

很多冲突都是因为批评太泛泛而造成的。比如:你对工作没有责任心,你对顾客太冷落,对企业根本就没有忠诚感。这样说,你一下子就否定了他以往的努力和成绩。因此,你要告诉他,你这项工作没有达到要求……批评人一定要具体。

对于大家都容易犯的错误,当面批评的效果更好。但是要对事不对人。如果这种错误只有他自己犯了,或者是他初犯,还是单独批评比较好。

【自我评估】

对照下列问题,您做到了什么程度?

1.我非常害怕学共体中出现矛盾吗?

2.当矛盾发生时,我的第一想法是先区分矛盾类型吗?

3.我用"随它去吧"的想法来看待矛盾吗?

4.在处理矛盾时,我会兼顾矛盾双方的想法还是会偏袒一方?

5.我所在的学共体中有第三方调解机制吗?

【延伸阅读】

1.肯尼斯·梅杰.舵手[M].铭泰,立意,译.北京:人民邮电出版社,2005.

2.徐显国.冲突管理——有效化解冲突的 10 大智慧[M].北京:北京大学出版社,2006.

话题 11 有尊严地学习

【案例先导】

杭州西湖区风景名胜区有一个美丽的地方,叫盖叫天故居,在它的旁边活跃着一支特殊的队伍——金沙港京剧实验社。这里聚集着一大批京昆票友,这些不同职业、年龄的票友们在属于他们的艺术之家里,自唱、自弹、自演,以曲访古、以曲探幽,好不自在。在金沙港京剧社里有个 92 岁高龄的老伯 Z,他是一名企业家,退休后他将传承京剧艺术作为个人的生活追求,他是社团里的灵魂人物,是我们眼中的核心成员。从与 Z 熟悉的成员接触,我了解到了 Z 的点滴。"他对我们特别有礼貌。""他虽然是企业家,但没有一点铜臭味,他总是很谦虚,和我们一起分享对京剧的热爱。""他对我们每个人都是鼓励的,从不批评人,也没有架子,我觉得在这里很有价值,感觉就是在做自己想做的事。"从与学共体的成员访谈的过程中,我感受到京剧社的每位成员都非常敬佩其为人处事的能力与品格。京剧社的一位吴大妈说:"现在戏曲不景气,京剧最缺的不仅是人才,更是一种氛围。京剧的观众需要培养,这是京剧的气候、土壤,有了这些,京剧才能繁荣。"Z 反复说:"京剧是一种多好的娱乐活动啊,大家在一起切磋技艺,陶冶情操,这个必须要传承下去,让越来越多的年轻人喜欢上京剧。"因为有了热爱,有了使命感,也有了当地社区的支持与帮助,京剧社吸引力不断提升,许多孩子在暑期参加到了京剧社的活动中,对京剧的热情不断提升。有一次,两位美国青年游客路经盖叫天故居,听闻莺莺京歌,于是毛遂自荐参与其中,一边学习一边参与表演,一时到了日头偏西还欲罢不能。

采访中,几位老票友为我们描述了孩子们学习的场景:戴上长长的假胡须捋一捋,穿起色彩鲜艳的戏服甩甩水袖,气运丹田模仿老师的唱腔……正如来自浙江艺术职业学院的 W 老师所说的:孩子们一招一式流畅到位,一念一唱神韵十足,一颦一笑有模有样。通过几次接触了解,我们看到京剧社正显露出老少同乐、蒸蒸日上的发展态势。

一、彼此尊重

社区学习共同体是一个相对松散的、成员自愿结成的群体。在共同体中的成人学习不同于学生的"被学习",是一种自主、自觉、自愿、自治的"主动学习"。"我来这里是因为这里的人很好。""我是自己想来的。"……由此可见,成员来共同体都是基于自身的愿望。在共同体中他们的学习并不局限于知识、技能的学习,而是一种更宽泛的自我成长、发展与完善。成员们会经常说:"我没有什么明确的目的。""就是想来和大伙一起聚聚、乐乐。""我在这里找到了朋友,我很快乐。"在学共体中,成员口中的"我"要变成内心认同的"我们",前提就是共同体成员对每一个"我"的认同与尊重。成为核心成员的一大要素就是尊重共同体中的每一个成员,并且营造互相尊重的氛围。"我们这个队伍真的很好,大家都是姐们,不管是学习上还是生活上,遇到什么事情,我们都会来这里和姐妹们说说。"在共同体中我们经常可以听到这样的表述。彼此尊重是建立信任关系的前提,共同体的高聚合情感、人际连接的紧密程度都离不开成员之间的彼此尊重。作为核心成员要充分理解与认识相互尊重的文化氛围对共同体成员的积极作用,并从共同体成立之初,就要努力营造这种互相尊重、彼此欣赏的情感,这是成员愿意参加共同体,并能持续参加共同体学习的一个重要因素。

二、空杯心态——放下一切社会角色

共同体成员来自于不同的家庭,具有不同的知识结构和职业经历,人生境遇也不尽相同。有的成员在现实的社会生活中颇为成功,具有一定的名誉和地位,占有一定的社会资源;而有的共同体成员或许在现实生活中并非那么如意,甚至有些人是大众眼中的"失败者"。当然大部分的成员属于"橄榄球"的中段,过着平凡的生活。不管是哪一类人群,到了学习共同体中就要放下一切社会角色,从零开始。"我们的队伍里有些人原来是厅级干部呢。""我们的书画社有一位上市公司老板,他很执着,也很痴迷。""我们这个团队很多人都是以前的同事,现在都退休了又在一起玩了,很开心。""我们这群人小的时候就在一起玩,后来工作了,大家就没时间搞了,现在我们退休了,又空下来了,大伙手痒痒,又聚在一起。"……从共同体成员的表述中,我们可以看到来到学习共同体,是他们的一个全新开始,成员自觉或者不自觉地摒弃了自己的社会身份,以学习者的姿态,拥抱新的群体。在这个过程中,核心成员要发挥重要作用,帮助每一个带着社会角色烙印的成人卸下身上的角色,以空杯的心态,开放包容地接受一起学习的每一个人,只有放下,才能更好地迎接新的开始。

三、正面激励

成人有很强的自尊心,他们比孩子更不能接受学习的失败,所以很多人放弃学习的原因就是恐惧失败。在学习新知识、新技能的过程中,总有成员学习得比较快,而有的人则学习得比较慢;有的人学习知识比较快,而有的人学习技能比较快。总而言之,成人的学习具有明显的个体差异,而且这种能力差异甚至比学生更大。如何让共同体成员没有心理负担地享受学习的过程,又能充分激发他们的学习潜能与学习兴趣,这就需要核心成员进行巧妙的激励。我们建议核心成员要多采用正面激励的方式。因为正面激励对于大多数人而言是非常可贵的。在漫长的人生中多数人接触到的更多的是挑剔,甚至于苛刻,没有被人正面激励的经验,也没有掌握正面激励他人的经验。当我们取得了"较好"的成绩,会被指责为什么没有获得"优秀"。学习共同体是松散的学习者组织的群体,它的运行要靠核心成员的影响力、团队的凝聚力。人与机器的最大不同是,人是活的,是有思想、有灵魂的。人性中最闪光的东西是,人需要被人尊重和赞美,核心成员要充分理解和把握人性的这一特点,激励、调动、激发每个成员的潜能。

【专栏 1】

正面激励与负面激励

激励一般有两种——正面激励与负面激励,那么,究竟哪一种激励机制更可取呢?举个例子,我们希望一个人去跳高,能够超越一米九的高度。有两种不同的办法来对他进行激励。

第一种,先设定一米七的高度,然后每跳过更高一点的高度,就给他嘉奖。这样,这个运动员会处于什么样的状态呢?

首先,他很轻松地跳过一米七,他觉得很成功,就会积极主动地去跳一米八的高度,跳过一米八之后,他得到了更多的奖励,他的成功感就更高,他会积极主动地去跳一米九的高度,他就在这种不断的激励、不断的跳跃中去超越一米九,最后的结果他可能跨过了两米。

这是一种正面激励的方法,在积极状态中调动运动员的潜能,使他发挥出潜能,结果可能超出他平时的最好水平。

另一种激励的办法是:希望他达到一米九,我们就设定了两米的高度,然后对他说,你必须跳过两米,否则就惩罚,情况会怎样呢?

首先,他会觉得两米非常高,有畏难情绪,或觉得根本不能实现。一种反应是干脆不跳,反正跳不过去,你要罚就罚吧!还有一种反应就是,跳还是要跳给你看,每次跳都处于紧张恐惧的状态中,即使最后他跳过了两米,他也找不到成功的感觉,这是一种负面激励。由此,我们不难看出,正面激励比负面激励更能完成目标,甚至超越预期目标值。

【专栏2】

海底捞——无处不在的鼓励

海底捞的鼓励工作做得很出色。员工到店里时间不长,就能感受到无处不在的鼓励。首先,领导在店里面和员工在一起工作本身就是一种莫大的鼓励。领导们开会相当有煽动性,你不受鼓舞都不行。虽然他们的内容和风格会各不相同,但是都从不同的方面鼓励你。

其次,因为领导时刻都在员工身边,所以他们能够看到员工做得好的地方,能够做到随时鼓励员工。鼓励有时候是当时的口头奖励,也有时候是第二天例会上的实物或者现金奖励。比如说在某店实践培训的时候,后堂经理安排新人负责传菜岗铁架子的卫生。如果做得还不错,快下班的时候后堂经理会找到这名新员工,然后鞠一躬,说:谢谢你,你今天卫生保持得很好。并且这件事会告诉带他的培训师,培训师又在下班后的小会上表扬一次,奖励一个苹果。每天例会上都有人受到表扬,小会上也有表扬。第一天新员工入职的例会上,最早自我介绍的奖励一瓶雪碧,唱歌的奖励一瓶酷儿。晚上新员工小会上后堂经理又给每人奖励一个橙子,原因是大家做得都很好。第二天你可能又得到一个苹果的奖励,原因是礼貌用语用得好。第三天早上小会可能又得到一个苹果,原因是请店长吃了一根从地上捡起来的油条,店长说节约意识强,交代领班一定要奖励一个苹果。

再次,表扬的权力放得很低,批评的权力却很高,甚至可以说很少有批评。比如在部门小会上,领班就可以奖励苹果,直接从水果房拿苹果就行了;比如店里有一个公告栏,谁都可以写一封表扬信放到那里,所以表扬信的落款五花八门,有的是店长,有的是领班,有的是某位基层员工。

然后,海底捞要求对待同事要跟对待顾客一样礼貌,还有很多相互问好的具体要求。比如同事照面要把右手放胸口,弯腰鞠躬(跟客人打招呼也是这种姿势)说:"你好,辛苦了!"比如送脏餐具回洗碗间要说:"你好,辛苦了,请回收!"洗碗阿姨要说:"收到,谢谢!"比如下单到上菜房要说:"你好,辛苦了,请上菜!"师傅们也要回答:"收到,谢谢!"比如上菜房配好一托盘菜后要说:"你好,辛苦了,请走菜!"传菜员要说:"收到,谢谢!"这些都是相互的鼓励。

最后,榜样的鼓励。从入职培训的时候开始,培训师要自我介绍,这时候他就会把自己作为榜样,让新员工朝他的方向努力。到店以后,从店长到经理,都会在自我介绍的时候把自己作为榜样,鼓励新员工学习他们,超过他们;也会列举店里其他优秀员工的例子,供新员工学习。海底捞的店长、经理都是从普通服务员走过来的,他们都改变了自己的命运,并且也还能继续改变自己的命运,所以他们也希望更多的人改变自己的命运。这些身边的例子使新员工相信,在海底捞可以改变自己的命运。

【自我评估】

对照下列问题,您做到了什么程度?

1.我的成员们愿意在活动中积极展现自己吗?

2.我的成员们在共同体中是放松的吗?

3.成员们敢于在共同体中发表不同的意见和看法吗?

4.成员们在共同体中可以畅所欲言吗?

【延伸阅读】

卡耐基.人性的弱点[M].林杰,译.北京:北京联合出版公司,2015.

话题 12　集体的智慧

【案例先导】

杭州上羊市街社区彩嵌艺术沙龙成立于 2009 年 5 月,该艺术沙龙集艺术品制作、成品加工与包装、技能培训等项目于一体,广泛吸纳街道内残疾人前来学习技术,制作手工艺品,实现自主就业。该彩嵌艺术沙龙自成立以来,秉承传统,开拓创新,积极探索独特的管理模式,在发扬残疾人自强不息的精神、增强残疾人自信心、解决残疾人就业和生活困难等方面取得了可喜的成绩。

上羊市街彩嵌艺术沙龙主要活动场所位于中国社区建设展示中心第五展馆内部,已经成为紫阳街道、上城区乃至杭州市、浙江省残疾人事业发展面向全国、全世界的一扇窗口,负责接待全国多个省、自治区、直辖市的同仁,以及欧盟、联合国等世界组织的专家、游客。由该学习共同体独立制作的艺术品景泰蓝工艺画成为馈赠来宾的首选礼品。通过这个展示平台,不仅让社会各界人士了解了残疾人艰苦创业、自食其力的决心,更重要的是它让平凡的社区残疾人事业得到了更多的关注,促进了这项事业的可持续发展。

该沙龙聘请了民间制作能手作为指导老师,为该学习共同体的成员们提供专业指导,不断提高成员的技术水平。同时,在街道的帮助下,特别是在社区残疾人专职管理员许峰同志的牵线搭桥下,社区先后与有关单位合作,在艺术中心增设了杭州市阳光大舞台创业园分园、杭州市残疾人艺术家协会书画培训基地、杭州邮政美协笔会基地等。通过这些优秀协会组织的艺术家的精心指导和帮助,该沙龙的成员不仅大开了眼界,还在技能方面得到了更为专业的指导,进一步拓展了他们的就业渠道。

和谐之声合唱团现任团长 Z,从外地移居杭州,因为人生地不熟,一度非常孤独空虚。一个偶然的机会,她参加了古荡街道合唱班的活动,从此乐此不疲,她经常与歌友们一起放歌在纳凉晚会,一起欢笑在联欢舞台。她与独居老人结对子,上门慰问演出,老少同乐,让社工和居民深受感动。社区共同学习,让她的生活发生了巨大的变化:昔日无所事事,今天乐观自信。她与歌友们台上和台下同歌共舞,分享共同的荣誉与快乐。8 年过去了,她一直活跃在社区学习共同体中,因为她找到了家的感觉。和谐之声合唱团团长 Z 的成长历程,是社区共同学习资源生成性的一个典型案例,演绎了一个普通居民如何通过社区学习共同体学习,不断提高自己唱歌的水平,成为这个学习共同体的核心成员,成为社区学习共同体的重要资源的动人过程。

一、"我不学习,怎么教别人"——先主动学习

社区学习共同体核心成员要成为主动学习的标兵,首先要自己乐学、爱学、会学,才能影响和带动成员一起学习。核心成员在做好表率的同时,要帮助其他成员养成良好的学习习惯,建立起美好的学习愿景;要引导和告知成员,学习犹如逆水行舟,不进则退,它是这样一件奇妙的事,越学习越爱学,越不学习就越不热爱学。人的大脑好像一台机器,如果总是不动,就容易生锈。学习就是一件要动脑筋的事情,越学习越快乐,绝对不是一句口号。我们在调研和随访中也发现,参加学习共同体后,不管成员们过去学习基础如何,他们会比其他社区居民具有更高的学习欲望,更大的学习热情,更充实的业余生活,更亲密的邻里关系,这些都是学习带给他们的收获。

学习共同体是要有愿景的,人只有对着未来有向往时,才会充分调动起各方面的积极性。我们认为,核心成员要帮助成员们确定这样的愿景——人人有所长,人人是老师。每个人都要学有所长,每个人都要努力在某一方面或某几方面成为其他人的老师。人都是好为人师的,通过确立起这样的愿景,能够激发每个成员为成为专家而努力。鼓励人人成才,人人具有话语权的良好氛围,将刺激成人埋藏在心底的学习动机,让他们更主动地学习、更有创造性地学习,并通过自己的努力获得成功,从而获得更多满足的体验。

二、"三个臭皮匠,顶个诸葛亮"——发挥每个人的优势

社区学习共同体持续发展的关键就在于它能够获取足够的资源,而这一资源本身是一方"池塘",是一个生态系统。它实现了对资源观的根本转变,提出成员即资源。核心成员首先要树立起成员即资源的新资源观,将每位成员视为重要的资源,充分调动每个人的积极性、能动性,营造一种"我为人人、人人为我"的氛围。社区学习共同体的成员本身就是一种重要的学习资源。在社区学习共同体中,成员大多是有一定生活、工作经验的成年人,他们都已经积累了丰富的社会经验及各种专业知识,形成了独特而又富有实践价值的"个人知识"。社区学习共同体不以"书本知识"作为主要的学习内容,而是以解决人生难题、

实现自我价值、丰富精神世界等实践性、生活性最强的主题作为学习内容。在社区学习共同体中,成员通过相互交流、互动、研讨、探究,来完成学习过程,"个人知识"在学习过程中发挥着重要的作用,成为不可替代的学习资源。

成员带来资源。社区学习共同体可以通过成员来获取自身发展所需要的重要资源,特别是一些外在的场地、设施、设备、师资等资源。成员与社区学习共同体之间并不是学生与学校之间的市场交易主体关系。社区学习共同体与成员之间是没有这种交易关系的,成员是社区学习共同体的一分子,社区学习共同体所拥有的资源即所有成员共有的资源,因此,成员更乐于将自己所拥有及能够获取的资源积极提供给社区学习共同体。

成员生成资源。充满对话、互动、协商的社区学习共同体的学习,几乎在每一次的活动中都能产生新的创意灵感、新的思想火花、新的奇思妙想。在科学研究界,其实早已存在学习共同体,即美国社会学家戴安娜·克兰所称的"无形学院",如意大利伽利略参与并曾主导的山猫研究会、德国物理学家劳厄经常与青年研讨问题的卢茨咖啡馆等。科学家们通过"无形学院"与同行相互交流切磋,共同完成知识的创新。

三、善于外部开源

荀况在《荀子·富国》中提到:"百姓时和、事业得叙者,货之源也。""开源"一词由此得来。开源本意是指开辟收入的新来源,在社区学习共同体中,我们所说的开源是指开辟共同体之外的资源。如果说成员即资源关注的是共同体内部资源的挖掘,那么我们现在说的开源就是要善于吸收和引入外部的智力资源,当然外部资源并不局限于智力资源,其他一切对共同体有用的都可以奉行"拿来主义"。

开源能力是核心成员的重要能力,是核心成员有别于一般成员的一个重要方面。核心成员虽然不是管理者,却是"领头羊"。领头羊,是羊群中优胜劣汰、自我竞争后脱颖而出的,因而具有天然的崇高威望。羊群在领头羊之后,是充满信任、心甘情愿地跟着它向前走。领头羊发挥它的领导作用主要是靠道德信任和信用。它身先士卒,路上有陷阱,它会第一个掉下去,前面有岔路,它会凭经验作选择,因为它是最危险的,因而它是最有威望的。社区学习共同体是松散的学习者组成的群体,它要发展要壮大,要持续地吸引现有的成员参加活动,并继续吸引更多的人加入,需要有它自身的魅力。换言之,成员在共同体中要能够获得他想要的,满足他的需求,才能让他死心塌地地跟着共同体一起走下去,而这种需求又是多元的。比如,舞蹈队的成员希望能够获得演出的机会,享受在舞台上表演的感觉,那么核心成员就需要为他们寻找、争取更多展示的机会。比如,书画队成员希望有好的老师来指导他们,那么核心成员就要努力通过各种方式,找到合适的指导老师,等等。核心成员不一定是业务最好的,但一定是综合能力最强的、最具有奉献精神的、最乐于助人的人。

【专栏】

鲶鱼效应

以前,沙丁鱼在运输过程中成活率很低。后来有人发现,若在沙丁鱼群中放一条鲶鱼,情况会有所改观,成活率会大大提高。这是何故呢? 原来鲶鱼在到了一个陌生的环境后,就会"性情急躁",四处乱游,这对于好静的沙丁鱼来说,无疑起到了搅拌作用。而沙丁鱼发现多了这样一个"异己分子",自然也很紧张,加速游动。这样沙丁鱼缺氧的问题就迎刃而解了,沙丁鱼也就不会死了。[①]

鲶鱼效应即通过引入外部的竞争者来激活内部人员的活力。对于管理者来说,在于激励手段的应用。渔夫采用鲶鱼来作为激励手段,促使沙丁鱼不断游动,以保证沙丁鱼活着。在管理中,管理者要实现管理的目标,同样需要引入鲶鱼型人才,以此来改变企业相对一潭死水的状况。沙丁鱼型员工的忧患意识太少,一味地想追求稳定,但现实的生存状况不允许"沙丁鱼"有片刻的安宁。"沙丁鱼"如果不想窒息而亡,就应该也必须活跃起来,积极寻找新的出路。鲶鱼型人才是企业、单位管理所必需的。鲶鱼型人才是出于获得生存空间的需要出现的,而并非是一开始就有如此的良好动机。对于鲶鱼型人才来说,自我实现始终是最根本的。

【自我评估】

对照下列问题,您做到了什么程度?

1. 我有每天学习的习惯吗?

2. 我觉得作为队长就要比别人学得更多吗?

3. 我们的队伍经常会交流吗? 我觉得互相交流能促进大家进步吗?

---

① 智若愚.动物寓言启示录[J].决策,2011(8):33.

4.我经常寻找各种机会,让成员展示自我吗?

【延伸阅读】

J.理查德·哈克曼.群体智慧:用团队解决难题[M].孙晓敏,薛刚,译.北京:北京大学出版社,2014.

参考文献

一、著作

埃克多·马洛.苦儿流浪记[M].章衣萍,林雪清,译.武汉:长江文艺出版社,2017.

芭芭拉·弗雷德里克森.积极情绪的力量[M].王珺,译.北京:中国人民大学出版社,2010.

柏拉图.理想国[M].郭斌龢,张竹明,译.北京:商务印书馆,1986.

村上春树.当我谈跑步时我谈些什么[M].施小炜,译.海口:南海出版公司,2009.

黛比·福特.接纳不完美的自己[M].严冬冬,译.长春:吉林文史出版社,2009.

亨利·戴维·梭罗.瓦尔登湖[M].王家湘,译.北京:北京十月文艺出版社,2009.

J.P.吉尔福德.创造性才能:它们的性质、用途与培养[M].施良方,等译.北京:人民教育出版社,2006.

露易丝·海.启动心的力量[M].李俊仪,译.广州:广东经济出版社,2013.

马里奥·巴尔加斯·略萨.中国套盒[M].赵德明,译.天津:百花文艺出版社,2000.

苏霍姆林斯基.给教师的建议[M].杜殿坤,编译.北京:教育科学出版社,1984.

汪国新,项秉健.社区学习共同体[M].杭州:浙江大学出版社,2019.

汪国新,余锦霞.社区学习共同体的四大支柱[M].杭州:浙江大学出版社,2016.

王闯.自我管理[M].济南:山东人民出版社,2016.

王毅武,康星华.现代管理学教程[M].北京:清华大学出版社,2008.

亚伯拉罕·马斯洛.动机与人格[M].3版.许金声,等译.北京:中国人民大学出版社,2012.

约翰·杜威.民主主义与教育[M].王承绪,译.北京:人民教育出版社,2001.

约翰·科特.变革的力量[M].方云军,张小强,译.北京:华夏出版社,1997.

二、论文

安妍.情绪启动下自我监控对人际素质、自我和谐的影响[D].西安:陕西师范大学,2008.

毕蛟.斯金纳和强化理论[J].管理现代化,1988(6).

卜庆梅,王淑芳,文志斌.新世纪成人学习特点及教学原则[J].成人教育,2007(2).

高志敏.成人教育研究的反思与前瞻[J].职教论坛,2007(2s).

李品.社区学习共同体研究综述[J].职教论坛,2016(36).

李新芳.皮格马利翁效应的启示——谈教师期待对学生的影响[J].河南教育旬刊,2009(4).

罗丽萍.学习型社会视野下自我导向学习模式的构建[J].成人教育,2007(4).

罗跃嘉,吴婷婷,古若雷.情绪与认知的脑机制研究进展[J].中国科学院院刊,2012(s1).

邱良君.从"学习"的本原透视社区学习共同体[J].职教论坛,2017(21).

曲连冰.社区学习共同体核心成员素养提升的实践探索[J].中国成人教育,2019.

孙敏.埃里克森与心理社会发展阶段[J].大众心理学,2010(8).

孙奇琦,陈光耀.社区学习共同体培育的实践与思考[J].中国成人教育,2018(14).

汪国新,项秉健.社区学习共同体:重拾共同体生活的现实载体[J].教育发展研究,2018(9).

汪国新.2015:职教大事有我——10位职教人的10件职教事[N].中国教

育报,2015-12-31.

汪国新.学习共同体中的生命成长[N].中国教育报,2015-12-31(10).

汪国新.走共同学习之路——北欧大众成人教育考察一得[J].成才与就业,2012(12).

汪国新,郭晓珍.社区共学养老的实践创新[J].高等继续教育学报,2018(5).

汪国新,余锦霞.社区学习共同体发展策略研究——以杭州为例[J].当代继续教育,2015(4).

汪中求.心理契约是团队凝聚剂[J].理财,2009(12).

王中,汪国新.社区学习共同体的"新资源观"探析[J].职教论坛,2019(5).

项秉健,汪国新.互学互教:重塑教学资源观——社区学习共同体学习机理研究之三[J].当代继续教育,2015(6).

项秉健,汪国新.社区共同学习的生命价值[J].职教论坛,2016(15).

项秉健,汪国新.社区学习共同体探幽[J].教育发展研究,2017(1).

项秉健,汪国新.学习的"自我评价"和"外部评价"[J].中国成人教育,2017(1).

余锦霞.共生的学习生态:社区学习共同体的本质属性[J].当代继续教育,2015(3).

袁晓松.流体智力与晶体智力意义新释[J].集宁师专学报,2000(1).

赵虹君.领导理论刍议[J].北京行政学院学报,2006(5).

后 记

在全面建小康社会的历史维度和人民对美好生活向往日益增加的现实维度的交汇处,由杭州市成人教育研究室主任汪国新主持的"十二五"国家社会科学基金教育学一般课题"社区学习共同体生命价值与成长机理研究",深入探讨并系统回答了普通老百姓提升幸福感和归属感这一重大命题。本书作为"社区学习共同体研究丛书"之一,研究对象很明确,就是社区学习共同体核心成员的成长问题。核心成员作为整个学共体的"灵魂",其状态和发展牵动着整个学共体的生死存亡,因核心成员离开而导致整个学共体发展停滞的事例并不少见,而核心成员以自身发展带动整个学共体蓬勃发展的案例更是普遍。核心成员在社区学习共同体中的重要性,也决定了本书在丛书中具有重要的地位。

经过三位作者历时四年的写作,我们终于完成了整本书的撰写工作。本书书名历经数次修改,从最初的《凝聚力:社区学习共同体核心成员能力提升指南》,到最终的《社区学习共同体核心成员成长指要》,其中蕴含着作者的反复考量:一则,"凝聚力"一词虽然指出,学共体成长的关键影响因素是凝聚力,但难免会令人误解,存在局限性,且放在书名中略显繁冗。二则,"提升"一词太过普通,无法彰显学共体中核心成员成长的勃勃生机。三则,"指南"一词难免有居高临下之感。"指南"改为"指要","提升"改为"成长",就是期待在社区学习共同体如夏花般绚烂成长的时候,如果核心成员遇到问题,本书能通过案例中许多"同行"的智慧为读者提供帮助和启示。

本书撰写的最初动机,源于作者在接触诸多学共体核心成员时,常常有人提出这样的疑惑:"为什么没有一本书,在我们遇到问题时来帮助我们解决这些问题?"社区教育工作者也不断提出要求:"培训核心成员需要有一本教材。"本着为核心成员解决问题、支持学共体发展的初衷,作者开始从学共体核心成员中挖掘问题与成功案例,试图站在研究者角度为其提供解决问题的思路。本书提出的这些问题,来自学共体,同时也希望能回归学共体,支持学共体发展。尤其是在社区学习共同体蓬勃发展的当下,更加需要对核心成员提供支持。

动笔之前,三位作者就本书的体例进行了充分沟通,最终确定了案例先导—正文—专栏—自我评估—延伸阅读的行文体例。在"案例先导"部分,以真实的案例作为引入,帮助读者明确话题含义,同时增加感性认识;在"正文"部分,从案例中引申出具体的做法,并加以补充完善,主要就核心成员遇到的常规问题提供可供参考的解决方案;在"专栏"部分,辅以和话题相关的小故事或小建议,作为补充;在"自我评估"部分,主要引导读者针对本话题进行自我反思;在"延伸阅读"部分,提供相关的参考资料,供进一步学习之用。

本书还只是研究者对学共体核心成员发展的初步探索,这些问题是否为真问题、解决措施是否确有其效,尚需实践验证。我们恳切地希望,如果您在实践中发现本书观点有偏差,抑或您有更好的解决问题的方法,欢迎您将宝贵意见反馈给作者,让我们共同完善本书,力求为核心成员提供更有效的帮助。

为了获取第一手资料,作者多次深入杭州、上海两地多个不同的学共体,面对面采访多位学共体核心成员。即使牺牲了个人的休息时间,核心成员仍然热情洋溢,提到学共体总是有说不完的话。正是他们用自己的亲身经历和体会,为我们呈现了一个又一个最直观、最本真、最生动的学共体案例,成为本书的思维起点和思考源泉,在此对他们表示最诚挚的谢意。为了保护隐私,书中对其真实姓名多采用字母代替的处理办法。

本书的目标读者主要是学共体核心成员和有志成为学共体核心成员的学共体成员,同时也可作为核心成员的培训教材和社区学习共同体研究的参考书。

本书虽经数番校订,仍不免有所疏漏,尚祈读者与专家、同仁教正。

2020 年 4 月